唯有打造 IP，才能收获财富和心灵的双重自由

当你翻看本书时，我们已经开始发生链接，很高兴可以把我这么多年做 IP 的经验写成一本书分享给你，这本书的内容是我亲身经历的 IP 实战心得，有理论追溯，也有很多干货内容。

你的 IP，你值得拥有

我认为，普通人除了学好、学精自己的一技之长，还有一门课是一定要学的，就是 IP 课程。做好 IP，可以帮助普通人实现财富和心灵的双重自由。多年来，我一直致力于打造爆款 IP 的研究和实践，本书将围绕我的这些研究和实践以医生 IP 为例展开讲解，希望对你有所帮助。

写这本书的三种缘由

（1）目前市场上没有一本系统讲解如何打造医生 IP 的书籍，医生又是医疗行业最为关键的核心岗位。我曾帮助不少医生打造过 IP，积累了一些经验和心得，于是编写了这本书，希望能够通过本书带给读者一些启发。

（2）很多朋友的 IP 意识比较薄弱，甚至缺乏必要的 IP 认知，无论是在工作中还是创业路上，他们大都比较无奈和无助，被合作伙伴和行业牵引着，并没有受到真正的重视。很多朋友的 IP 打造不成功，是其对 IP 欠缺基本认知，所以就更需要一套全方位打造爆款 IP 的书籍，帮助实现个人品牌价值最大化。

（3）在目前市场中，打造爆款 IP（医生）的方法论，各家套路良莠不齐，没有规范可言，也不成体系，希望本书可以让更多的从业者帮助医生系统打造属于他们的个人品牌。

本书不仅是给医生看的，也是给 IP 从业者看的。医生看了，也并不一定都是自己做，因为他们没有时间和精力，但是让医生了解 IP 这回事还是很有必要的，这样和营销企划人员配合起来也会比较容易。营销企划人员和医生要分工，医生负责技术，在技术领域拔高自己；营销企划人员负责协调各种资源打造医生 IP，做医生的经纪人。

本书包含的关键词是模块化、系统化、标准化，它们彼此相互联系、相互整合。本书版块内容无缝衔接，全面围绕爆款 IP 的打造深挖底层逻辑，有理论验证，也有操作指南，同样也有对应的案例分享。

本书包含的内容

（1）什么是 IP、定位和爆款 IP 的实战联系。

（2）为什么要做 IP，打造爆款 IP 的重要性。

（3）打造爆款 IP 的各类细节以及怎么做。从定位、传播渠道、策略、内容等多个维度进行分析。

（4）对于不同医生 IP 和不同领域 IP 的做法，结合案例进行剖析，对于打造爆款 IP 的误区也进行了针对性的分析。

希望可以通过本书连接你我的思想

希望大家学会本书的方法并用在个人品牌塑造上，实现人生所求，实现财富和心灵的双重自由，那将是非常美好的事。

希望你可以做到想法、方法、做法"三法合一"，最终掌握自己的人生，成为人生的指挥家。

同时，谢谢左花儿、赵慧、杨晓凤、顾西、韦海员、韩胜、李鹏、谭小菊等对本书的帮助和支持！

本书的内容通俗易懂，比较口语化。编写过程中由于时间仓促，难免有疏忽、遗漏，敬请大家指正。购买此书的读者朋友们也可以在顶智平台收听匹配音频（微信号：yimeiwang01）。

作者简介

王建中，IP 运营专家，医生 IP 研习社发起人。帮助并指导了多位医生进行 IP 策划，成功策划多个爆款 IP，具有丰富的医生 IP 市场实操经验，擅长从顶层设计出发打造 IP。多家医生集团长期 IP 顾问，帮助医生多维度打造IP。

写于 2022 年 5 月 30 日

中国·江苏·盐城

爆款IP打造
实用　手册

以医生IP为例
深度解析

王建中◎编著

中国水利水电出版社
www.waterpub.com.cn
·北京·

内 容 提 要

　　本书是一本关于打造爆款 IP 的实用手册,其内容丰富、实用性强,各章内容彼此相互联系。全书围绕打造爆款 IP 的品牌营销理念、方法以及各种落实措施展开讲解,深度结合打造医生 IP 的具体实践案例,并深挖打造 IP 和品牌营销的底层逻辑,有理论验证,也有操作指南。拥有本书,让你的 IP 打造和品牌营销无忧。

　　本书内容可分为四类:第一类,介绍什么是 IP 以及定位和爆款 IP 的实战联系;第二类,介绍为什么要做 IP 以及打造爆款 IP 的重要性;第三类,介绍打造爆款 IP 的各类细节以及怎么做,从定位、传播渠道、策略、内容等多个维度进行分析;第四类,结合实操案例剖析不同医生 IP 和不同领域 IP 是怎么做的,并对打造爆款 IP 的误区进行针对性的分析。

　　本书适合想要学习打造 IP、想利用 IP 扩大影响力的读者阅读,也可供具有 IP 实操经验的有志于打造 IP 的医生、创业者、新媒体从业者等参考。

图书在版编目(CIP)数据

爆款 IP 打造实用手册:以医生 IP 为例深度解析 / 王
建中编著 . —北京:中国水利水电出版社,2022.9

ISBN 978-7-5226-0892-1

Ⅰ.①爆…　Ⅱ.①王…　Ⅲ.①网络营销—手册　Ⅳ.
① F713.365.2-62

中国版本图书馆 CIP 数据核字 (2022) 第 144209 号

书　　名	爆款 IP 打造实用手册——以医生 IP 为例深度解析 BAOKUAN IP DAZAO SHIYONG SHOUCE—YI YISHENG IP WEILI SHENDU JIEXI
作　　者	王建中 编著
出版发行	中国水利水电出版社 (北京市海淀区玉渊潭南路 1 号 D 座　100038) 网址:www.waterpub.com.cn E-mail: zhiboshangshu@163.com 电话:(010) 62572966-2205/2266/2201 (营销中心)
经　　售	北京科水图书销售有限公司 电话:(010) 68545874、63202643 全国各地新华书店和相关出版物销售网点
排　　版	北京智博尚书文化传媒有限公司
印　　刷	北京富博印刷有限公司
规　　格	170mm×240mm　16 开本　20.5 印张　314 千字
版　　次	2022 年 9 月第 1 版　2022 年 9 月第 1 次印刷
印　　数	0001—3000 册
定　　价	98.00 元

目录

第 1 章

新时期打造爆款 IP 的底层逻辑

第 2 章

新场景下 IP 战略如何实施

第 3 章

新时期打造爆款 IP 差异化内容

第 4 章

新时期爆款 IP 传播心法

第 5 章

新时期爆款 IP 私域运营法

第 6 章

新时期爆款 IP 公域运营法

第 7 章

打造 IP 运营团队

第 8 章

提升爆款 IP 的综合影响力

第 9 章

打造 IP 的误区及常见问题

第 10 章

不同医生 IP 打造的角度不一样

第 11 章

打造 IP 关于 "我" 的五个问题

第 1 章

新时期打造爆款 IP 的底层逻辑

1.1

打造IP是一场认知战

从事IP工作很多年,经常会遇到医生朋友咨询我关于医生IP的一些问题,其中包括医生IP基础、操作层面、合作方式等问题,这些问题大都和认知有关。

有些与我交流医生IP问题的,我告知了,医生也去实践了,在实践过程中进行自我迭代,这其实是一种很好的现象,将答案和实践进行结合;但还会有很多医生是不实践的,他们只问却迟迟不做,甚至怀疑医生IP这件事,认知处于原始状态,从未被激活过,也就导致他们看不见结果,所以不相信。

颠覆自我认知

认知大于事实,我们无法去改变一个人大脑的认知系统,只能潜移默化,通过时间去影响他,自我认知的迭代升级主要在于自己的潜意识变化。

人的认知有以下四种状态。

不知道自己不知道——以为自己什么都知道,自以为是的认知状态。这种状态往往比较可怕,当受到政策和行业的驱使时,医生IP是一种低成本并见效比较稳的方式,你也许还在观望中,单一地认为打造医生IP是伪命题。即使立场不对,你也认为他认为的就是对的,如弱化医疗,强化和医疗不相关的元素,这在医疗行业根本不可行。这很难改变,只能慢慢影响,唯有自己改变,提升自我认知,认识医生IP的重要性,实施医生IP才有效。

知道自己不知道——有敬畏之心,开始空杯心态,准备丰富自己的认知状态。愿意听见别人的建议、观点,并加以实践,一定会有不错的效果;倘若知行不合一,也只是空架子而已,无所成就。当自己知道自己不知道时,需要不断地完善这个领域的相关知识，比如你要打造 IP，你需要和这个领域做得不错的同行进行深度交流，又或者买本书深读一遍，切忌盲目交流切磋、看书。

知道自己知道——抓住了事物的规律，提升了自己的认知状态。保持谦卑的心态向别人学习，提升认知的同时加以实践，巩固自己的认知。找到别人观点中可取之处并加以验证。

不知道自己知道——永远保持空杯心态，是认知的最高境界。永远相信选择的力量，因为看见所以相信，医生 IP 也是如此，这是趋势，这是未来。

好好去经营自己比做什么都好，不仅仅看一天的手术量、薪酬和名气，没有 IP，这些都将离你而去，这是不争的事实。目前，在医疗行业已经开始出现 IP 效应，有 IP 的医生更受欢迎，没有 IP 的医生要么失业、薪酬低，要么没有医疗机构要。

📋 单一认知

"我只做一种手术项目还是都做？"这个问题一直困扰着广大的医生。

打造医生 IP，我也一直提倡聚焦的力量，但也有很多医生困惑未来的不确定性而不敢把鸡蛋放在一个篮子里。这是每位医生都要经历的一种或多种的矛盾。

我们从医疗机构角度和消费者角度进行分析。

➕ 医疗机构角度：聚焦还是全面

我们都清楚地知道，时间花在哪里产出就在哪里，那么医疗机构也是如此，医生的注意力在哪里，哪里就有成果。也只有把精力集中于一点，并坚持实施下去，才有机会打造出差异化的产品项目，因为医疗机构的市场资源是有限的。

作为医疗机构，采取聚焦战略好处多多，如"专注了所以专业了、业务简化了、运营效率提升了、降低了各种成本、赢得市场话语权"等。市场上存活很多年的医疗机构，都有着自己的核心竞争力，这个核心竞争力便是医疗机构留下来的市场竞争力。

🧰 消费者角度：聚焦还是全面

对于消费者而言，消费者可能无法记住企业给予消费者的各种专业术语，他们只想知道你和你的竞争对手有什么不一样的地方。给他们一个选择你的理由，太多的项目、选项只会让他们头疼。比如，你的医疗机构里各种医疗项目，你认为多多益善，不放弃每一位消费者，但消费者认为这些项目太多了，记不住、无法选择、不够专业。

简单的选择会大大降低医疗机构与消费者的沟通、交易成本，更容易被消费者识别并尝试链接。在消费者的自我认知迭代升级后，他们也需要有品位的、简单的、拥有一定品牌的产品。

在我们的实践过程中，在医疗机构开始业务聚焦并进行一系列的市场动作后，我们不难得出这样的结论：新的消费者特别适合聚焦定位，将专业或特色建立信任链接，将产品不断升级；老顾客才是医疗机构多元化项目的主力军，因为老顾客已解决信任问题。

总　结

打造医生 IP 除了医生自我认知迭代升级，还需要了解医生 IP 的基本认知（面向新老顾客选择如何做）；要足够重视医生 IP 这件事，通过消费者记忆中的关键词进行强化认知，在消费者心中植入等价的关键词（记住你是谁）。

1.2

打造爆款IP的增长价值在哪里

让医生在市场竞争中胜出的关键是什么？我认为是医生 IP，独一无二的 IP。什么是 IP？IP 起源是什么？我们经常在医疗行业内交流，反复使用 IP 一词，到底它有怎样的故事？只有了解 IP 的真正底层逻辑，才有助于我们更深层次地了解医生 IP 背后的塑造威力。

IP 是英语 intellectual property 的缩写，其原意为"知识（财产）所有权"或"智慧（财产）所有权"，也称为智力成果权。根据《中华人民共和国民法典》的规定，知识产权属于民事权利，是基于创造成果和工商标记依法产生的权利的统称。有学者考证，该词最早于 17 世纪中叶由法国学者卡普佐夫提出，后为比利时著名法学家皮卡第发展，皮卡第将其定义为"一切来自知识活动的权利"。

直到 1967 年《建立世界知识产权组织公约》签订以后，该词才逐渐为国际社会普遍使用。近几年在国内掀起了 IP 热潮，互联网加速了 IP 的传播速度，更在新冠肺炎疫情防控期间使独立个体的数量激增，这是趋势，只是这个趋势提前了一段时间。所以本书提到的 IP 是指通过知识、技术展现的个人品牌。

品牌包括 IP。IP 是品牌的一种展现形式，更适合个体。

IP 是指 IP 拥有者通过智力创造产生的专利权、商标、著作权、版权等，可以指一首歌、一本畅销书、一部话剧，或是某个人物形象，甚至可以只是一个名字、一个短语、一个符号、一种价值观、一个共同特征的群体、一些自带流量的内容。IP 有许多类型，在每个领域都存在，并且通用。

IP 是文化积累到一定量级后输出的精华，具备完整的世界观、人生观和价值观，有属于自己的生命力。所以 IP 不是任何一个人都可以去打造的，但并不是说你不需要打造，就好像一个非常有资历、有个人魅力的人打造的IP，与一个刚进入社会的人打造的IP，二者是有着天壤之别的。

打造IP是需要积累的，IP是基于一个人的底蕴打磨而来的；若不是靠自己的深厚底蕴打造IP，这一定是短暂的。前者事半功倍，后者事倍功半！

目前我们可以看到的任何一个行业都具备了IP的属性，比如，做知识付费的四大IP，即"得到罗振宇""樊登读书会""吴晓波财经频道""李善友混沌学园"。娱乐圈IP就更多了，如各类明星IP、剧本IP等，几乎所有我们知道的影视公司、文化公司、名人都被包装成了IP。医疗行业IP和其他行业IP还不一样，医生的IP是基于自身的技术而不是杜撰出来的IP，商品的IP是被打造、包装出来的，医生的IP品牌是自我塑造出来的。本书中会反复强调此类观点。

IP可以让别人记住你的特点，并且可以通过自身IP价值进行增长，从而实现可持续变现收益。当下只有真正重视自身IP的医生，才会产生更大的价值，IP可以将医生的技术基因放大，从而赢得消费者的喜爱和同行的认可。拥有一定的技能再去打造IP，必将是自媒体商业的趋势，其中有医生、律师、教师、厨师、手艺人等。

新冠肺炎疫情防控期间更是体现了医生IP的价值，同时也体现了加速医生IP推广的重要性——医生自媒体红利时代到来了！医生也要抓住这一波红利政策，才可以实现自我价值。医疗行业也有不少医生形成了自己的IP，如线叔韩胜、欧洲之星黎京雄医生、李定文医生、张文宏医生、静静医生、陈勇医生等。

那么IP到底是什么呢？IP是凭借自身的技术力、吸引力，挣脱单一平台的束缚，在多个平台上获得流量，进行分发内容的一种"价值资产"。医生IP，持续产出优质内容来输出价值观，通过价值观来聚拢粉丝，粉丝认可医生的价值观，实现了身份认同和角色认可，然后就会信任医生从而产生交易。同时，IP也具有话题性和传播性，具有庞大的粉丝基础和市场，是一种可以产生裂变传播的新型营销方式。

从最新的《医疗美容广告执法指南》到《中华人民共和国医师法》，都在不断突出医生的重要性，让医生面向市场，好的医生会越来越好，不好的医生，会越来越差，最终离开市场。

以前的中国市场是人口红利市场，无论是企业还是个人都走得很快、走得比较野蛮，也不需要什么个人品牌，甚至连企业品牌也不需要。从 2019 年开始你是否发现，靠人口红利吃饭的企业都已经逐渐走下坡路，迎来的是一个个性化、精细化、人人自媒体、利他的时代，这个时代要敢于突出自己，定位好自己，从而形成增强记忆点的 IP 标签，才会赢得属于自己的那一片天空。

20 多年前的 IBM 曾有广告语"现在不做电商，将来是无商可务"，那么对于当下这个人人自媒体的时代也是一样，现在不重视 IP，将来你就无 IP 可言。之所以这么说是因为以前是商品缺少的物质时代，大家都在找商品，跟着商品走；现在是商品过剩的时代，同质化的商品太多，就需要看谁靠谱、谁专业、谁有个性，再看人去消费，谁靠谱跟着谁。未来市场会被年轻人左右，Z 世代（网络流行语，指 1995—2009 年间出生的一代人）有三大爱好，即 IP、国潮、娱乐。

打造医生 IP 的目的是什么

市场竞争激烈导致机构的各项成本居高不下，如人力成本、产品成本、营销成本、隐性成本等，大家都在做一件事，形成竞争时，彼此同质化就很严重，这时唯有打造医生 IP，向内找，才有出路，打造属于医生基因的 IP，每位医生的基因是不一样的，这样就可以形成差异化竞争。

对于流量而言，现在获客越来越难，获客成本越来越高，如何降低营销成本获客，这就是我们要考虑的，即使你还在体制内（公立医院），市场情况都是一样的，也需要意识到自身 IP 的价值，而不是做温室里的花朵，两耳不闻窗外事。越早重视自身 IP，越早受益。

在公立医院内，医院品牌知名度要大于医生品牌知名度。早些年无论是公立医院还是民营医院，似乎都没有太重视医生 IP 的打造，公立医院是不懂，民营医院是不敢。近几年这种现象稍微好转，特别是 2020 年、2021 年这两年，越来越多的从业者做着医生 IP 的工作，越来越多的从业者开始做慢动作。

例如，公立医院医生出去创业，在机构内坐诊，会发现自己的用户粉丝并不多，而当初公立医院有很多人找你挂号、咨询，殊不知那是因为消费者在意的是公立医院的品牌而非医生个人的品牌。所以不要把医院的品牌当成自己的品牌，要让自己自带流量光环。

现在也有不少公立医院的医生意识到在体制平台内积累自己粉丝的价值，比如，原上海市某公立医院出来创业的医生，他的诊所业绩非常好。个人品牌定位的价值被放大，也是势在必行，如果还是粗放式的营销甚至是低调不传播将一无是处，"酒香不怕巷子深"时代一去不复返，本领好坏得拿出来"溜溜"才知道。

当下不打造自己的品牌，将来会在市场上玩不转，最终被淘汰。最近一年与我进行咨询合作的，在渠道医疗机构上班的医生特别多，他们的痛点需求就是想通过打造IP寻找自由，不让自己那么累。

一个技术再厉害的医生，如果想要拥有更多的客户资源，只有经过有效的传播，形成自己的IP，才有出位的机会，才会赢得资本的注意。头部的渠道医疗机构，薪水往往都比较高，在里面上班的医生也不需要打造IP，但机构的市场动作始终要围绕医疗进行。市场在变，渠道医疗机构也要转型做医生IP。

普通医生想成为IP医生可以有多种原因，这并不能说明普通医生的技术一定就逊于IP医生的技术，但是为何可以成为IP医生，我相信肯定还有其他什么因素在突出医生IP价值的过程中产生了影响。事实上，医生的颜值、谈吐、举止、气质、一定的心理信念、优秀的沟通技巧等都对IP元素起到了一定的作用。也许在一些普通医生心中，有少部分IP医生技术比较一般，但是这十几年里，这些医生却一直可以吸引更多的行业报道和消费者资源。

也许会有同行问，医生IP本身是不成立的，而本书想表达的观点是，医生IP是每一位普通医生、每一家机构都可以做的事情，打造医生IP不是打造明星医生，倘若你在打造的过程中，有幸成为明星医生，那肯定是一件好事，但打造医生IP是一种营销手段，成为自己就可以，把最真实的一面展示给你的粉丝，不需要过多地"包装"。

在真正去分析IP较突出的医生时，就会发现他们面对选择时的各种考量，显然在一些机构坐诊的机会可以帮助医生提升技术水平、深化其严肃专业的品牌内涵，同时可以拿到相应的报酬，还可以建立自己擅长项目的口碑效应。医生在其事业起步初期，或许会接受有助于塑造个人品牌的医疗机构，但如果事业已趋于成熟，可能会更偏重那些可以帮助自己完善个人品牌并直接获利的机构。

渠道医疗机构的医生又或者多点执业的医生，无一例外，他们的 IP 没有做，也没有破圈。机构更愿意聘请有影响力的 IP 医生。行业内少部分医生能够找准自己定位，却没有意识到自己坐诊的机构所做的项目在未来将会影响自己的个人品牌。

去成熟的机构坐诊，可以从机构的品牌中获取自身品牌的价值积累，成熟机构的各种活动，可以有效地稳固医生个人品牌，给医生带来更多的商业机会。

医生为主的一系列文章内容，通过某种渠道放到网络上，很快就会被各大媒体频繁转发，要么直接转发到需要的社群中，要么被同行进行多次加工后再进行传播，这种经过多次传播的效果会提高数倍。这里需要说明的是，从业者、消费者会积极参与这类项目的在线宣传。因此可以得出一个结论：拥有 IP 品牌的医生打造途径能够创造出惊人的市场变化。

从传播的角度来看，这是一件好事；从另外一个角度来看，当信息过多时，消费者面临的社交工具也纷繁多样，这时就需要一定的预算做后盾才行。而以 IP 医生为主的任何形式的活动，可以调动一切市场资源来为医生的某个活动作铺垫宣传，体现出 IP 的价值。

行业内很多医生到各家医院或机构去坐诊，这似乎也难以评估一个医生的品牌价值，但大多数医生仍会尽全力评估自己相较于其他同行竞争者的表现，到不同城市的医院或机构去坐诊，可以帮助医生树立自己的个人品牌，也可以利用个人品牌从中获利。

医生在面对那么多机构的选择时也要有所取舍，市场上到处都缺医生，缺各种各样的医生，有些机构聘请医生，按照坐诊时间计算费用。这段时间内，机构会邀约非常多不同类型的消费者（如微整、抗衰、做手术等），尽管某医生是擅长微整的，而对有其他项目需求的客户也是照接不误，这种行为对医生个人品牌无任何增值作用。

随着社交工具的崛起，各方主导力量纷纷强势登场，又增加了执行的难度（如如何选择合适的传播渠道、消费者面临的低价问题如何解决等突出的集中化现象），越是这样的市场现象，越凸显 IP 医生策略实施的重要性，IP 突出的医生打造越有优势，作为集团的老板们也会加大打造医生 IP 的投入，减少其他不必要的投入。

打造医生 IP 的好处很多，首先是以技术为主，拥有一定的粉丝流量，变现起来就容易许多。其次，可以通过线上和线下讲课培训，锻炼自己的口才，在打造个人品牌影响力的同时，还可以赚取一定收入。如果你是公立医院的医生，那么很多流量平台都会给你倾斜资源，比如，加入百度问医生、微博、大众点评、美团、好大夫等平台，每天都会有很多消费者在线上咨询。

在自己擅长的技术领域里还可以建立高端圈子，建立人脉，按年会员收费。上游医药厂家的赞助、代言、卖货等，无论是外科项目产品、皮肤药妆产品还是设备产品，大都需要医生背书，无疑你的 IP 影响力决定了对方是否会选择与你合作。

医生 IP 品牌一定是基于专业知识体系 + 影响力 + 其他（项目、产品）形成的有效闭环，医生 IP 一定不是空穴来风、高高在上的。

总　结

无论你是普通医生还是医生创业者，打造 IP 势在必行，只有提前重视起来，IP 的价值才会凸显出来，打造 IP 会源源不断地给医生带来名利双收的增长价值。

思　考

1. 打造医生 IP 有哪些作用？

_____

_____

_____

2. 如何认清自己的 IP 价值？

_____

_____

_____

1.3

打造IP就是打造企业的核心能力

　　对于机构的老板来说，投资医生 IP 这件事是行之有效的。让医生 IP 成为机构的核心竞争力，带来的好处不可否认，社交传播渠道可以为打造医生 IP 创造出新的机遇，同时也会给现有的商业模式带来极大冲击。这样来说，打造医生 IP 在社交传播渠道的日益普及下，只会产生越来越重要、越来越积极的影响。

　　医生是医疗机构的核心，是医疗市场中最为关键的人才，是机构真正回归医疗本质的初衷。在机构中，医生应该得到应有的尊重和相应的待遇；在整个市场中，医生最为紧缺，医生的数量无法支撑现有的机构和客人的需求，即使现在市场政策放宽，允许医生多点执业，依然无法彻底解决医生紧缺的问题。

　　每年有非常多的医生建立属于自己的机构，跨界投资人创办医疗机构，导致行业的医生供不应求，每家机构都在抢医生的时间，而医生们只能选择多点执业，选择自由的坐诊时间，缓冲市场中医生资源供不应求的现象。

　　市场上涌现出不少企业，通过整合医生资源实现多种商业模式，医生职业的火热造就了很多的商业模式。市场上有以医生培训为主的，有以细分医生人群培训为主的（如皮肤、手术等），行业诉求相对来说也比较大，包括医生机构俱乐部、医生经纪公司等。没有个人品牌管理意识的医生，绝大多数是不知名的医生，都只是在机构或市场上昙花一现，只有极少数重视自身品牌建设的医生，才能经年累月地稳居高位。

　　不可否认的是，如果可以通过某种模式捆绑更多的品牌医生与自己合作，不仅能够吸引更多外部投资者，而且能够与那些信赖医生 IP 价值的合伙人建立更为融洽的合作关系，这也是机构所想，用医生IP的影响力为自己的机构获利。

我们知道，行业医生在个人品牌的管理上是比较弱的，而事实上真正聪明的机构会明智地帮助医生管理个人品牌。在医生IP上进行"押注"，不仅可以营造重要的市场优势，还能吸引更多的关注和合作伙伴（比如，很多第三方平台就比较青睐医生IP），但是顶级的IP医生毕竟数量有限，所以市场上会有很多机构共同争夺名医的现象。

很多机构的项目商品大都设置有流量项目、留存项目和利润项目，这些项目最终还是由医生来操作。为了包装IP医生，机构往往都会邀请营销策划人才加入共同操作，通过几个IP医生能够提高机构整体利润才是IP医生策略最理想的结果。包装出一些能够博人眼球的亮点、差异化，显得尤为重要，这些亮点可以进一步提高IP医生的口碑，但包装前提依然是技术优先，倘若技术很糟糕，再厉害的营销策划人员也无济于事。

现在看来尽管每家机构都有所谓的IP医生，有些是真实的IP医生，有些则是通过多年包装积累的IP医生。事实上，若想准确预判投资IP医生的潜在价值，关键要看构思是否从某些程度上与已知的成功IP医生案例存在相似之处。机构中的许多市场策略都是建立在那些已在各自领域享有盛誉的医生的基础之上的。

这就好比定位，用特劳特的话说"定位就是要调动消费者心智中已有的资源、观念和想法，把它们转化成企业（运营、营销）的一种生产要素"，不管是IP医生还是连锁品牌机构，如果在医生技术、机构优势上没有任何卖点，则很难得到营销团队的鼎力相助，所以如何激发营销策划人员的参与热情就变得比较重要，凝聚团队内部力量是实施医生IP策略必不可少的一环。例如，每年的"双十一"大会，目的在于让每个员工振奋起来，让求美者觉得机构的项目是最棒、最划算、最有特色的。

行业IP医生的紧缺，造就了机构的另外一个市场策略——IP医生专家团队，捆绑式套餐，有助于求美者的消化。

机构对IP医生的投入，最大受益者肯定是机构本身，其次是IP医生，通过机构一系列的包装和推广，为医生打造市场影响力。所以在这一点上很多机构会保持沉默，不太愿意为医生进行任何投入，他们担心的是一旦为医生进行了投入，医生有了品牌影响力之后最终离开了机构，这样会给机构造成不小的损失。不过你可以继续观察，时间可以证明一切，市场的营销和运营都会围绕医生而进行，要转变策略，让医生 IP 成为机构的第二核心竞争力。

不同机构操盘的方式也不一样，有些机构一年打造多个 IP 医生，有些机构一年只打造一个 IP 医生，精益求精，为每一个专家做各维度的包装推广。

所以我们在帮助医生打造 IP 时，并不建议医生打造多个项目，聚焦 1~2 个就可以。机构也是如此，一年推出几个核心的医生，模式跑通后，进行快速复制也是可以的。

机构希望医生可以稳固地创建粉丝团，当粉丝真正觉得医生 IP 非常值得信任、拥有了解医生的入口后，他们会和医生一起努力，会真心真意地付出。医生们平时也要懂得利用互联网、社交平台，为自己营造口碑，加强与粉丝的密切互动，真正的 IP 医生是懂得品牌价值，更知道维护品牌的重要性的，利用现有资源实现最高效的运作才是真理。

医生的第一批种子用户非常关键，通过种子用户进行口碑宣传，再慢慢加大力度宣传。为什么是第一批种子用户？因为第一批用户是可控的，他们会积极参与到医生的口碑宣传中。

比如，医生每到一处，粉丝可通过微博、视频、微信等方式，使大家近距离地了解医生 IP；一般的求美者通常更偏向已受到大众追捧的医生，所以医生的第一批粉丝基础的坚实与否通常会在很大程度上决定医生 IP 的成败。聪明的机构策划人员会尽其所能地为医生 IP 壮声势、撑规模，以避免刚开始推广医生 IP 就输掉了"开局之战"。

对于打造医生 IP 的宣传，最好的医生和最差的医生都好办，就是那种不温不火的医生才比较令人头疼。对于技术好的医生，只需推波助澜就好；对于技术稍逊一点的、配合度较差的医生，意识到错误后，及时收手减少损失就行。有时对于机构来说，知道什么时候终止投入比任何决策都更为重要。

总　结

医生，一个自媒体群体，一个手艺人群体，通过自己的技术获得应有报酬，医生是属于行业和消费者的，而不是属于哪一个人的。

思　考

1. 医生对于行业的重要性有哪些?

_____

_____

_____

2. 打造医生 IP 的重要环节是什么?

_____

_____

_____

第 2 章

新场景下 IP 战略
如何实施

2.1

打造IP是一场"战略战"

可能很多读者会问为什么打造医生 IP 是场"战略战",这不应该是企业的事情吗?和医生 IP 有什么关系?

小米董事长雷军曾说过"不要用战术上的勤奋掩盖战略上的懒惰",我们大多数人每天都是忙忙碌碌的,很少停下脚步思考眼下这件事的战略是什么。

战略是指主观上确立目标,总的目标要远大,这就要求我们藐视敌人。总目标下面还有一个个的分目标,也就是我们常说的"几步走战略"。

主观上制定了战略目标以后,接下来就是推进实现多个分目标,从而实现总目标的客观实践过程。在这个实践过程中要重视敌人,懂得灵活运用计谋、策略,以己之长攻敌之短。

所以无论是战略还是战术都非常重要,而医生 IP 只是我们工作中的一件事情,也要考虑到医生 IP 这件事的战略。

战略是什么

做医生 IP 我们要考虑的战略是当我们遇到危机时,如何做正确的事和正确地做事,前者是战术,后者是战略。如当流量平台开始限制流量、行业、内容,特别是重大事件后,我们将会被推到同一起跑线,这时战略就变得很重要。

做正确的事是一种思维,重在执行;而正确地做事则是一种能力。

也许有很多人会说战略是务虚的,的确它不是一件实事,但如果我们做一件事之前把战略搞通,这件事理解和推进起来将会变得很容易,做着做着就会自然通。

你把战略落地了就是务实，战略无法落地就是务虚。

医生IP这件事一定要上升到个人战略或企业战略中来，否则医生IP肯定很难做好，很难可持续化。在实际工作中，我们经常更多关注的是流量问题和变现问题，其实当你关注多了，医生IP本身就开始变得有问题了。

一个好的战略具备哪些优势

（1）抢占制高点，这里面会涉及定位理论，找到项目的唯一性、权威性甚至是排他性，并以此作为基点，执行出好结果。

（2）拥有一个新平台或搭建一个新平台，在平台上解决自我认知和定位的一些问题，包括团队、定位梳理、资源、传播、协同等。

（3）把握行业话语权：解决什么问题？擅长什么项目？你的价值主张是什么？

（4）打造新模式工具，确定落地的抓手，解决从哪儿开始做、从哪儿突破的问题。

未来没有战略思维的医生IP经纪人将会被淘汰，他们只盯住流量、运营技巧、传播渠道等，未真正地去深度了解行业、了解医生、了解事物背后的本质问题。

特劳特和里斯在《商战》里介绍了四种战略打法，也非常适合医生IP的打造，下面一一进行拆解。

1. 战略源点期：游击战

源点期适合打游击战，实力小要聚焦，适合中心企业、预算不足或没有预算的个人企业，这是大部分企业和个人的实际情况。

医生实力： 资金有限、团队小、经验不足。

项目初创： 从什么项目都做，到开始聚焦某一类、两类项目，项目价值要不断完善。

项目竞争： 你擅长的项目，在全国有多少、在区域内有多少，你排在第几，该项目市场竞争力如何。

消费者认知： 有多少消费者对你擅长的项目有认知，市场需要培育和引导。

IP 推广： 费用较少，主要做品牌公关，寻找并积累源点客群、源点渠道、源点市场。

打游击战的重点事项如下：

（1）寻找自己的差异化细分市场。

（2）细分出自己擅长的某一项目。

（3）品牌定位及配称确立。

（4）商业模式构建（变现模式）。

2. 战略扩张期：侧翼战

扩张期适合打侧翼战，快速占有市场核心。

医生实力： 医生初步积累一定实力，但还是弱小，需要继续发展增加自己的影响力。

项目发展： 医生定位及项目需求已确认，市场已接受，处于快速应用扩张阶段。

项目竞争： 以区域市场或全国市场为主，不和大医生、知名医生正面冲突。

消费者认知： 在区域市场或全国市场继续扩张影响力及培育潜在消费者。

IP 推广： 已经能适度投入费用了，虽然不多，但也不需要大面积进行广告投放，不是通过广告占有消费者心智。

打侧翼战的重点事项如下：

（1）全国化进程（首先是某个城市区域，开展"敌后根据地"建设；其次是全国覆盖）。

（2）聚焦支线战略（聚焦在离钱最近的项目上）。

（3）变现，赚取利润（积累现金流，稳健扩张）。

（4）建立更为完善的运营配称（如组织、资源、打法、项目等）。

（5）简单复制（模式跑通后，使用相同模式打造下一个医生、下一种传播渠道）。

3. 战略兼并期：进攻战

行业内没有厉害的企业或人，适合打进攻战，聚焦战略。只有当你和市场领导者真刀真枪地正面交锋，离市场领导者比较近时，才可进攻，找到狭窄的细分领域的阵地发动进攻，取得兵力优势以及进军速度。

医生实力： 医生打造 IP 获得众多粉丝，影响力也提升了不少，开始抢占其他市场流量。

项目发展： 医生所擅长的项目在自己的领地已充分饱和，需要向外寻求发展。

项目竞争： 以前的对手将不是对手，重新换新的对手，如处于行业优势地位的医生（公立和民营的）。

消费者认知： 市场竞争激烈，消费者选择你，也会选择其他医生。

IP 推广： 在这个阶段要重点运营，投放于优质的传播渠道，并且在内容上、创意上具备差异化特色。

打进攻战的重点事项如下：

（1）选择一个点，重新出发。

（2）做好运营细节提升（如组织能力提升、资源的有效利用、传播渠道的精细化运营、附加服务等）。

（3）保持客户满意度第一。

4. 战略维持期：防御战

防御战适合头部企业 / 头部医生，防范市场价格战现象，建立自己的护城河，保护好自己的优势，让自己一直处于领先定位，这个领先是指在顾客心智中的领先。

医生实力： 医生 IP 影响力巨大，成为当地乃至全国第一，能够科学地进行持续投入与进攻。

项目发展： 医生擅长项目还在持续增长并走向成熟阶段。

项目竞争： 市场竞争对手一时间涌现出很多，百花齐放（对内防御，对外进攻）。

消费者认知： 你的定位内容将成为消费者最重要的认知选项。

IP 推广： 增加预算用于防御，遏制新的挑战对手。

打防御战的重点事项如下：

（1）防范竞争对手（在各细节板块中保护好自己）。

（2）收割变现（变现赚取利润，准备孵化下一个医生 IP）。

（3）新的市场扩张（增加新的增长渠道）。

总　结

当你充分了解了战略对打造医生 IP 的意义，在操作中明白了不同阶段应采取的战略手段时，就可以非常稳健地做好医生 IP 工作，而不用每天只盯着流量，为每一次限流而忧心忡忡。所以你需要懂得如何运用战略。

思　考

1. 四大战略里，你适合哪一种？

_____

_____

_____

2. 战略对你有用吗？为什么？

_____

_____

_____

2.2

打造IP应先"定位"

谈到定位，我们不妨从"定位"的由来与定义开始聊起。

"定义"一词最早可追溯到美国达彼思公司所提出的"USP 理论"（独特销售主张），《韦氏词典》对于"定位"一词的解释是"针对竞争对手确立最具优势的位置"。该理念问世较早，但出名较晚。在最近几十年才跟随着特劳特和里斯的《定位》一书名声大噪，他们也是定位理论的最早开创者和实践者，这套理论帮助全球不少企业提升了营业额和企业的知名度。

中国企业运用定位理论成功的案例也有不少，比如，瓜子二手车、东阿阿胶、香飘飘奶茶、方太厨电、联想、海尔、娃哈哈、康师傅等，医疗行业运用这套定位理论的企业和医生非常少。

2018 年大麦微针植发机构聘请特劳特（中国）咨询公司为其重新定位，"科发源微针植发" 2019 年 9 月刚刚将品牌名更新为"大麦微针植发"，通过"微针植发"战略定位，对外建立技术领先认知优势，对内围绕技术领先进行系统配称，不断深化战略定位，强化技术第一，引领行业告别价格战，回归为为顾客创造价值。

"科发源微针植发"更名为"大麦微针植发"

从 2018 年到 2019 年，大麦微针植发业绩连续翻番，其战略路径是：先以定位占领植发这一毛发种植技术的制高点，做强做实后再顺理成章地进入

"泛毛发领域"，提供各种改善性毛发种植服务，机构品牌定位来自于技术定位和专家团队定位。

定位理论也被广泛应用于各大行业及创新平台，我们身边不乏被"定位"包围的案例。

- **交朋友**：他／她是做什么的？他们的 IP 是什么？
- **做项目**：项目的定位是什么？
- **做公司**：公司的定位是什么？

......

在我们身边，"定位案例"无处不在。这些企业之所以成功，无疑是这些企业重新进行了定位——**占领了用户"心智"**。

企业在细分领域的定位，在各自熟悉行业做到第一，定位理论让你成为用户心中的第一，你就有了话语权，从而拥有了定价权。

什么是定位？特劳特和里斯认为：定位要从一个产品开始，产品可能是一种商品、一项服务、一个机构，甚至是一个人，也许就是你自己。但是定位不是你对产品要做的事，定位是你对预期客户要做的事。

换句话说，你要在预期客户的头脑里给产品定位，确保产品在预期客户头脑里占据一个真正有价值的地位。

打造医生 IP 离不开定位理论，定位在前，动作在后，医生的自身定位是打造 IP 的前提条件，医生的自我定位又来自于他们的医疗基因。技术是核心，这个是医疗本质，如果脱离这个医疗基因，也就不是医生了，即使成功打造 IP 也只是昙花一现，医生的技术不好，再好的营销策划人员也没有用。

医疗基因

市场上医生大多没有一个清晰的自我定位，他们也许都知道"定位"这两个字，但是不知道定位和自己有什么关系。

定位对于医生来说具有多样性，但离不开自我的哲学三问：**我是谁？我从哪里来？我要到哪里去？** 我在"会"这个事情上做到极致了吗？是在"会"的路上做加法还是在"不会"的路上做减法？

这些年行业中的医生 IP 越来越突出，早些年机构的玩法是对机构的品牌狂轰滥炸，而不是针对某一个医生进行宣传。现在个体鲜明，是人人自媒体的时代，那些善于挖掘自己特长的、单一品相、善于表现自己传播自己的医生，会优先在市场中赢得粉丝。行业不乏技术好，但不善于挖掘和营销自己的医生，就需要团队及外面的公司来帮助他们打造 IP。

定位的目的是降低各种成本，比如营销成本、沟通成本、人力成本、做事成本等；定位的目的是让复杂的问题简单化，在某一个阶段要始终如一地坚持到底，某一阶段有效果了再随市场的变化进行重新定位。

归根结底，"所谓的定位，从来都不是去创造，要做的是在受众群体原知的品类中去做新的排列组合，在受众群体原有的心智中去寻找原有的认知，并重组已经存在的关联认知"。

看到这里，其实已经不难看出，定位要想做得好，"受众群体的心智"就成了关键问题的所在。换言之，定位其实定的就是"心智"，或者说所谓的定位就是在受众的心智中找到一个它认可的位置定下来。而所谓的心智，其实很简单，就是"消费者认为的就是对的"。

比如：

说起人参，一定是长白山人参才是最好的；

说起牛奶，一定是大草原上的才正宗；

说起龙井，那必须是西湖岸的才地道；

提起戈壁滩，即使没去过，漫天黄沙也会瞬间浮现脑海；

提起海南岛，纵使未亲临，海洋帆船、沙滩椰果也近在眼前；

提起整形外科手术，总会有个排名先后清单；

提起皮肤，少不了有几个医生 IP 映入眼帘；

……

把消费者认为对的那一部分有效地归纳整合，消化再排列，充分利用好消费者的心智规律，才能找到一个品牌的精确定位，才能在激烈的市场竞争中找到切入市场的机会，选择最有利的竞争策略。

众所周知，心智的存量有限，但是如今是信息无时无刻不扑面而来的时代，互联网的便捷属性给大众接受信息提供了极大的便利，给了大众相对无限的信息空间和选择空间。有限的心智空间，碰上无限的信息空间，切入到大众的心智无疑是要一击命中的必然抉择。

在过往传统的商业竞争环境之下，单个品类还能排出个前三名，但是在移动互联网切入心智的市场中，连第二名都容不下。与此同时，在移动互联的大环境下，品类和品牌也逐渐出现了高度合一的属性，就像我们常说的"度假旅游找携程、数码家电上京东"。在消费者的心智中都会有两个名单，一个是考虑名单，另一个是选择名单。

中国有句老话"知人知面不知心"，切换到营销的赛道上拆分来说，消费者的心智会让人难以捉摸，但是心智有其相对的统一惯性逻辑，是有规律可循的。

定位的目的是让一切都变得简单，一听、一看、一眼、一动，四个"一"统一节奏，统一步调，大道至简，创造医生个人品牌价值。

历史上其实就有名医 IP 定位的范例，如我国古代杰出的名医中，他们都有自己的核心技术和研究专著，用现在的话说，他们的 IP 定位聚焦、精确，传播有方法。

比如：

（1）扁鹊善用"针石""服汤""熨"等治病。

（2）华佗精内、外、妇、儿、针灸各科，外科尤为擅长，"麻沸散"的使用为世界医学史上最早之全身麻醉。

（3）张仲景的《伤寒杂病论》奠定了中医治疗学的基础。

（4）皇甫谧总结了晋以前的针灸学成就。

（5）葛洪炼丹、采药。

（6）孙思邈被人们尊为"药王"，创立脏病、腑病分类系统。

（7）钱乙被尊称为"儿科之圣""幼科之鼻祖"。

（8）朱震亨创阴虚相火病机学说，被后世称为"滋阴派"的创始人。

（9）李时珍三次易稿而成《本草纲目》，为我国医学贡献了一大巨著，著有《濒湖脉学》《奇经八脉考》等书。

（10）叶天士治奇经、脾胃、儿科等病尤为擅长。

你有没有发现，古代的医生之所以能成为名医，是因为每位医生都在各自医疗领域深耕多年，甚至是一辈子，还有自己的专属研究著作，奠定了名医强大的IP定位。古时没有互联网，医生只能通过不断走出去，通过小范围的传播，形成口碑裂变。

总的来说，他们能成为名医的关键词是聚焦、坚持、口碑传播、著作。

在现实中，打造医生IP不一定要成为明星医生，毕竟明星是少数的，倘若在打造医生IP的过程中，能成为明星医生，那肯定是更好的，但打造IP只是一种营销手段，并不是多厉害的流量、多么"高大上"的模式。

打造IP是这个时代赋予我们每一个人的潜质，突出自我，让自己与众不同，形成差异。打造医生IP是真诚地展现自己，靠独一无二的持续内容打造自己。

现实中很多医生在做定位的时候，大多是从主观去判断：我的定位应该是这样的，而不是根据客户的判断进行定位。

定位是做消费者眼前的你，而不是你眼前的自己。

打造医生IP一定是和消费者有关的定位内容，而不是自说自话，说着高端深奥、消费者听不懂的语言。

所谓的定位是为你服务的人群做自我定位，而不是自己做自我定位，这是没有意义的。比如擅长做鼻子手术的医生要围绕如何把自己的定位植入消费者心智等系列工作，以及应该通过哪些方式。如果你仍然不知道，可以通过调查问卷，针对你的消费者粉丝巧妙地通过提问题的环节问出来，汇总在一起就是消费者对你的定位标签。

市场调查是最有效的挖掘医生IP标签的方式之一。

不改变某一个你认为的自我定位，而是明白定位的最终含义。

定位的最终目的是市场化，是变现，市场化代表了要拥有消费者、服务消费者，所以定位更应该和消费者匹配，在市场中寻找答案，而不是在老板和自己的眼中寻找答案。

那么医生IP的定位从哪里开始呢？让我们一起回到古希腊伟大的思想家、哲学家柏拉图提出的三个终极问题中：

（1）我是谁？

（2）我从哪里来？

（3）我要到哪里去？

看似很简单的问题，但是我们身边大部分人很难回答出，这三个问题对于IP品牌有着深刻的影响意义，搞清楚这三个问题，你的IP打造也不成问题。这三个问题对于打造医生IP有什么作用呢？这些年在帮助医生打造IP的过程中，我们有个工作，就是去采访医生，和医生聊，各种聊，天马行空地聊，聊他自己、爱好、小时候学习、长大之后的进修之路、学术地位、医生的知识体系等，也会针对消费者的提问做一些市场调查表。

这些采访素材的收集对于医生IP内容提炼有很大的帮助，我们可以从中获取一些信息和与其他医生不同的地方，有助于医生IP定位。除了和医生聊，我们也会进入手术间去观察细节。

我是谁

我是谁

首先这个提问问的是"我是谁"，而不是"你是谁、你是什么"，说的是人而不是物。

"我"在生命中的定位是什么？就是职业，我是一个医生——骨科医生、儿科医生、外科医生等；我具有什么样鲜明的特征，和其他医生有什么不一样的地方，性格、人品、爱好、技术等是否有不一样。通过这些思考，可以很快了解一个具象的、有情感的、多维度的医生。

试着问问你是谁，被消费者、行业从业者提到多少次？

"我是谁"这是一个伴随每个人终生的问题,针对这个问题我们要作决定,而不是作分析,通过自我询问,找到自我的价值。

大多数人还只是困惑的灵魂,却不能变成一个顿悟者,这只能靠自己,无法依赖别人顿悟。曾有家机构的定位口号是"改变自己,改变未来",只有自己改变自己,方可战胜一切。

"我是谁"这个问题时常在我的脑海中引导我,让我通过这个问题寻找自己,每当问我自己是谁、想要什么时,都会面对自己的无知。

在"我是谁"的目标中,我的想法是越早知道想要什么,比盲目地在社会上打拼要强。我曾在一个月内面试了十位大学生,多数大学生根本不知道自己迈进社会要做什么。但印象中也有一个大学生,他很清楚自己要找什么类型的工作,清楚将来靠这份工作积累的资源能为自己、为行业带来什么价值。

我从哪里来

我从哪里来

这里以医生为例,从步入社会工作开始,他一路是怎么一步一步学习的?当时为什么选择医生这个职业?通过这一步一步深挖,可以迅速了解医生的底层基因,这是打造IP的核心要素。

医生打造的IP是基因——医生基因、底层基因,不是人设,人设是杜撰而来的,是会崩塌的。基因是你会的东西,你本来通过学习,拿来应对市场、服务消费者的,是通过多年积累的,而不是靠立人设虚构出来的。

我们经常可以听到说一个人的人设崩塌,为什么会崩塌?是因为原本大家以为的"人设"和真实的他其实不是一回事,最终崩塌。所以我们在打造医生 IP 的时候一定是技术基因优先，不是过度包装、过度营销。

每当我问身边的医生朋友们最擅长什么项目的时候，他们都会很自豪地跟我说"我都会"。

什么项目都会的医生，最终会变成什么项目都不会。

时代在前进，现在是 Z 世代，是消费者主权的时代，社会分工越精确，头部效应越强，专业的人会变得越专业，消费者从需要变成选择。

某一项目做得很极致的医生，他的 IP 品牌才会更有价值。

以前的市场中，在机构运营初期，医生可以什么项目都做，因为医生比较紧缺，什么项目都做的目的是满足这个竞争的市场。但如果想在这个竞争市场中脱颖而出，医生们必须具备差异化的定位，否则在市场中只会产生短期效应，最终"累死"在市场中。木桶效应 2.0 应该是在那块长板，而不是短板。

我要到哪里去

🧰 我要到哪里去

这个问题也很有意思，到哪里去？你的医疗技术未来要达到哪里？顶峰？还是就这样？你的机构要往哪里去？扩大？小而美？资本上市？连锁？还是自己创业？

特别是医生创业者 IP，关乎你的机构品牌，决定机构的未来，医生创业者 IP 和机构品牌是合二为一的，分开的定位注定是失败的。这就会导致资源配置分散，目标分散。

在自己所擅长的领域不断地学习、实战、总结，反复这样，让自己的核心技术达到行业顶峰，无论对个人 IP 品牌还是机构品牌，都有很大的促进作用。

将来的某一天你希望 IP 可以给你创造多大的价值？是昙花一现还是终身受益？我相信大部分医生会选择终身受益。当下你足够重视自身 IP，并且将 IP 坚持到底，IP 价值对你来说才是可持续的，而不是三天打鱼两天晒网。

市场中，昙花一现的医生 IP 特别多，今天做下营销工作，明天就放弃了，我看实属可惜。拥有优质技术的医生理应可持续地坚持输出，坚持到底。

耐不住寂寞守不住繁华

打造医生 IP 的前提是，给医生做明确的定位，市场竞争激烈，如果每位医生都不做定位，不开展 IP 营销工作，将会一团糟。

医生不做定位，机构任何生产要素的生产力都难以被调动，机构也会缺乏一致性的经营方向，你的 IP 只能原地踏步，在忙碌中迷失自己，早点定位，早点行动。

打造医生 IP 的最终结果是市场变现，很多从业者以为打造医生 IP 就是简单操作几个传播渠道，如果这么理解就大错特错了。任何一种传播渠道都离开不了定位，如大众点评、美团、小红书、视频号、今日头条、抖音等。医生 IP 定位的核心是提升客单价，告别价格战，引领技术升级，使其成为医生的优势。

医生 IP 定位的精髓是顺应消费者心智，并不是改变消费者，我们可以在消费者大脑中创造新的需求。例如，下颌角定位的医生，随着外部环境、消费者、技术变化，既能继承此类医生传统技术优势，又能把握新的趋势。

约瑟夫·休格曼在他著名的《文案训练手册》中写道"广告创作第一句话的目的是吸引读者去读第二句话"，由此可以看出第一句话的重要性，而品牌定位就是我们跟受众群体产生交流或者促使他跟我们交流的第一句话，这一句话必须足够简单、足够简明扼要、足够言简意赅，简单到一个画面，简单到一句话，甚至简单到一个关键词。就如同本书的核心定位，就正在用着这条心智规律，简单到了一个词组"医生IP"。

此时聊起简单，我猜你的脑海中会浮现出一张图片，图片上一个人物照片，各种荣誉简介、各种协会殊荣，恨不得把小学三好学生的奖状都贴上去，但是你一个都没有记住，甚至连这个人的名字你都不知道。这不是某个人的个例，更不是某个行业的个例，而是诸多行业都存在的现象，落在医疗行业中，这样的医生定位、医生介绍比比皆是，从心智规律的简单属性来看，这样的定位无疑是无效的。

不难发现，要想掌握好"简单"这一心智规律，"弱水三千只取一瓢"就成了必要的脉络，当然，梳理清晰这个脉络并不是一件容易的事，就像我们描述我们自己，我们是什么样的人？我们会具备多重的社会角色，是父亲也是儿子，是朋友也是同事，是部门领导也是公司员工，场景的切换在推动着角色的变换，由此你就会有多元定位。但是一旦切入到营销角色，你就要锁定那个场景，也就是锁定一个品类，去设计你的角色，去摘取你的"简单"，在这个品类中去强化它。

2018年，我们打造过一位韩国医生IP。刚接触时，我拿到了有关他的诸多资料，其中有国际荣誉、韩国国内荣誉、在中国取得的荣誉、学术荣誉以及其他社会组织所颁发的荣誉，而在其所擅长的手术项目中这个医生几乎全能，外科中高难度的双鄂很资深，颌面轮廓很擅长，眼鼻胸脂都没有问题，埋线提升也有自己的一套，在综合权衡之后，我们一再精简，将他的人物品牌的品类定位在了"颌面"板块，结合他的人物性格和个人形象提炼出了"萌叔"的概念，采用了"简单的品类定位＋人物特征定位"的方式，最终延伸出了"颌面萌叔朴兴植"的人物品牌核心定位。

七个字中，"颌面"锁定了品类，"萌叔"锁定了人物性格，"朴兴植"个人的形式本身就具有韩国独有的特征。在后续的推广和转化中，也无疑印证了该定位的正确性，至今在微博的"颌面"品类中，仍然长期占据着排名榜前三的位置。

总　结

　　定位理论一定是打造医生IP的顶层设计,是战略问题,是老板要重视的,并非营销问题。如果没有定位认知,再好的战术也是徒劳。战略方向要对,IP打造就容易很多。当下我们要自带IP不走寻常路,IP是每位医生的灵魂塑造。打造医生IP时,医生本身不要过度包装,只要真诚定位,一切的定位都是为了降低后续的成本(记忆成本、营销传播成本)。

2.3

打造IP的六种定位维度

如果你能吃透任何一种形式的定位，你的IP价值一定会被放大。**这里有六种定位维度，分别是差异化定位、形象定位、聚焦定位和品类定位、名字（名号）定位、人群定位、关联定位。**

🩺 差异化定位（错位竞争）

不难看出，在绝对的时间维度之下，任何一件事情，任何一个市场，其中的参与者总归会有先来后到的顺序。换言之，在任何一个市场品类中都有其领导者占据的位置，如果是后起的品牌势必要跟领导品牌进行竞争，后来者居上是每一个后发品牌出发时就怀揣的梦想，为了实现这个梦想，唯一的办法就是"弯道超车"，这里的机会就是差异化定位。

差异化定位也是在整个市场竞争中用得最多的方法，大众熟知的"爱干净住汉庭""巴奴毛肚火锅"等品牌都在这个系列，而落实到医疗这个行业中也有很多的具体应用，当落到差异端，我们就不能只考虑品类的逻辑，还需要在品类的逻辑上进行深入的差异思考。

在行业中，也经常会看到这样的医生个人定位，如会画画的鼻子医生、会雕塑的鼻子医生、会摄影的眼睛医生等。

差异化定位，就是找出你和别的医生有什么不一样的地方。告诉你的消费者，他们必须找你做项目的理由是什么。

不一样，千万不能自说自话——"我觉得我的技术厉害"，你得站在消费者角度去理解并认可有意义的差异化。俗话说得好，与其更好，不如不同。

如果你的定位和同行差不多，想要在市场中脱颖而出是很难的。深度挖掘关于医生的各维度定位总会有不一样的，差异化的定位也许来自于医生医疗基因，操作手术项目的医生各有各的不同。

在细节中找到细分，如手术细节、人物性格细节、场景中细节、服务细节等，细分到一定程度，也许你就没有竞争对手了。找到了自己的市场定位方向，走自己的差异化路线，让别人绕路而走。

让医生清楚自己的定位是与众不同的定位。

我接触过的医生，很大比例都没有自我定位。

要么缺乏品牌意识，要么没有耐心打造个人品牌，在行业内真心、沉下心做医生个人品牌的机构和医生都非常少，大部分原因是打造医生个人品牌很难在短期内创造很高的收益，无论是机构还是医生都很难忍得住寂寞。事实却是，只要你坚持，结果往往是不错的。

我们常说：你和他有什么区别吗？你的差异化在哪？他能做的项目，你都可以做吗？你能做的项目，他是否不可以做了？医生需要提炼差异化标签，从标签里提取差异化的自我定位。你没有的，我有；你有的，我精；你精，我专。

差异化定位就是需要医生不走寻常路，走出属于自己的特色路线。

差异化定位如何操作？

确定最擅长的科室、细分项目，杀到行业第一。差异化定位可以让你的消费者迅速记住你，差异化定位的目的是夺得在消费者心智中的第一。比如第一个登上月球的，我们都知道是阿姆斯特朗，第二个是谁？世界第一高峰是珠穆朗玛峰，第二高的呢？中国百米跨栏最快的人是刘翔，那第二快的是谁呢？所以医生在做个人品牌定位时一定要做自己最擅长的品类并要争第一。例如，提到医生集团，想到张强；提到血管外科专家，也会想到张强。做医生集团的那么多，血管外科专家那么多，却不一定都知道，但只知道张强。

你如何保持不同？

你是行业品类开创者？经典？有故事的医生？我们往往认为开创者是原创的，同时是权威的，他们拥有更多专业知识，从而拥有更好的品质，比如行业的开创者们。

消费者更信赖公立医院的医生，是因为他们相信公立医院拥有悠久的历史沉淀，靠谱，有着经过长期历史验证的安全感。消费者相信经过很长时间考验的医院品牌，因为这样的医院品牌必有过人之处，有问题早就被发现了，所以消费者认为公立医院的医生也更为安全靠谱。

你有没有发现有故事其实可以让你与众不同，故事必须包括有价值的历史或重要的事件，这一点特别适合医生创业者，撰写一些医生创业的故事，有助于品牌的提升。

对立定位，找竞争对手向其反向学习。

对立在某种程度上，跟建立关联存在着一些联系，因为对立也是关联关系的一种。但是这里说的对立，主要聚焦在"非黑即白和非A即B"的逻辑中，比如说我们买可乐就会有"含糖"与"无糖"的区别，买泡面时就会有"油炸"与"非油炸"的区别。

制造对立的心智规律，其实就是把握住了用户本身的观念，抓住这个观念，找出用户心智中原本就存在的对立逻辑，深挖用户心智中原本的文字信息，与行业进行匹配。

其实这个定位心智的规律在业内的使用比比皆是，比如在隆鼻的品类中，有的医生推崇肋骨鼻，但有的医生就推崇假体隆鼻；比如在颌面的品类中，有些医生推崇长曲线下颌角，有些医生则推崇常规一刀切；再比如在玻尿酸的选择上，有些医生特别偏好"乔雅登"，有些医生特别偏好"瑞兰"。

我们不难看出，其实在这些医生的选择中，就已经明确了其定位的属性，因为他的选择就是他的定位，也就是他后续发声所在的位置，所有内容也会围绕他的选择依次产生。

找到行业比你厉害的医生，通过挖掘分析对方，寻找与众不同，体现自身差异。

比如，真功夫找到了洋快餐的第一品牌麦当劳和肯德基之后，运用了对立定位。提出"凡是他们做的我们都反对"，麦当劳和肯德基主打炸薯条，真功夫就主打"蒸"，从而打出了"营养还是蒸的好"的经典广告语。

对立定位是一种自我挑战，在行业中运用对立定位需要挑战医生的学术。虽然做同样的手术，但方法不一样，效果是一样的，这就是差异，不妨好好研究一下：你所属的科室、擅长的项目品类是否有高超的技术？你是否可以颠覆？换一种方法是否也行？

通过其他手段来找到差异化定位。

定位好医生或定位好团队协助后，接下来的问题就是消费者为什么要相信你呢？通常消费者会持怀疑态度，需要拿出一些证据来证明你说的是对的。首先你得是一位医生，你的证件，你的案例效果、案例数等，都要展现在消费者面前，如果你是医生创业者，有实体机构，显然更可信一点。

消费者相信眼睛看到的东西，消费者相信国家对医生的考试考核制度，获得医生执业证件的正规性，他们更愿意相信公信度高的医院加上厉害的医生。

消费者也会相信在一个领域深耕的医生，医生的坚持特征，也是一种无形抵押物。

同样，顾客也会相信其他顾客的推荐信息，也就是老顾客的口碑。口碑来源于线上口碑和线下场景化口碑。

如果一个医生宣称自己是位很出名的医生，但是在各类渠道和媒介中的能见度很低甚至几乎没有，你让消费者怎么相信呢？医生也要刷存在感，这一点尤其重要。

我自己有个习惯，判断一个人有多出名，我会在百度中进行搜索，如果百度上什么信息都没有，我会认为这个人谈不上出名和靠谱。这些信息包括但不限于这个人是否有自己的权威百科、是否有各大媒体对你的正面报道等。

形象定位，消费者眼前的你

医生打造个人品牌是通过医生形象，让消费者知道医生个人品牌的含义，达到的目的是解决问题，方便消费者认知，降低消费者的选择成本和营销成本。如果一个医生拥有很糟糕的形象，则他的市场营销成本肯定很大，并且很难通过预算扭转个人品牌影响，因为你的消费者不买单。

企业有企业形象，个人有个人形象，这里我们主要讲医生个人形象，把最想给消费者看的那一面展示出去，把最真实的自我形象面对消费者、面对市场。如果你的形象不好，形象也可以重新塑造修饰。形象定位是给到消费者的印象属性，比如医生颜值、沟通能力、服务很细心、很极致、匠心、专业等。医生除了技术还有其他特征，可以拉近与消费者的距离。

医生拥有良好的个人形象，会降低消费者的记忆成本，如果一个医生的形象是没有特性的、邋遢的、随意的，等等，那么想让消费者记住是很难的，因为这样的形象毫无特征优势。你身边是否有形象比较突出的人，让你记忆犹新。

2019年我去温州一家合作机构，在当地市场做调查，去一家机构进行神秘拜访，发现这家机构有位光头皮肤科医生，他的穿着打扮很邋遢、很糟糕，我们在医院咨询的那段时间，没有一个求美者找他咨询，这就是形象没有定位好的失败案例，形象不好是打造医生IP的大忌。

医生的个人形象管理不仅可以提升医院形象，还可以为求美者提供全方位了解医生的机会。医生更应该重视自身的形象管理，良好的形象管理、颜值管理，有助于提升求美者对你的信任，从而促成成交。医生的个人形象不仅要"穿戴得体"，还要"整齐清洁"，代表着医生对行业、职业、求美者的尊重。

医生的个人形象是展示给消费者看的，要让消费者第一眼就能看出你从事什么行业、你是哪一类医生、你的大致状态等，至少要和非专业人士区别开。

消费者第一眼就可以看出，不需要消费者去猜，这样的形象定位是成功的。

形象定位可以细分为原始形象、社会形象、行为形象。

1. 医生原始形象

通俗理解是一位自然人的特征，如医生的姓名、年龄、性别、容貌、身材、声音、肤色、毛发等，还有人身上会有一些特殊的印记。

原始形象如果能突出也算是一种特别的定位方式，与生俱来的定位。例如，秋叶大叔的普通话讲得不标准，但这并不影响他打造自身IP，而且就是这个特征，成为秋叶大叔的优势。我身边也有一些医生朋友，他们的普通话带着浓浓的乡音，显然这就是一种特色标签，大家提到他的时候，就会联想到此类标签。

原始形象的特色，会影响大家对一个医生的价值判断，也是打造医生IP

的基本要素。部分医生可能都有很多维度，但作为消费者，只会认你一面，就是医疗 IP 基因。

如果你的原始形象不是很完美，那就需要针对你的原始标签做一些微调整，展现给你的消费者，你希望自己是一个知心大姐姐、颜值担当的小哥哥还是专业能力强的气质男神？从自我形象开始，如果一位医生从头到脚看不到一点"对美的追求 / 对美的敬畏"，消费者可能很难相信这位医生可以帮她变美。

2. 医生的社会形象是打造医生 IP 的综合要素

医生的社会形象也就是医生行业端的形象。

医生所在行业圈子对外形象如何，也间接地影响消费者对医生品牌认可。医生打造 IP 的时候一离不开社会，二离不开行业，二者相辅相成，其中包括医生的成长经历、社会阶层、社会职务、社会艺名、网名、行业技能、行业荣誉、生活城市、家庭环境等。

医生，从在学校里学习相关的系统理论知识到毕业后出来工作，在学校期间以及正式步入社会工作后，都需要不断地在体制内及体制外学习进修。从小白到行业大咖，一层一层地去学习，这是一段非常漫长的晋级路程。在医院临床后，依然需要不断地自我学习，慢慢去奠定自己在学术、自己最擅长的项目、最细分的科室上去拔高自己的技术，验证自己在学术细分领域上的身份和地位。期间会去韩国、日本、欧洲等地进修自己的技术，跟行业里面的各种学术大咖共同学习、共同讨论、共同参与手术。

让消费者认可你之前，先让圈内人认可。

如果没有办法一步到位地进行医生品牌传播，那么你可以借助行业从业者帮你去塑造口碑，这样的传播成本，要远远低于直接传播到消费者的成本。只有行业的人认可，传播起来才更为方便快速。这一拨人其实是你的第一批种子用户，行业人也是消费者，第一批信任你的种子消费者其实就已经形成了，他们会帮你去做口碑，会帮你做裂变。

咨询师、职业经理人，只有让他们明白医生最擅长的项目是什么，才能让他们帮你做传播，让他们帮你做口碑。

同行之间还会有这种交流——会推荐哪个医生手术技术好、哪个医生手术技术不好，"好与不好"首先会在圈内形成一种口碑，加强医生在行业的存在惑。医生的社会标签类型很多，找到适合自己的标签定位很重要。依然可以通过柏拉图的"哲学三问"来作梳理（我是谁：现在；我从哪里来：过去；我要去哪里：未来），不妨写下来进行归类，通过"哲学三问"，"问"出自己的身份标签。

你现在在社会上展现的是哪种职业状态、过去你在职业上曾做出的行业贡献和消费者贡献有哪些，以及未来还可以通过什么样的标签带来怎样的品牌影响。

3. 医生行为形象

所谓的行为形象，也是最直观的，医生的穿着如何、谈吐如何、人际关系什么样、工作方式什么样等，是肉眼可以直接看到的，耳朵可以听到的。

下面介绍和医生IP相关的五种行为形象。

（1）服装。很多医生在拍自己的形象照时，服装搭配、表情都不到位，表情过于严肃、动作比较生硬，不自然，服装色系和自己的性格、擅长的项目等不匹配。

选择和自己匹配的服装和表情，展现给消费者看，会加强消费者对你的记忆。行业的很多医生缺乏自我服饰的形象管理，大多很随意。有形象照，但是不形象。

大部分人见到一个人的第一面，无法通过第一印象判断这个人有多少内涵，大多会凭借对方的服饰形象和行为举止判断其专业程度，打造医生IP一定要重视形象的设计和拍摄。

如何进行拍摄呢？这里就不赘述了，一般有点规模的机构，会有自己的企划营销团队，团队里会有做摄影剪辑工作的同事，他们可以协助你，满足你的摄影需求。

这种团队也不是所有机构和医生都具备的，考虑到人力成本也不低，我所接触到的中小机构里大多没有这样的人员配置，他们会选择外包。我经常看到医生的形象照片，不少是随便找一家摄影店拍摄的，还有很多是在婚纱摄影楼里拍的，显然不适合医疗行业。

可以选择外包，但一定要选择有质感、比较专业、具有医疗属性的摄影团队。

（2）状态。也许是你不在意的地方。医生所呈现的状态，消费者是可以看出来的，状态包括体态和神态。所谓的体态就是一个人的姿态，包括站、坐、行、手势等，体态不仅能反映出一个人的道德修养和文化水平，还能体现一个人的内心世界。而神态是一个人的表情状态，开心的、不开心的，通过面部表情就可以知晓医生当下的状态，所以面相在行业内也起到了非常大的作用。

我一个朋友曾去上海某知名医疗机构咨询相关问题，来面诊的医生面无表情，好像有什么心事似的，我的朋友对其感受非常不好，之后再也没有去过这家机构，也没有介绍给身边的朋友。

医生的状态好坏，的确可以影响到消费者对机构的印象。就打造医生个人品牌来说，面对消费者的状态至少不要那么糟糕，也不要摆出一副公立医院医生架子来。

（3）声音。有质感的声音可以帮助你提升品牌特征。最近这几年在医生圈子里经常会看到很多颜值高、医疗技术强的年轻医生们，说话的声音都很有质感。我的一位男士朋友也这么认为，质感的声音可以吸引女性消费者。这还真是一个优势，个性的声音可以为你加分，也有可能成为你的医生IP最有力的行为形象标签，也有医生可能会问：我做不到声音有质感，我天生普通话不标准，口才就不好，也许这正是你的特征，不妨放大试试。

（4）生活方式。也许这正是医生保持独立品牌的优势。医生的自我控制能力的生活方式，是一种正确价值观的导向，你展现的什么样的生活方式取决于你想要创造什么样的形象，你的价值观粉丝是否可接受。我认为医生在生活方式上一定是和美相关的。

我曾经帮助一个医生打造IP，他是一名日本医生，他有一个生活上的"癖好"，衣柜里摆放的是各种各样的西装，都非常时尚潮流，针对不同的场景穿不一样的西装，这正是他与众不同的地方。例如，你平时喜欢花花草草，喜欢养小宠物，喜欢发现身边各种美丽的事物，这个也许是优点，不要放弃。

（5）医生卡通形象。行业医生用卡通形象的并不多见，有一个医生IP案例——修志夫，他对外的所有渠道都是修志夫医生的卡通形象，圈内人和消费者一看到这个形象就会想到修志夫，他这个形象符号做得比较好。尤其是口腔行业，专门做儿童口腔的连锁机构，可以借助卡通形象拉近与小朋友们的距离。麦当劳和肯德基的品牌形象都是卡通造型，小孩子也特别喜欢卡通形象，辨识度也高，一眼就可以看出这两个形象，名字记不住，但是能记住LOGO形象。

医生的卡通形象有很大的亮点和优势。

- 医生在很多人的心中是穿着白大褂、做事严谨、比较正面的形象。如果给医生制作卡通形象，那么就会增加消费者的距离感、信任感，主要还是卡通形象看起来可爱，这样的医生形象很容易和消费者拉近距离，博取好感。

- 医生卡通形象辨识度高，一个可爱的医生卡通形象可以给消费者留下清晰又深刻的印象，并且可以与竞争对手形成差异化，形成自己的形象定位。

- 利用医生的形象、性格、项目特色、行业属性、文化等制作表达医生IP价值观的卡通形象，一定相互契合，或者有相关的联系。医生通过良好的形象定位，也会成为自己的形象代言人，特别是医生创业机构，因为这是医生自己开的诊所，真实可靠，也更有权威性，广告信任感更强。

消费者认可你的形象，也就是认可医生的个人品牌，令消费者持久信任。

给医生做个人形象定位时勿太过偏离，舍己仿人。最好的人设就是没有人设，你即是你，真实展现自己，对外传递的信息与本人是完全真实的，没有过度包装、夸大，对公众而言，这就是最真实的医生。但形象定位不能成为医生IP的差异化定位，只是基础条件。

聚焦定位和品类定位

一个人年轻的时候可以多掌握点知识，只有在拥有一定的工作经验后，才可聚焦某一领域，成为该领域的佼佼者。医生个人品牌的聚焦定位，是围绕消费者群体进行的，需要选择特定人群。人群画像包括对性别、年龄、层次、所在城市、喜好、消费场景、需求痛点等进行深挖，通过目标群体的聚焦从而回归到自身品牌的聚焦。

比如，我最早是做互联网顾问的。当时因为涉足较早，业务特别多，专门帮助一些企业做 SEO（search engine optimization，探索引擎优化）品牌，当时咨询我的客户三六九等什么层次都有，我没有筛选客户，什么客户都服务，服务人群也不聚焦，其中有几个比较容易失败的客户，这些客户会做一些差的口碑宣传。

所以几年下来，发现不是什么客户我都需要服务，于是我开始挑客户，只服务确实很有前途的客户。只聚焦某一人群，通过某一种服务内容帮助他们，那些不匹配的客户，我再也不接了，即使现在依然有很多同行加我微信，咨询我，大部分问题都是很自私的提问，我开始只聚焦某一种特定人群去服务。

定位的底层逻辑是基于理性的产品逻辑链条展开的，在消费者的认知中先是品类的认知，而后才是品牌表达。

具体举例来说就是"夏日炎炎，消费者永远首先考虑的是他要买空调，而后才是选择买海尔还是买美的"；落到医疗行业中来就是"求美者首先考虑的是她要做个双眼皮，而后才是选择 A 医院还是选择 B 医院，是选择医生C 还是选择医生 D"。

简而言之，定位的底层逻辑就是"品类在定位之前，定位在品类之内，自品类中切入，在品类中择取"。

对于医生而言也是一样，也要聚焦自己的项目，定位服务的人群，不是什么消费者都要去服务。如果你是新医生，聚焦对你来说的确有点难，随着时间和经验的积累，也许可以找到自己的聚焦。有一些市场经验的医生找到聚焦后，成功案例会越来越多。

你的 IP 塑造成功之后，你的口碑会越来越好，找你的消费者会越来越多。同样地，匹配的收入也会更高，医生会更有资格挑选客户，从而形成良性循环。

关于聚焦，管理大师德鲁克是这样说的：没有一家企业可以做所有的事，即便有足够的钱，它也永远不会有足够的人才，它必须分清轻重缓急。最糟糕的是什么都做，但都只做一点点，这必将一事无成。

随着越来越多的医生打造个人IP，竞争将会越来越激烈，医生在专业技术方面的定位会更细，要学会从竞争对手那里抢流量。

很多机构体量不大，一家机构可能只有一两个医生，每个医生可能会兼顾多个项目。医生也觉得，自己应该是个多面手，网要撒得更大一些。可是这样没有重点的分散策略，并不符合大众认知，给别人的感觉就是：你什么都会，什么都不精，没有专长。这对医生打造个人IP是不利的。

医生要放弃全项思维，主要精力放在宣传自己最擅长的专项上。专注于自己会的项目，并在其细分领域做到要么数一数二，要么独一无二。看似没有大而全，反而能够从单项突围，占据一席之地。

民间流传的谚语也这样说过："贪多嚼不烂""一招鲜吃遍天""千招会不如一招绝""一马不配两鞍，一脚难踏两船""不学灯笼千只眼，只学蜡烛一条心""一手捉不住两条鱼，一眼看不清两行书""人心不足蛇吞象""世事到头螳捕蝉"。顶尖高手都懂得把一个简单招法练到极致，这是打造IP的最高境界，天下无敌，一招制敌。

聚焦是当下每一位医生要做的事情，不仅仅是企业。因为只有聚焦，企业和个人才会变得专注和专业。

个人聚焦和企业聚焦是不一样的，企业的聚焦是新生，个人的聚焦是包装或基因打造。针对医生来说，需要通过市场找到自己较为擅长的项目，把这个项目作为自己的市场定位进行拔高从而聚焦，从自己广泛可做的项目中选择单一项目进行聚焦打造成自己的爆款项目，这样的聚焦才有意义。

如果你已经找到自己的擅长项目的定位，并且已经抢夺了一些市场份额，最佳的做法是强化项目定位，而不是眼红其他医生的项目红利，除非是更有价值的项目，市场处于空白，并且你现有的项目定位是有问题的，才可以大胆一试。

不妨思考一下：如果你是一个消费者，你去到一家机构，面诊的医生可以帮你做什么项目呢？瘦脸针？皮肤修复？外科手术？什么都可以做？肯定不可能，你可能会这么想：为什么这个医生什么都做？我们需要通过市场客户思维，去做帮助医生拥有聚焦单品的思维。

放大医生最擅长的项目，也是他最大的优点。人有很多纬度，很多全面的地方，你最想让自己哪一面展示给消费者？去经营它？比如医生的沟通能力、医生擅长的项目。

放大自己定位的项目，缩小不擅长的项目，而不是抹去那些可以做却不是最擅长的项目，要通过自己最擅长的项目去提炼，去聚焦。

医生IP的聚焦定位，往往是需要聚焦在自己的单一项目中，也可聚焦在某一属性，如聚焦在手术安全上、聚焦在服务意识上、聚焦在数据管理上。关于聚焦项目品类，你所擅长的项目品类在市场中需赢得消费者心智，抢得第一。若你的品类在第一，你的IP就是第一，最终你会赢得消费者，赢得市场。

在消费者心中相互之间竞争的并非品牌而是项目品类，所以医生品牌竞争，实则是项目品类竞争，当医生品牌成为一个项目品类代表时，消费者在购买你的项目时，能第一时间想到你，这才是最厉害的。

如何做医生的品类定位？

1. 医疗技术开创新的项目品类

开创新品类最直接的方法就是科技创新。第一种创新是技术革命，革命性创新往往可遇不可求，它能够创造一个大品类。第二种创新是技术创新，对现有的医疗技术进行升级。后者更适合打造医生IP。

2. 新趋势开创新品类

新冠肺炎疫情防控期间，大家开始重视健康、珍惜生命。大健康类、中医类、抗衰老、HPV等项目产品纷纷涌入市场，从而引起大家的关注，每一个新设备都会为品类创造打下坚实的基础。

3. 开创"市场中有，心智中无"的品类

对于医生来讲，要开创市场中没有的新品类项目比较困难，但是要找一个消费者心智中没有的新品类并不困难。通过大数据（行业数据、自身项目数据、新氧等行业电商平台数据）来分析客户数据是消费者现阶段模糊的、没有占领消费者心智的项目，这里也要关注竞争对手的品类定位，依然要做市场分析和竞争分析。

聚焦是把多的做成少的，把大的做成小的，少即是专，小即是精。

4. 重新组合现有元素，进行聚焦定位

"混沌学园"李善友教授说，任何一种经济结构都离不开"产品、技术、市场、资源、组织"这五种元素。

未来的医生IP市场会越来越热，竞争比当下还激烈，我们应如何创新保持自身优势呢？可以通过如下思维导图拆解"供给""需求""连接"三个要素再重新组合基本要素，结合自身情况形成自身的创新优势，重新选择自己的侧重点。

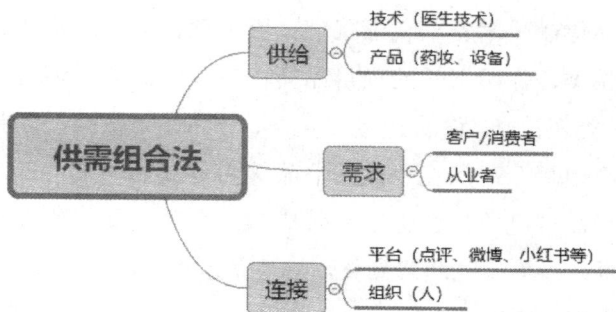

名字（名号）定位

一个好名号是成为医生大 IP 的第一步。

好名字和好名号都具备容易记忆、容易传播这些特征。有些人从一出生，他的名字就可以省下不少成本。易记忆、易传播的名字，传播和记忆的成本低，也大大减少了后期的营销成本。

当别人提到你名字时，是否知道你是做什么的？

你是否有印象，小时候在学校里，老师点评或者班委点评，时常会出现有一些名字读错或不认识的现象吗？这是典型名字里有生僻字导致的问题。你有没有发现，我们能记住的古人，名字大部分是简单的，容易记忆。所以他的故事和作品一代一代传下来也比较容易，如孔子、孟子、王阳明、曾国藩。

行业内也有不少名字相同的医生，大家会经常混淆。

混淆不清是成功定位的大敌，大众化的名字、彼此一样的名字不能让你的消费者清晰地记住。医生的名字我们经常在各类线上渠道和线下渠道使用，名字和名号独特唯一，是一个医生 IP 的价值所在。

如果发现你的名字和你认识的某位同行名字一样，建议你换个名字，有助于重新梳理你的 IP 定位，特别记得要和大咖的名字错开，因为无论你怎么努力想要出人头地，或是希望自己的品牌突出，你的风头总会被同名大咖的影响力所遮盖。名字是没有见到你本人的第一印象，从名字中提取一些信息，生成自己的自有认知，认知大于事实。

名字的好坏也取决你选择在哪里、做什么。

比如一位医生在公立医院的品牌价值往往要大于在民营机构的品牌价值，公立医院就是你名字品牌的好平台，在公立医院经常会遇到一些患者挂某一个专家号，于是这个专家姓名就这样被患者记下来了，影响程度可知有多大。

如果你现在在公立医院体制内工作，要思考如何借公立医院品牌为自己个人品牌做点什么，跟着在体制内做品牌，你的个人品牌很有可能跟着跟着就成功了。大的机构平台、行业的交流平台，医生的不断进修学习，依然是可以给自己品牌加分不少，但一定要依托在有潜力的平台上。

好名字是便于记忆、便于传播的，是一种长期投资下的战术行为，所有渠道统一称呼，全面开花，加强投入，深度运营。

名字名号一旦定下来，千万不要去大幅度修改，否则所有的工作都前功尽弃了。

早些年机构是没有品牌意识的，也无任何名称保护意识和名称统一意识。曾经出现过这样的现象：一家机构出了一件负面事件，换一任总经理，机构的名称乃至团队都要换掉。

我也曾遇到过关于医生品牌打造的事，一个医生前后找了多家公司协助他打造个人品牌，却没有想到的是，多家公司对彼此的做法都不认同，推翻重来，包括名字、名号。这些案例的结果是损害了机构和医生。

名字（名号）定位有以下几种方式：

（1）姓名，直接打出医生的名字。

（2）项目（通用名称）＋姓名，如皮肤医生刘小道。

（3）城市＋项目＋姓名，如上海眼部王大雷。

（4）爱好＋项目＋姓名，如爱画画的微整王医生。

（5）公立医院＋科室＋姓名，如原上海九院孙主任。

（6）爱好／设备／产品＋姓名，如欧洲之星晨曦医生。

实在想不到差异化的理想名字，可以先定位好一个，其他的就随它去，没有哪一个赛车世界冠军在问鼎之前不经历几回波折。定位并不一定能一次性搞定。

📋 人群定位

人群定位也就是项目匹配的客户画像。行业中，项目又取决于医生之手，帮助消费者变美。

如何做好项目的人群定位呢？

人群定位也是让医生聚焦在某一个项目中，只有项目聚焦了，才会形成差异化，在人群定位上就更明确，针对少数人群，适合自己的营销才是好的营销。打造医生IP时，无论是针对新市场的新客户还是现有的老客户，人群定位都可通过消费属性、消费行为等维度进行盘点优化。

其中，消费属性包括：

（1）人口特征，如年龄、性别、种族、国籍、所在地等。

（2）社会特征，如收入、职业、社会阶层、家庭特征、生活方式等。

（3）个性特征，如冲动、保守、积极、沉稳、热情、冷静等。

（4）文化特征，如教育水平、宗教信仰、民族文化、亚文化、小众文化等。

消费行为包括：

（1）角色，如信息提供者、购买决策者、购买执行者、决策参与者、使用者、评价者等。

（2）因素，如使用时机、使用意图、使用频率、品牌黏性、用户体验等。

如何做人群定位（你服务的消费者人群）？

（1）根据消费属性和消费行为列出你服务的客户标签（用关键词记录下），结合自身的项目属性，选择出符合品相的目标人群。

（2）针对老客户人群重新定位或梳理，通过用户分析工具进行数据统计（可以用表格形式或借第三方统计工具），从而通过分析在老客户的相关数据中发现人群定位，决定是否需要重新定位或是加强其中某一类人群的定位。

（3）针对新客户人群定位，一要做竞品调研，二要结合当下市场项目热度及趋势，三要确定你想要的人群，用数据测试市场人群，从而进行调整优化，不断进行市场调查、推广、数据、分析等，反复如此，和市场保持一致。

关联定位

建立关联，通俗来说就是"抱大腿"，此方法比较适用于前期没有什么预算的阶段，通过寻找横向或者纵向上的时间关系、地理位置关系以及其他的关系，去创造强关联，利用对比补位的心智惯性，去创造瞬间联想。

比如，谈起《天龙八部》里的北乔峰，我们就会脱口而出"南慕容"，但是如果我们说乔峰，你就不会说慕容，你可能会说出虚竹、段誉，很显然其中的"南"和"北"就是地理位置上的关联。在医疗体系中我们常常会说"北协和，南湘雅"。

以此类推，先给自己找到一个合适的品类落脚，再在这个品类里做好充分的竞对分析，从竞对分析中找出自身跟这个竞对的关联属性，再与这个属性建立起强关联。比如北上广深均为超一线城市，那在脂肪这个品类里，北京有一个很厉害的医生出现，则其他三个地方就是你的机会，发扬"咬定青山不放松"的精神，去关联，去互动，去联系。

2015年，我们在操作一个皮肤科医生的个人IP，其自身技术比较过硬，属于脱离体制自己创业的阶段，并且依靠当时的行业红利，也积累起了一部分市场认可度和口碑，但是知名度始终都停留在一个小圈层中。经过一系列的竞对分析后，我们将其品类划在了"皮肤"这一品类中（现在看或许十分宽泛，但是在当时其实已经算是比较窄小的品类了），我们找到了在微博板块中这个品类知名度最高的医生做对标，刚好她在北方城市，我们就拿地理属性做了关联，目前在这个品类中，该医生的个人IP依然占据一席之地。

通过以下方式找到医生的定位方向：

（1）**粉丝 / 消费者盘点。**你对粉丝 / 消费者了解吗？有多了解？他们都是什么样的？

（2）**问医生。**让医生一句话说出"消费者选择你而不选择其他医生"的理由。

（3）**问助理 / 咨询师（销售冠军）。**对消费者说了什么，以至于让消费者选择这位医生。

（4）**访谈忠诚的消费者。**消费者是如何向别人推荐你 / 别的医生的，他一定有一个选择你而不选择别人的理由。

总　结

不同定位方式的出发点都是一样的，都是为了打磨好医生个人品牌，用最快的方式抵达终点，运用好这些定位方式，狠狠执行下去、坚持下去，你将事半功倍。

思　考

1. 写下六种定位方式和你的关系。

_____

_____

_____

2. 哪种定位方式更适合你？

_____

_____

_____

2.4

打造IP涉及五种思维模式

我们在考虑是否做医生 IP 时，需要一些思维模式来判断这件事是否靠谱、能否做成、医生能否深度参与、医生 IP 模式类型等。

拥有这些思维模式可以增加医生 IP 的成功概率，而不是仅仅停留在底层思维操作。

思维模式有成百上千种，以下五种思维模式是我经常使用的，在参与打造医生 IP 时会显得更为精确。

认知思维

在认知思维中，我们经常提到的就是"我是谁、我现在在哪、我将要去哪里"，都是围绕"我"去做一些灵魂拷问。

当我们真正做医生 IP 时，对"我"的考虑甚少，比如你是怎么想的、你考虑这样做的目的是什么、是什么触动你选择这样做、为什么你可以做成别人却做不成？

认知思维里有一个很重要的原理，即第一性原理，打破一切知识的藩篱，回归事物本源去思考基础性的问题,在不参照任何经验或其他事物的情况下,从物质世界的最本源出发去思考。

马斯克第一性原理

"我相信有一种很好的思考架构，就是第一性原理，我们能够真正地去思考一些基础的真理，并且从中论证，而不是类推。我们绝大多数时候都是类推地思考问题，也就是模仿别人做的事情并加以微幅更改。但当你想要做一些新的东西时，必须要运用第一性原理来思考。"

当我们做医生IP工作时，很多人认为定位是第一步，其实第一性原理才是第一步，只有打破自己，重新思考，最终通过精准定位传达出去才会有好效果。

产品思维

在打造医生IP时，只有通透掌握产品思维方式，医生IP的基本面才会更牢固，而不是马虎前进。

马斯洛的用户需求理论于1943年提出，基本内容是将人的需求从低到高依次分为生理需求、安全需求、社交需求、尊重需求和自我实现需求。

打造医生IP的过程中一定要站在消费者的角度思考问题，要搞清楚我们的消费者的需求有哪些。

这里将马斯洛的用户需求简化为"物质需求、情感需求、精神需求"。

物质需求：指产品满足消费者最基本的功能性需求，比如消费者找医生，医生擅长的项目是医生最基本的能力，如果医生技术不行，那么医生IP所面临的危机将会更多。

情感需求：指产品满足消费者对于维护、增强、改善人与人之间亲密关系的需求。

精神需求：指产品满足消费者对于丰富自己精神生活、精神层次的需求。

我们在做医生IP时，一定要围绕消费者展开相关内容，千万不能自嗨，要围绕满足消费者的"三层需求"来圈定医生IP的目标消费者。消费者不同，需求的细节也就完全不同。

当医生聚焦某一种技术时、当医生开始创业时，需要进行市场验证，市场验证后才可投入更多精力和预算来做，而不是白白浪费自己的精力。

MVP（minimum viable product，最小化可行产品），最早由《精益创业》的作者埃里克·莱斯于2021年提出，他本人也是一位企业家，因开创"精益创业"模式而知名，用户验证是精益创业中的核心要素，主要包括以下四个步骤：

（1）找准最需验证的市场微淘。

（2）针对问题设计 MVP（包装好产品推给核心用户）。

（3）收集数据、亲自体验、再次访谈。

（4）验证假设并得出结论。

一个好的 MVP 可以快速、低成本地帮助企业找到方向。当医生聚焦某一冷门技术时，主观判断市场很大，但需做好 MVP，验证市场，降低投入风险。

📁 增长思维

打造医生 IP 的目的是变现，是持续增长。如何持续增长，则需要更多的增长思维工具。

1. 定位

定位是对产品在未来潜在顾客脑海里确定一个合理的位置，核心是"一个中心，两个基本点"：以打造品牌为中心，以"精准导向、抢占消费者心智"为基本点。定位在本书其他章节会有详细介绍。定位是整个医生 IP 的重中之重。

2. 增长要素模型

该模型是一套分析一个人或一家企业增长的工具，其中包括三大要素：

（1）行业机遇。一次疫情，对所有人都是公平的，是不是机会？是不是你的机会？

（2）核心竞争力。向内看找到自己第一性原理，向外看找到你和其他医生不一样之处，为什么你可以吸引消费者？

（3）关键支撑。当这个要素以 10 倍速发生变化时，规模可能增加 10 倍以上，能够催生一套自我强化增长逻辑，强化核心竞争力，承接行业机遇。

3. 二八定律

二八定律也叫帕累托法则，是 19 世纪末 20 世纪初意大利经济学家帕累托提出的。他发现，20% 的意大利人拥有 80% 的社会财富，并由此推断，在任何一组东西中，最重要的只占其中一小部分，约为 20%，其余的 80% 尽管占多数，却是次要的。

二八定律几乎存在于我们生活和工作的方方面面，在企业运营过程中，有大大小小各种问题，但只有20%是关键问题、重点问题，这20%的因素决定了80%的结果。

在医生IP工作中，我们也要抓住20%的传播渠道、20%的粉丝，不要什么粉丝都想要，20%的粉丝会产出80%的意想不到的效果。

4. POEM营销模型

该模型又称为消费者影响力组合模型，指Z世代影响消费者购买决策的四大关键要素：

（1）P：个人感知（prior），即个人对产品的先前主观感知，通常不稳定。

（2）O：他人评价（others），即产品的大众口碑，来源多样且内容丰富，比较可信。

（3）M：企业营销（marketers），即企业层面对产品的包装和宣传，通常值得怀疑。

（4）E：外部环境（environment），指时代背景、行业竞争环境等"天时"因素，是营销的前提和边界。

打造医生IP，通过POEM模型分析，不断地分析、操作、循环，而他人的评价，可以让医生IP一起伴随口碑流量的崛起，进一步削弱营销技巧。

5. 增长飞轮模型

"飞轮效应"提出者、管理学者吉姆·柯林斯在新书《飞轮效应》中解答了这个问题。他在2001年帮助贝佐斯和亚马逊高管团队分析和构建"增长飞轮"。他总结了构建卓越"飞轮"的关键步骤，以及让"飞轮"持续运转迭代和延展的关键。

增长飞轮三要素如下：

（1）有一种特定形态结果的增长，并作为目标，如复购率、利润、用户数、GMV（gross merchandise volume，商品交易总额）、估值等。

（2）在显性需求中抽象出"一"，通过满足"一"，推动结果的增长，如用户数。

（3）深度分析驱动需求隐性的供给，并从中提取出"一"，将经营结果增长持续向"一"靠齐。

增长飞轮模型是一套正反馈循环系统，特别是能让自己占据优势地位的因果进行反馈循环，对因果框架进行多次测试。

那么在打造医生 IP 时，我们需要结合的就是飞轮动能突破"阈值"，出现可持续增强效应。

战略思维

当你拥有战略思维来考虑医生 IP 时，医生 IP 这件事就变得很透彻了。

战略杠杆模型是企业或个人制定战略时需要用到的一套实用工具。它包括以下几个因素：

（1）战略指标。是企业长期 KPI 的核心要素，最终撬动的一点。

（2）战略红利。行业 10 倍速变化的单一要素，如供给端、需求端、连接端、行业风口红利等。

（3）战略动作。企业着力点，企业舍九取一，聚焦资源投入单一要素。

（4）战略定位。企业不变的愿景、使命、价值观。

组织思维

1. 管理循环

拥有以上思维模型后，需要组织来完成，这里分享几个模型。PDCA 管理循环将管理分为四个阶段，即计划（plan）、执行（do）、检查（check）、处理（act）。

（1）P（plan）阶段包括计划和目标的制定，以及活动规划的制定。

（2）D（do）阶段根据已知的信息，设计具体的方法、方案和计划布局；再根据设计和布局，进行具体运作，实现计划中的内容。

（3）C（check）阶段总结执行计划的结果，分清哪些对了、哪些错了，明确效果，找出真问题。

（4）A（act）阶段对总结检查的结果进行处理，对成功的经验加以肯定，并予以标准化，对于失败的教训也要总结，引起重视，对于没有解决的问题，在下一个 PDCA 管理循环中解决。

2. 团队组织

打造医生 IP 就是一个持续迭代的过程，根据 PDCA 管理循环进行科学运营，可持续优化、沉淀组织方法，提升管理效率，带来组织团队的认知迭代。

要带动大家参与到医生IP工作中来，力往一处使。团队的组织涉及以下方面：

（1）**员工能力**。员工会不会，员工是否具备能够实施企业战略，打造所需要组织能力的知识、技能和素质。

（2）**员工思维**。员工愿意不愿意，员工是否展现与组织能力匹配的价值观，这里面就会涉及团队共识，在本书会有详细说明。

（3）**员工治理**。员工做一件事是否被允许，公司是否提供了有效的管理支持和资源，使得员工充分施展所长，执行公司战略。

总　结

打造医生IP不仅仅停留在术的层面，通过顶层思维、模型工具的运用，更能正确掌握操作方向，降低一切外在风险，从而通过极短的周期持续打造IP。

思　考

1. 在打造医生IP工作中，你会考虑哪种思维方式？为什么？

_____

_____

_____

2. 尝试用一种思维方式演绎一遍打造医生IP的流程。

_____

_____

_____

2.5

新政策严管之下，个人IP将何去何从

2021 年 11 月 1 日国家市场监督管理总局发布了《医疗美容广告执法指南》，这对行业是一个非常大的冲击。2022 年 2 月 17 日小红书发布行业信息，号称史上最为严重的一场大面积清理行业笔记，这直接导致很多医生 IP 账号要么调整策略，要么转移阵地。

我们来回顾一下打造医生 IP 账号几个阶段。

（1）**平台红利期**。流量平台百花齐放，如百度、微博、抖音、小红书、天猫、淘宝等，这个阶段但凡你重点投入几个平台，甚至是全网覆盖都会产出不错的效果。这时候所有互联网社交平台流量还没有达到饱和，还在不断地获取新流量。

跟上这班红利列车，顺带着都可以有不错的产出效果。早早从传统营销形式转到互联网营销的企业或个人基本会分得一杯羹。

（2）**不被重视期**。当行业还在用传统营销方式获客时，早早抓住医生 IP 的一拨人已经开始尝到了甜头，当传统营销人还在苦苦思考投放什么关键词带来更大转化率时，新营销人早已通过低成本方式在各大平台上获取更多流量。传播平台类型都是一样，只是在这些传播渠道的载体变了，从传统企业角度变为了医生的个人角度。

当行业很多人在质疑这种做法时，他们早早收获了流量风口。

你的质疑时间是别人收获的时间。

（3）**同质化期**。当流量获取变得越来越难时，大家都开始意识到医生 IP 的重要性，并且不仅是从企业的角度这么认为，在消费者的角度，他们更愿意相信医生而不是企业主体。

企业方透彻了解这种现象后，被逼转型做医生IP，在各大传播渠道，通过原创或自嗨内容进行传播，这种情况下，各大平台就会出现同一种内容被多次抄写，换不同形式表达出来，从而开始产生内卷。

好的账户、做得久的账户，流量依然有很多；刚开始做的平台，就没有多少流量。

这个阶段会涌现出很多通过平台运营技巧来获取医生IP流量的团队，从而实现变现，账户被封掉、限流，再重新注册、运营多个账户，通过各种引流内容获取关注。

面对各大平台医生内容同质化现象就要做好定位，挖掘医生不一样的一面，差异化到医生的骨髓里去。

（4）**内容期**。当大家开始"内卷"时，医生IP寻求新的可持续出路，唯一可以做的就是做好深度内容体验，通过把医生各维度内容进行系统梳理，形成医生自有差异化，在平台内进行系统传播。

优质的内容、消费者喜欢的内容和医生本身有关的内容、可以变现的内容，医生除了技术之外，还有很多个人色彩的元素可以提取，这便是医生IP与众不同的地方。

特殊阶段，如何做好医生IP

1. 把擅长的点再次缩小

通过各类平台搜索相关内容，会发现到处都是医生IP内容，根本找不出想要的内容，无法分辨出彼此的优势特征，同质化非常严重，即使你宣传的是你擅长的细分内容，但面对特殊阶段，需要再次将自己擅长的项目切口缩小。

供大于求，社会分工的日趋细化，人的需求呈现复杂化、个性化的特点，每一个人都要寻求自我定位，抓住某一细分内容扎深下去。

也许你会说，我已经非常聚焦某一技术，但效果依然很小。

当你开始很忙碌时，不妨停止思考未来，接下来需要做的就是关注眼前，关注当下。关注此刻我们所拥有的是什么，我们能够调配的优势资源是什么。因为当我们处于过度焦虑之中时，往往很难看到自己的长处，受到局限。

2. 在内容上下功夫

这里的"内容"是指差异化内容、消费者记住的内容，可以让消费很嗨的内容，不是自嗨。

只是做了微博、做了小红书、写写笔记、拍拍视频等，这不是做医生IP，医生IP是一件系统的事，需要结合医生属性，深度挖掘医生的内容。比如和求美者的沟通体验、在手术间挖掘手术细节，一定要围绕医生的各种细节找出差异化定位，医生IP内容是一个闭环内容，从自己的技术到消费者体验。

曾经有个同行咨询我这么一个问题，他做的是一个外科医生的IP，但医生不怎么参与IP工作，手术也没有什么特别之处，和其他医生差不多，消费者每次和医生沟通都要求还价。

我就和她说，我说你要进手术间，了解医生做手术的每一个瞬间、每一个步骤细节并记录下来，看看是否有一些亮点，比如技术、时间等。医生差异化定位大多是在手术间寻找到的。

3. 医生IP结合私域

自媒体营销喊了很多年，让大家从传统营销转到自媒体营销，但事实上转移的速度赶不上时代迭代的速度。

"混沌学园"李善友教授曾说过："很多企业不是输给了竞争对手，而是输给了自己内部的既得利益。"所以我们要寻求内部改变，内部创新。我们要面临一个事实——平台流量的饱和、对行业的管控限制，让我们不知所措，这并非一个人的能力问题，选择继续前行还是转移阵地？从业者做自媒体的动机是不纯的，希望自媒体可以带来很多的流量，但内卷（同质化）很严重，我们却不为所动。医生IP营销也将随之而改变，回归简单动作，弱化营销技巧。

如今这个时代是"私域运营"重要的时代，符合时代，符合企业自身，让一切回归"我"去做好私域，这是每一家医疗机构值得深耕的一件事；私域是你的优势，你的优势来自内部，内部可以助你取胜；外部同质化严重，除非战略重点转移，否则非私域的增长都是短期而且无价值的。

医生IP必定结合私域前行，野蛮获客时代将一去不复返。

总　结

　　新政策严管之下，打造医生 IP 时要做好自己，让自己变得与众不同，好好塑造自身 IP，让自己和医生 IP 一起历练，一起成长。千万不要一味地索取流量，而是要自我提升，方可成事。

思　考

1. 你认为，严管之下，医生 IP 是否还可以做？为什么？

_____

_____

_____

2. 你的内容真的很好吗？市面上没有同质化的内容吗？

_____

_____

_____

第 3 章

新时期打造爆款
IP 差异化内容

3.1

通过哪些内容维度包装IP

包装广义的解释是：一切进入流通领域的拥有商业价值的事物的外部形式都是包装，如品牌、颜色、商标、内容等。狭义的解释更聚焦在某个商品流通到销售过程。

多维度内容包装是为了消费者寻找医生时，消费者可以优先看到医生的相关信息，并且让消费者记住你，选择你，从而不选择其他医生。

我们来探讨这么一个问题，打造医生IP，医生需要"包装"吗？我曾经和一些医生教授沟通，他们对"包装"一词表现得比较敏感，不喜欢，甚至是讨厌。他们认为好的医生品牌来自于医生的真实、真诚，而不是通过刻意包装医生没有的内容、冠冕堂皇的内容。这种观点我是比较赞同的，并且这么多年参与医生IP项目，秉承的就是这样的基本面，本书中也一直在强调这一观点。打造医生IP是打造医生的技术基因，并非打造其他，而本节所讲到的包装，是基于医生技术之上的。

行业"大师"由来已久，一直是医疗行业过度营销包装的词汇，拿来忽悠消费者，时间一长，"大师"真的认为自己是"大师"了。直到现在依然有一些医生接受这种"子虚乌有"的虚假现象。

市场上真正在做医生包装工作的或者说做得比较好的、成系统的，大多是中大型机构，比如美莱、联合丽格等，而不是医生个人或者医生经纪人，但我相信在不久的将来，医生经纪人会承担很多这样的工作。

包装医生的目的是什么

1. 通过医生知名度增强机构品牌知名度

这是所有机构的营销目的，最早不怎么推崇医生，机构单一推项目，到最近几年，很多机构开始重视医生在前端的宣传，我身边很多莆田系机构朋友，开始组建团队打造医生 IP 或医疗团队品牌，最近这段时间，市场上招聘医生 IP 相关岗位（如新媒体、小红书等）的机构变多了。

帮助医生打造个人 IP，让医生参与线下和线上的宣传推广，如机构直播、机构活动等，基本上每一场活动都要有医生的参与。通过打造医生 IP，吸引消费者的眼球，让消费者记住机构品牌，增加机构的品牌知名度，植入消费者心中。

2. 通过医生专业度增加有效流量转化

流量转化，这是包装最为直接的目的，通过医生专业度的大力宣传，增加消费者的信任，吸引更多的粉丝流量，通过机构支持的项目优惠政策，实现成交，这里的"项目"是基于医生项目定位制定的。

包装医生内容维度前需先确定客户画像，医生越能找到自己的精准客户人群，在内容包装上越能体现输出的价值。医生内容维度具有多样性，离不开视觉内容（海报、视频）和语言内容（文字、音频），但依赖于医生全方位的内容包装，这是一个系统的工作，需要统计、收集、定位、撰写这些工作。

科室、姓名、国籍、职位、医师执业证编号、星座血型、客户案例。专家定位、定位关键词、荣誉头衔、擅长项目、研究专项、优势、技术包装、职业生涯、学术成就、人格魅力、对客态度、专家格言等。

以上是一个医生包装或是收集的维度，是医生打造 IP 的重中之重，所有内容来源，可以通过文档、表格形式，围绕以上维度做好下一步动作。先整理以上这些维度，再去和医生采访沟通，一定要走出去和医生沟通。

我们可以通过这样的语言进行包装：

初心——不忘初心，方得始终。从他的眼神里、对待专业的态度上，就能看到赤子之心。

幽默——手术台下，没有刻板和严肃，老顽童一般与众不同的气质。

钻研——闲暇时，专业书籍就是他的伴侣，无论是操作还是学术理论，都能使他废寝忘食。

如王钊院长的学术研究：

他是鼻部美学亚单位的践行者，首先提出了"鼻墩"的美学亚单位，并首创"软骨美雕鼻"美学理念与手术方案，同时针对求美者不同基础条件及要求，提出了"三级六分法"鼻手术分类方案；在自体脂肪移植方面，根据多年的临床经验，总结出了"微粒种植和点阵塑形"理论，并应用于临床手术，受到广大求美者好评。

这些内容维度一定要和医生多交流、多挖掘，不要自己闭门造车，闭门是造不出什么好车的。想要医生包装维度内容有血有肉，有医生的价值观、医生自己的故事，一定多听医生的建议和想法。

从以上维度整理、采访沟通、再沟通、修改、调整到最后确认需要一些时间，很多医生是等不了这个时间的。

我们曾服务于一名很有潜力的公立医院医生，帮助她打造个人品牌，当我们拿出自己的方案和想法时，她无法接受，无法接受的主要一点就是需要两个月的时间对她做深度沟通交流，整理成最终稿，在传播渠道上进行精准覆盖。现在都没有她的消息了，比较可惜。心态很关键，要懂得接受。

医生输出的内容一定要专注、聚焦到自己擅长的某一项目，这样你的粉丝黏性自然会强。假如你是一名骨科医生，你就不断输出关于脊柱、颈椎、骨科的内容，分发到适合你自己的传播渠道，那么有这类健康问题需求的客户就会关注你，并跟随你的内容。当客户决定向医生咨询脊柱、骨科问题时，你会成为他的第一选择。在传播渠道上反复输出这个领域的内容，就可以持续获得更多的关注。

我们曾帮助一位骨科医生打造 IP，持续在微博上输出价值内容，两个月后每天都有 30 多个粉丝关注，并且这段时间是没有投放任何费用的，虽然他的粉丝量增长速度不快，但特别稳定，每天都会有 10 条的咨询对话，如果加上适当投放，效果会更显著，我身边不少朋友也已成为他的粉丝。

不同维度的医生内容，一定要活学活用，万变不离其宗，医生 IP 的输出内容是有灵魂的、有情感的、有生活的，切忌在各渠道成为只输出某个领域专业的知识机器。

医生的技术包装，需要注意以下方面：

（1）**切合实际**。网络很虚拟，网络也很真实，总不能做一辈子见不得光被包装出来的假人。一定要根据自身实际情况，抓住自己的专项专长，切勿好高骛远，否则后期就会名不副实，陷入进退两难的境地。

（2）**做好市场分析**。选择细分领域，不能拍脑门就决定，要看数据，分析自己所选的领域市场容量大不大，目标人群多不多，是不是刚需。比如你选择做"眼袋专家"，就要有足够的目标人群，且能延展到眼综合、眼部抗衰等；而如果你选择的是"卧蚕重建专家"，很明显，这个赛道过于狭窄，不足以撑起一个医生 IP。

（3）**信任加持**。我们遇到很多机构，喜欢说某项技术是独家研发。但是，一个小小的机构，具备科研实力吗？即使具备，顾客会相信吗？因此在包装医生技术优势的时候，懂得用专业资质、临床经验、学术头衔为技术加持，更有地位、有分量。

专业资质是考察一个医生专业地位的基础，如果被包装的专家是副主任以上医师、大学教授、博士、有留学经历的医生，以及有着专业学术大会专家、协会领导等学术头衔，技术优势更有可信度。

临床经验也很重要，许多顾客偏信于年长的医生，考虑到他们临床经验丰富，更有保障。因此从医 10 年、20 年以上就更具说服力。而年轻医生在这方面处于劣势，则可以从新技术和审美方面来提升优势。

总　结

　　包装内容维度比较多，如果能在几个维度当中扎深扎牢，抓住用户内心才是内容营销的核心。

思　考

1. 内容包装都有哪些维度？不同维度的内容包装是否对你有所启发？

_____

_____

_____

2. 你现在的内容维度都有哪些？效果怎么样？

_____

_____

_____

3.2

IP的基本面：差异化内容的提取技巧

作为医生，你是怎么展示你自己的？别人记住你了吗？怎么挖掘自己的特色？我把这之前的医生人物差异化内容提取过程称为 IP 基本面。这就像一栋楼的基础，基础打好了，就可以决定能走多远。基本面必须考虑到，并且要牢固，经得起市场推敲、考验，但凡你看到的个人品牌倒塌的，都是基本面不足。

梳理医生 IP 的基本面是很重要的，前期的打标签基本上决定了未来的内容走向、IP 变现走向，甚至是否能够抓住未来的用户。在做 IP 打造之前，90% 的团队都会犯一个毛病——个人介绍没有特色。你抄我，我抄你，大家互相抄来抄去，造成同质化，最终形成内卷现象，而消费者也产生审美疲劳。

打造医生 IP 时，我都会问几个人同一个问题，这几个人的意见是非常关键的，他们就是医生自己、医生助理、咨询师、IP 运营者。

问题就是"你平时是怎么介绍医生的？"

得到的回复是这样的："经验非常丰富的权威专家，以前在某某公立医院……"只要这么一开口，我就知道这样的介绍内容一定不行。为什么？因为这在内容体系里，叫作"无特色通用"，也就是说，基本上每一个医生都可以这么介绍，没有亮点，这不是你的专长。

假如我是一个消费者，我听到很多机构同时跟我介绍差不多几十个、几百个专家——到头来，我没有记住其中任何一位。

而让人记住，是医生人物差异化内容必须具备的前提。无论你是医生自己，只做技术、参与；或是管理者，只负责审稿；或是运营者，要负责策略、内容以及效果；或是文案，要负责输出内容和创意，你都得掌握打造 IP 第一个必须把好关的工作，那就是人物特色化内容提取。

🧰 "舍九取一"医生人物差异化内容的提取框架

曾经在网上广泛流传着这样一个话题：假如你有 30 秒的时间和马云在一个电梯里共处，你会说点什么？其实这是一个很好的训练方式。这个问题的本质是，假如你有一个机会，能够直面你的关键客户，你会怎么让人快速记住并产生兴趣？也许你有很多问题、很多内容要说，但请你只用一句话沟通。

我曾经参与辅导过一个皮肤专家的 IP 打造工作，助理跟我介绍这个专家是皮肤领域的权威专家，擅长什么，曾经在哪里做什么。

听完之后，我问了一句话，我说你的定位是"皮肤"吗？她说是。我说，那你告诉我，全国开展皮肤项目的医生有多少？皮肤领域里你擅长什么？咱们这个专家做了多少例？——结果当然猜得到，答不上来。

接下来我就把对于人物内容的优化方向给她梳理了一下，可以以下面这个表格的内容作为一个引入。

诊断前	诊断后
专家是皮肤领域的权威专家； 擅长什么； 曾经在哪里任什么协会； 擅长什么项目修复	"热玛吉案例 5000 例"×× 教授； 全国有 ×× 人曾经接受热玛吉项目，约有 ×× 人是热玛吉无效的，而 ×× 教授已经修复了 ×× 个消费者； 能够做到这些，是因为专家 ×× 年就开始在上海九院医院学习和实践； 并且担任了 10 年被称为"热玛吉教科书"的协会理事

以上只是一个最简单的引入分享，目的是让大家理解传播真正有效的差异化内容是什么样的。人物内容提取绝对不只是一份履历，它是介绍一个人给别人留下印象的差异化内容。这里面有几个定律："定性"词汇永远不如"定量"词汇能让人记住；同时，有根据的故事，也能使人信服。把医生的履历，变成故事里的因素，把所有因素串起来，让人记住了一个印象，就够了。

🧰 人物特色挖掘的四个步骤

做任何事情其实都是有底层逻辑的，搞明白底层逻辑，就能做出千变万化的精彩的差异化人物内容。掌握底层逻辑的思维，变成一个标准化的思路逻辑过程，就能够产出你想要的人物内容。我们在脑海里想象一棵树的形象，来提取医生差异化内容

1. 主树干——确定关键词

确定关键词，就是医生的核心差异化词汇，"一词一医生"，这样的关键词一定是围绕竞争对手在消费者心智中植入的关键词，为什么是围绕竞争对手？是因为你的 IP 是和你的竞争对手抢夺 IP 流量市场，需要围绕竞争对手，找出差异化，再去做传播。

这就和广告定位一样，把人定位在一个具有 USP（unique selling proposition，独特的销售主张）优势的位置，你才对于目标群体来说"具有某方面的价值"，也会影响他们对你的"认知定位"。

比如上文的例子，关键词一定不能是"皮肤专家"，而是"全国修复过多少消费者皮肤界的鲁班"，又或者当消费者提到首尔丽格医疗机构，会联想到"洪兴范"，从而关联到品项"下颌角"。大家观察一下，这句话已经告诉大家定位关键字的其中一种公式就是"定性／定量形容词＋领域＋超级符号"。

又比如把"皮肤修复专家"更改为"中国最早一批使用生长因子修复皮肤受损的革命者"，同样也是应用了这种公式。完成了这一步，最关键的一句话定性已经出来了，这就是主树干。

2. 树枝——深度挖掘医生人物背后的履历、故事

深度挖掘医生人物背后的履历和故事，找出至少六个亮点，那怎么判断什么是亮点呢？

要从目标群体也就是消费者的角度考虑，消费者认为有价值的才有价值。这是一个筛选的过程。很多人会陷入一个误区，在做个人 IP 包装的时候，不懂得取舍，什么都讲，好像这样显得很丰富。其实并不是，我们提取医生差异化内容，一定要"舍九取一"。从消费者的接触面来说，他每次接触你就那么一点时间，一定要让他聚焦并且印象深刻一个点，才会产生效应。"品牌要学会讲故事，人也要。"

并且语言上要学会讲大白话，也就是说"普通人能听懂"才叫有价值，千万不能做大家都自嗨消费者却无动于衷的内容。比如你跟消费者说

"SCI 论文"，他肯定不懂，但是如果你说"世界公认顶级的国际学术期刊 SCI"，他才会懂。

作为医生本人，怎么挖掘自己的亮点呢？这里有个小技巧，可以让你找到自己的亮点。

第一步：通读医生的简介和作品，搜索各路报道。

第二步：在各种平台搜索关键字，查找各种热门帖子，只要是涉及消费者或博主的都找，了解目标群体的想法和关注点。

第三步：跟踪 24 小时。

第四步：深度访谈 2 小时。

以上每一步，把每一个值得记录的点记录下来。

也有人会说：我不知道什么是值得记录的点。大家回去看第二步，为什么在这之前要去了解目标群体整天关注什么，喜欢搜索什么词，有什么行为，这一步就是为了形成一个运营者站在消费者角度去思考的敏锐度。

这是能够培养出来的日常习惯，是运营者的必备素养。这种就和学英语需要多练口感一样，消费者的研究做多了，自然会有敏锐度，也就能抓出来亮点。当你站在消费者角度考虑问题、梳理内容时，不妨多问问自己：这样的内容消费者能记住吗？这样的内容是消费者想要的吗？还是我自己想要的？

然后用语言表达去优化，我的经验公式就是"别人没有我有"或者"大家都有但是我的最特别"。

比如大家都做鼻修复，但是你做得最多最早，这就可以算一个点；大家都是外科出身，但是你是军医修复出身，这也是一个点；大家都用达拉斯或者肋骨鼻，但是你发明了一套适合亚洲人的"亚洲鼻结构术式"，你就最特别。这就是所谓的讲故事。

3. 画树——根据医生的差异化定位＋关联亮点，用 FABE 画思维导图

医生差异化内容提取绝对不是一个打开 Word 就开始写作文的过程，而是一个先画出关键点（枝丫），在枝丫上不断补充血肉（如证书、故事、荣誉等）的过程。每一个关键点都遵循 MECE（mutually exclusive collectively exhaustive，相互独立完全穷尽）原则，能够对应最初的那一句话人设，也就是能够丰富主树干。

FABE 是一个非常不错的拆解底层逻辑方式，分别是特征（features，独特的）、优点（advantages，明显的个人优势）、利益（benefits，对用户有什么好处）、证据（evidence，能够证明这些的），围绕你的关键词定位（主树干），站在消费者的角度，梳理出以上相关内容。

基本上这个树梳理出来了，就能够形成 PPT、Word、个人文章介绍等明确需要的文件。

这样基本面就足够了，后期在做医生 IP 打造的时候，就能够精准、有效，不跑偏。

4. 用 PPT 或者 Word 形成包装文件

确定好思路框架之后，把详细的内容整合成 PPT 即可。注意医生形象照的设计、标志辅助图形、名言、相关证据图片的补充等，同时 PPT 排版一定要注意符合医生的风格（美且专业、简约时尚）。这个 PPT 文件作为个人介绍的标准化文件使用。

打造医生 IP 的使用场景延展

在之前合作的医生当中，总会有一些好的思路、好的方案，却得不到推动，最终医生 IP 项目夭折了，所以找到一个好的执行者是非常关键的。另外团队成员也要形成一个共识，如果没有共识，打造医生 IP 过程中就会碰到各种困难。

打造医生 IP 从头到脚的战略、战术只有医生自己知道，那不管用，而是所有的执行团队都能够流利地讲出来，并且能够变成审核和延展自己工作的思路。如果一个打造团队的每一个人，不能够清楚地较短时间内讲明白医生 IP 的差异化内容，那么团队的目标感一定是很弱的，效率节奏感也是不能达到最好的。所以，在确定医生差异化内容之后，要迅速根据展示途径和形式的要求，快速延展成各种内容素材库。在表现层面，有各种各样的基础工具库，才叫有。

根据你要传播的路径、执行人员，把人物包装形成一种标准化参考标准文件和工作流程，包括以下内容：

（1）**常规基础素材库**。素材库应储存有小视频系列、客户故事系列、技术系列、个人图集、生活趣事等。

（2）**进行策划案和人设培训**。每一个重要文件的产品，都要进行全员培训和动员。标准是做到全员熟悉，全员能讲。

（3）**人物新闻稿**。虽然这是一个视频时代，但是人物新闻稿通常比个人履历更能够全方位地深度展现人物。

🧰 医生 IP 的基本面来自于好故事

美国作家乔纳森·歌德夏说："人类的心灵一旦沉迷于故事就会显得毫无招架之力。"

让一个陌生人了解并欣赏一个人，最快的方法是写一个好故事。现在，无论是传统行业，还是互联网行业，那些大公司、著名的企业家，哪一个没有很多故事呢？

大家耳熟能详的阿里巴巴十八罗汉的故事、海尔集团老总张瑞敏怒砸冰箱的故事、格力铁娘子董明珠铁手腕的故事……

所以有人说，谁会讲故事，谁就拥有世界。英文内容营销中有一个流行词叫作 storytelling，直译成中文就是"讲故事"。内容营销的本质，就是把自己的故事用别人喜闻乐见的方式表达出来，搭建品牌与客户之间的桥梁。

今天我们谈"医生 IP"，它不再是单薄的存在，它的核心内容一定是高质量、高频打造出来的。

一个好的 IP 所具备的最大价值是流量和内容。故事是理性的还是感性的？

单一地摆事实、讲道理，能打动那些身上没病、只想变美的客户吗？打造个人 IP 本身就是讲好"我是谁、服务过谁"这些故事，并让客户为你买单的过程。

所以在撰写医生故事前，必须考虑以下问题。

自我视角：什么样的故事匹配我的精神气质（性格优势，兴趣爱好，人设特点）。

职业视角：什么样的故事最能体现我的专业优势和我想传递的价值观？

商业视角：我想通过这个故事与客户之间建立怎样的精神连接。

怎样打造初心匠心故事呢？这里总结出以下四个关键点。

1. 独特的入行初心，体现医生价值主张

怎样的初心能够打动人呢？你是否听说过"万婴之母"林巧稚的故事？

母亲因妇科病去世、做女人不易、外国人高人一等、"妇女不能持刀"的陈腐观念，激发了林巧稚要当一名女性妇产科大夫，拯救苦难中的中国妇女的念头。一个具有民族自尊、敢于冲破传统观念、心怀大爱仁心的巾帼医生形象便跃然纸上。

我们曾为很多医生整理过个人故事，节选一小段体现无创专家初心的内容。

她被称为"面部小柯南"，睿智眼光，总能准确探察每个人面部的细微问题，给出最优解决方法；从事行业十几年，她目睹了女性为了变美遭受手术之苦。结缘无创后，她被这种不开刀不手术的方式折服，想让更多人因此受惠，用最小的改动，达到四两拨千斤的蜕变效果。

现代营销学之父菲利普·科特勒说："品牌的核心定位就是品牌的价值主张，这也是对消费者'我为什么要买你的品牌'这一问题的回答。"医生的价值主张，就是他的梦想、价值观、愿景。

讲自己的初心、梦想被点燃的动机，让大家产生认同感："这件事真的很有意义"，以此聚拢"信众"，形成价值共同体、命运共同体。而梦想、价值观、愿景绝对不是 PPT 里或者医院墙上挂的几句干巴巴的口号，而是体现在细微之处的软实力营销。只有医生自己对行业、职业有了发自内心的喜欢，这种热情才能传递给消费者。

如果医生本身是创始人，故事中除了讲为什么要做现在做的事情，还可以讲创业过程中克服了哪些困难，遇到了哪些阻力，现在取得了怎样的成就等，故事曲折才能动人。

2. 打造一个有趣的强记忆点，让故事自动传播

故事是用来传播的，不仅是从业者讲给顾客，最好还要顾客听完后记忆深刻，再讲给周围人。

以钟南山院士为例，很多人都知道，钟院士出生于医学世家，他走上从医之路似乎顺理成章，但如果只是这样描述：

一个人面对艰难如何抉择，往往跟他的成长经历相关。1936年，钟南山出生在南京一个医学世家，良好的家风铸就了钟南山的真实、正直、坚毅的性格，帮助他养成了严谨的治学态度。

会不会太过普通呢？因为太合理了，没有很强的记忆点，医学世家的孩子从医是普遍现象。

下面是让我印象深刻的一段描述。

广州解放后，留下来的钟世藩继续他的临床和学术研究工作。学校的经费有限，钟世藩就用自己的工资买实验用的小白鼠，在自家书房做实验。

小白鼠的味儿很大，这味儿甚至都成为钟家的标志了——要找到钟家，"按味索地"即可。钟南山对父亲养的小白鼠非常好奇，一放学，他就跑到父亲的书房去看小白鼠。他逗小白鼠玩，也喂它们吃东西。他学着父亲的样子，观察小白鼠的各种变化。父亲做实验，他就在一旁看父亲如何将小白鼠的大脑取出，分离脑细胞进行检测。此时，昔日顽童像变了个人，安安静静，仔细观察父亲每一个动作。

为什么会这样？为什么会那样？小白鼠实验，让钟南山的脑子里冒出许许多多的问题。他向父亲请教，钟世藩闲下来时，就耐心地、认认真真地一一解答。见儿子对小白鼠这么感兴趣，钟世藩索性让儿子帮忙饲养小白鼠。

因此，钟南山不知不觉地熟悉了小白鼠的习性、生理与机能，这对于学医者是很有帮助的。不仅如此，作为一个实验小助手，一个小白鼠饲养员，钟南山与工作中的父亲近距离相处，潜移默化地学习了父亲严谨的治学态度，培养了耐心、观察力和责任心。同时，他学到了一些基本的医学知识。而他的所学所获，正是一位医生必备的素养。

父亲有意无意地用小白鼠对他进行了医学启蒙。"按味索地"、研究小白鼠，多么有趣的记忆点！很早就培养了医生必备的耐心、观察力和责任心，原来钟院士的医学素养，是童子功啊，远超一般医生。

抓取某一个具体的事物或事件，从小处着手，以小见大，比大而空的描述更容易让人产生画面感，让人印象深刻。

3. 提取特定场景下的关键表现，强化非凡匠心

"匠心"这个早已被医疗行业用烂的词，真正的高手是不会说出来的。怎样体现呢？

比如医生，一般的营销人员会用"把每一台手术都当作艺术创作"这样的描述，可是这样就是匠心了吗？

工匠精神，基本内涵包括敬业、精益、专注、创新等方面的内容。

2003 年 SARS 肆虐，人人闻之色变，钟老身先士卒："把重病人都送到我这里来！"这是匠心！积极投身 H1N1、H7N9、MERS 科研及治疗，第一个提出"雾霾与肺癌有极大的关系"，这是匠心！

2020 年新冠肺炎疫情暴发，钟老第一个站出来，告诉大家病毒"人传人"，建议全民戴口罩，"不去武汉，不出武汉"，提醒全国重视疫情，做好战斗的准备。这是匠心！

林巧稚放弃了自己的婚姻，当时那所英美教会所办的医院的聘约上有一条规定就是：聘用期间不能结婚、生孩子。对于事业的狂热，她几乎没有半分犹豫，签下一年又一年的合约。这是匠心！

在生命的最后时刻，昏迷中的林巧稚留下最后的声音："产钳！产钳！"这是匠心！

特殊时刻、特殊顾客、关键节点、为难选择……这些极限场景下的表现，更能看出一个医生是不是有担当，是不是真正心怀医者的匠心，也更容易拉开其与普通医生的差距。

4. 融入日常生活细节，引发共鸣更动人

没有轰轰烈烈的事迹，怎么展示初心和匠心呢？

2011 年"急诊科女超人于莺"因微博分享急诊科的故事走红网络，后来辞职，她说：要做大众能消费得起的、有温度的连锁诊所，扎根社区。这个初心是基于她的实际情况讲出来的，比较有说服力，如果她讲做顶级名医诊所，服务高端精英人群，恐怕就没有这么让人相信。

因为于莺不是传统意义上的"名医"。她只有主治医生的中级职称。但她能成功做成医生 IP，得益于她有丰富的临床经验，还能把日常医患故事用幽默风趣的方式讲出来，跟急诊科医生这个角色形成反差，很接地气。

总　结

　　打造医生 IP，内容是核心，也是医生 IP 的基本面，如果差异化内容没有做好，医生 IP 也做不起来，每位医生都有自己的亮点特色，更要善于挖掘。

思　考

1. 试试用本节所述方法介绍你的医生。

_____

_____

_____

2. 如何培养医生的镜头感？

_____

_____

_____

3.3

海报、宣传片对IP品牌的重要性

海报和宣传片是医生 IP 基本面的核心内容，围绕医生品牌制作符合定位的系列图片，通过一部及多部医生的宣传片触达消费者，缩短与消费者之间的距离，把医生最真实的一面展现给消费者，把医生的价值观、人生观、世界观，通过宣传片形式传播出去，让消费者更了解医生。

先来聊聊海报。

你是否经常见到，一张海报，医生们都是双手抱胸的姿势。

的确，这样的姿势看上去更有气势，更专业，更稳。这种双手抱胸的姿势应该是圈内默认的拍照动作，久而久之就成了约定俗成的一个规矩。

但事实上医生多维度的照片（如生活照、工作照）会显得其更具差异化，而不是千篇一律。双手抱胸的姿势也许适合专家团队，显得统一专业。

我们在帮助医生打造个人品牌时，所涉及的海报类型也是多样的，但都要包含医生定位的多维度信息，如医生性格、技术、项目活动、品牌调性、行业属性、一句话介绍等。

有质感的海报设计可以有效提升医生 IP 品牌的说服力。

首先可以让消费者一眼识别，增加医生品牌的识别度、认知度，而不是看过海报却不清楚是哪位医生，或者海报内容比较多，没有重点。

其次，平面海报创意对医生 IP 的影响是可持续的，并非看完即走，创意在平面海报设计中显得非常重要。

最后是增加医生 IP 美誉度，它是市场中消费者对医生品牌的好感和信任水准，是塑造医生 IP 品牌形象的重要组成部分，所以一张看似简单的平面海报，不能马虎地制作。

一般看海报，你会先看什么后看什么呢？一张海报的布局有限，我们往往会通过我们的肉眼，一看颜色，二看人物，三看表达主题。

一张海报代表不了医生的所有，一定要根据当下医生定位的内容制作多张不同形式的海报，如医生＋科普、医生＋案例、医生＋行业、医生＋活动、医生＋热点、医生＋直播等。把医生工作场景、服务流程做成系列海报，这是一套属于医生自己的宣传海报，它不是固定的。海报围绕定位依次展开，海报的视觉感能帮助把医生个人品牌传达给消费者。

设计一张海报主要包含七个要素：①定位好海报主题；②充分的视觉冲击力，可以通过图像和色彩来实现；③海报表达的内容精炼，抓住主要诉求点，围绕医生定位展开；④内容不可过多，做到精简、一句话概括，前后设计要一致；⑤一般以图片为主，文案为辅；⑥主题字体醒目，突出核心文案；⑦海报风格统一、整体性要协调。

创作医生宣传海报的小技巧有：①钩子，吸引消费者的一种元素。海报上的文字、字符就是需要突出的超级符号，用钩子死死钩住；②锤子，一锤定心智。每张创意海报都是一个完整的个体，都应该有主视觉、辅视觉，有修饰的元素，但千万要有主题，不要画蛇添足；③钉子，语言钉子视觉锤，是海报整体创意的关键，这是对外体现的部分。如果说锤子是诱惑的眼神，那么钉子就是进入大脑，形成选择的关键。

医生个人品牌海报设计，要站在视觉表达的角度，围绕医生品牌定位展开，而不应该由设计师的偏好决定。优秀的设计师需要具备创意思维，而不是机械式思维。

医生各种维度的海报，可以选择一家专业公司为其打造，自己找的兼职设计，显然不是特别专业。让专业公司打造一套属于医生品牌宣传的海报，之后设计师可以在此基础上进行延伸。

平面海报设计内容可以让医生IP变得更为丰富，得到更好的市场宣传，加上医生粉丝对医生的印象，增强医生IP宣传理念，使医生擅长的项目变得更有趣，从而使消费者接受医生，为医生品牌带来可观的市场价值。

再来聊聊宣传片。

《视觉锤》一书中讲到"视觉时代，抢占消费者心智的最好方法并非只用语言的钉子，还要运用强有力的视觉锤，视觉形象就像锤子，可以更快、更有力地建立定位并引起顾客共鸣。"

　　打造医生 IP，宣传片有着非常关键的作用，如果仅靠图文这种静态的表现形式，很难丰富医生内容，也很难抢占消费者心智。围绕医生多角度的宣传片会让消费者印象深刻，好感倍增，提升自身品牌影响力、促进消费者其他链接的可能性。

　　好的人物宣传片是围绕人物特征、定位进行拍摄的，是突出医生形象的一种表达形式，用于线下场景和线上传播渠道。

宣传片对医生 IP 的作用

1. 塑造医生形象，增加医生 IP 的差异核心竞争力

　　拥有多部不同角度的宣传片，可以扩大自己的品牌影响力，增加一切合作的可能性，可以得到消费者的信任，直接带来业绩转化；还可以吸引人才加入，从而为自己创造利润。通过剧情表达或人物特征表达可以很好地展现这一内容，宣传片可以为医生 IP 创造品牌符号，增强消费者的记忆，形成消费者心目中的好医生形象。

2. 为医生 IP 提供有效素材，获取更多粉丝和效果展现

　　作为医生 IP 的一个展示素材，宣传片虽然无法取代其他传播渠道的作用，但可以作为医生 IP 营销的有效辅助。宣传片集视听语言于一体，可以多方位、多维度地展示医生 IP，比传统营销手段更具有优势，更为生动，如在诊所大厅循环播放，在小红书、视频号等短视频平台分期上传宣传片等，可以为医生 IP 加分，从而吸引更多消费者的关注，产生更多链接动作。

3. 直接和市场链接，获得医生 IP 增长

　　打造医生 IP 根本性目的就是增长，通过宣传片的形式可以把医生擅长的项目介绍出去、卖出去。想把项目介绍出去，要先让消费者对你有个详细的了解，现在的碎片化信息特别多，消费者接触到的信息也很多，如何在短时间内更有效地让消费者记住医生，宣传片无疑是一个好的选择。

　　当我们开始参与医生 IP 项目时，会遇到一些医生问"如何拍出一部不错的宣传片"，其实宣传片没有什么对错可言，只有"有效"和"无效"之分。对于你要影响的受众人群和那个场景，只要是有效的就是好的，因为影响力

由别人对你和你的感受决定，感受本身就是非理性的。

纪录片《钟南山》，以2020年武汉新冠肺炎疫情的发展脉络为叙事主线，艺术地再现了钟南山院士老骥伏枥的高迈形象。它用一贯的"南山风格"——回应疫情热点、会见中外专家、研究治疗方案、接受媒体采访，"肯定有人传人""没有事情不要去武汉"的发声敲响了全国防疫抗疫的警钟……84岁的他一直奔波在抗击疫情前线，从坐上赴武汉的高铁那晚开始，就没有停止忙碌。

这一个个的场景，勾勒出一个临危不惧、果敢前行、敢医敢言、勇斗疫魔、敬佑生命的老专家形象，让人不由赞誉"医界楷模""国士无双"。在主题立意上占据了时代高度，钟老每一次壮举的背后，都蕴含着他对百姓生命的关切和珍视，对民族大义的承负和托举。

美国社会学家霍兰教授提出医者的四个"救生圈"：①技术魅力与呈现；②爱心与人格魅力的表达；③温暖陪伴；④信仰与生命哲学的感悟与支撑。这些都要体现在宣传片上。

医生宣传片到底怎么做

一个宣传片应有三个层次，分别是**理念层、内容层、情感层**。

1. 理念层：体现大格局

医生宣传片不仅仅是在推项目、推技术，还要升华到使命和社会责任、利他的梦想，通过影视语言把梦想的蓝图勾勒出来。具体应做到如下两点：

（1）**打造IP人设，传递态度**。此人设是医生的技术基因、浓厚的文化底蕴等，是原本有的，不是凭空造出来的。没有故事，不成人生；我们要体现的不是救苦救难的伟人形象，而是有着利他能量的专家教授形象。

（2）**商业至上，拔高人格**。不能太铜臭味，要散发出医生的人格特质，这也是魅力所在。

2. 内容层：塑造高期望值

做宣传片，第一件事就是问清楚医生，要表现哪几个内容板块、内容分别是什么；第二件事就是问医生想要什么调性，大多数时候医生会强调"大气、大气"，就是比较文艺范儿的，其实这就比较虚了。然后我又问什么是大气、什么是文艺范儿、需要什么感觉。他们还希望在片子里体现多元化，非常具有中国特色，如集医疗、健康管理、养老、女性教育、商学院于一体，完全无视特劳特的定位理论。这种宣传片拍完就是流水账。

一位网络上拥有百万粉丝的"男神医生"，他在网络上给人的印象是能言善辩、敢说真话，但褪去这些光环，远离镜头，作为工作在临床一线的"普通"医生，他在日常工作中是什么样的？为此，拍摄团队跟着他"上了一天班"，用最真实的视角，记录下了他平凡又不凡的一天。

这是一个大家都很好奇的视角，医生的一天，是8小时工作制，还是996？但宣传片中展示出来的，是基本上"没有真正下班的时候"。从每天7点半开始，直到下午6点最后一位患者离开，一天中，他要马不停蹄地给患者做检查、做手术，只有中午吃饭和手术间隙才有时间坐下休息一会。他还要耐心地跟患者沟通，到晚上8点还没吃晚饭是常有的事，忙碌程度可想而知。通过这样的视角让观众看到了一个兢兢业业、口碑爆棚的好医生。

就像这样，好的宣传片都会基于事实，量身定做，从一个好的切入角度，好的叙事视角，通过生动的故事和文字，把人物的形象情绪化、细节化、通俗化，在已有的事实基础上挖掘亮点，放大优势，比如技术专利要基于事实，技术稀缺性和术后效果却可以适当放大。但不可以太过极端，力求真挚朴实，让观众有共鸣、有收获、有向往。

3. 情感层：撩动情绪

情感需要升华，撩动情绪，对事实的表达要有腔调。

句式要丰富多变，可巧妙运用排比句，核心关键词通过特效字幕表现更富冲击力。艺术表现与商业内容要达到平衡，品牌植入与情绪渲染也要达到平衡。

最怕的就是：艺术过度，内容乏力；画面养眼，但不走心。

比如谈使命、谈匠心，不应该自己定性"这是使命，这是匠心"，这是空话，一旦说出来就完了。应该通过形象化、人格化、场景化的语言，来表达使命的内容，匠心的内容交给观众去感受就好了。

就像林巧稚说："生平最爱听的声音，就是婴儿出生后的第一声啼哭。"

稻盛和夫谈日本刀："把灵魂灌入到产品，做到物心合一。要能听到机械哭泣的声音才能做出划破手指的产品。"

有的时候拍宣传片，医生不愿意亲自出镜露脸，或者对声音和普通话不自信，自述用配音代替，会让宣传片的效果大打折扣。

IP就是自我赋权的权威，想做IP就要主动表演，这既是一种态度，也是一种能力。

在情感层面，除了体现医术医德之外，还可以进一步挖掘副闪光点。比如纪录片中，就有钟南山表演独唱和跳舞的镜头。这些演绎，不仅不会有损专家人设，反而会让人物形象更立体。

在给医生拍宣传片的过程中，除了做手术好之外，还可以展现其他闪光点——懂艺术、声音好听、英文好、麦霸；甚至可以有更多让人有共鸣的细节——中年帅大叔、顾家男人、幽默。这些不是标签，而是一个人身上的闪光点，彰显个人魅力，让观者快速产生认同感。

拍摄医生宣传片的注意事项

（1）了解医生的详细需求，明白帮助医生制作宣传片的目的和用途，包括后期推广渠道、投放媒体等。

（2）做竞品分析，了解市场情况，知己知彼百战不殆，同样的医生宣传片风格，各自的差异化特点。

（3）收集好需求后开始围绕医生定位展开系列工作，如确定宣传片的主题、创意等。

（4）开始写脚本等素材，提交给医生团队进行沟通，反复打磨等。

（5）要寻找一家懂内容、懂定位、懂实战的视频拍摄团队。

总　结

宣传片可以让消费者快速了解医生多维度的品牌信息。优质的医生宣传片可以让你的个人品牌传播更有力，有质感的海报，可以提升医生个人品牌整体格调；品质差的宣传片和海报，对打造医生IP是一个致命打击，无论是宣传片还是海报设计一定要定位好。

思　考

1. 你觉得你的品牌海报设计感好不好？为什么？

_____

_____

2. 你是怎么看待自己的宣传片的？宣传片对打造医生 IP 有哪些作用？

_____

_____

_____

3.4

如何有效创作短视频助力IP影响力

从传播的角度来分析，短视频是一种新的传播形式，是移动互联网下的产物，它比传统文字媒介更为简洁便利，有视觉感，更有利于传播。

短视频的出现加速了个人IP的变局，大家都在刷着抖音的时候，手机屏幕前的视频主，是一个活生生的人，毫无距离感。原来高高在上的人物形象，现在通过短视频的形式传播自己，增加自己的人气，大大拉近了医生与消费者之间的距离，产生更多链接的机会。

医生可通过持续的、优质的视频内容增加与客户的黏性，这对打造自身IP具有极大帮助，让消费者通过短视频了解医生们少为人知的一面，增加趣味性。目前通过抖音打造自己IP的医生比较多，随着大家对打造医生IP的意识越发强烈，各类平台都会被稀释流量。

对于医生而言，短视频是打造个人IP曝光、引流、转化不错的选择。短视频凭借其强烈的视觉冲击感，更容易与观众产生情感共鸣，用户体验度更好。短视频平台包括抖音、快手、秒拍、美拍、今日头条、微信视频号等，医疗行业在短视频上并没有太多出彩的地方。2020年医生们开始布局短视频，需要搭建短视频团队或是外包，在短视频平台的选择中，同样的内容覆盖多个平台，抖音市场的"尾巴"和视频号的流量红利，都要抓住。

随着5G时代的到来，所有精彩的文字内容都会以短视频的方式重新演绎一遍。也就是说，个体崛起的时代已经来临。你将看到只有一个人或几个人的团队却做着年营业额破千万元或上亿元的流水，利润达到几百万元甚至上千万元。传统的雇佣制模式将会被颠覆，共享员工的时代已经来临，医疗行业也不例外。

个体时代的到来，让很多企业意识到打造个人 IP 是时代的刚需，从微信视频号诞生的那一天起，很多创始人 CEO 就开始在做短视频，比如十点读书创始人林少、樊登读书会樊登、万科王石、小米雷军、同程旅游吴志祥、猎聘戴科彬等一批专业人士亲自试水短视频，是什么力量让他们愿意输出自己的价值？

我相信这一定是趋势，2020 年新冠肺炎疫情的肆虐又加速了短视频的变局。

他们愿意分享更多的自己擅长的领域知识，医疗行业的医生们未尝不可这样尝试。还记得抖音爆红的流浪汉吗？抖音流浪汉在网络上爆火的新闻算是当今"平民变网红"的范例，分享读书精神，喜爱读书，是当初这名流浪汉的日常生活，并且他在出名后依旧没有改变自己的初心。

一身褴褛衫，一脸沧桑相，而手里的书是一尘不染的。从流浪大师的身上，也能够反映出，**在这个眼球经济时代，想要实现个人价值，唯一的秘诀就是打造个人 IP。** "名利名利，先有名，再有利"。

在这个人人自媒体的时代，个人的成功机会是空前未有的，IP 是个人成功的推进器。谁懂得经营好自己，谁就更容易出位；谁更容易出位，谁就更容易取得成功。

有的医生朋友会说"我有稳定的机构工作，品牌塑造的事跟我风马牛不相及"；或者还会说"我是一名医生创业者，重点是推机构的品牌，机构成功了，自己的 IP 成功与否自然就无关紧要了"。我想说，如果你抱有这样的心理，那么你注定一生默默无闻。

无论是宣传片还是我们日常宣传的短视频，提前都有个动作，就是写脚本，脚本就是短视频的拍摄文案。提前批量创作脚本，再进行审核，才能保证拍摄出来的内容是符合要求的。脚本最主要的作用是规定了时长、画面和文案。但在实际的医生 IP 项目工作中，批量完成脚本的不多，主要是因为医生大都比较忙。

写脚本往往会用到文档或表格工具，无论是表格还是文档，尽量具备四个基础要素，即**画面要求、文案主题、数量、时长**。

一个视频脚本如果包括这四个基础要素，就能够很容易达到视频的要求。而视频本身的脚本在审核时就能够把控是否符合热门、表达是否清楚，以及是否符合视频运营的各项要求（如完播率、内容时间点设计等）。

所以通常在短视频运营团队中，会由编导负责脚本创作，再加上拍摄导演的职能，以保证输出的内容达到要求。

医生IP的脚本框架应该怎么写？

脚本——"翻译"与镜头语言

脚本是有框架的，或者说有格式；语言也是有讲究的。通常一个视频要与观众产生互动，其脚本必须包含以下四个板块：

- **引入**：引起好奇或者共鸣等，决定用户是否停留。通常就是视频标题，最好不超过5秒。
- **铺垫**：解释你想提出什么问题，在15秒内引起用户的兴趣。
- **观点**：此处上干货，阐明自己的观点。
- **总结**：引出更多思考或者互动，这是常规的脚本框架。

目前，在医疗层面做的科普类短视频主要有六种常见的脚本类型：

（1）**辟谣类**：【普遍的错误认知】+【医生观点】态度坚定+【正确的价值观引导】＝辟谣文案。

（2）**干货类**：【痛点引入】+【症状】+【专业角度分析】+【解决方法】＝干货文案。

（3）**门诊类**：【故事】→【分析】→【总结】→【建议与科普】。

（4）**情感类**：【你会××吗？或悬疑引入】→【故事】→【共鸣】→【总结建议】。

（5）**日常类**：发挥创意场景。

（6）**专题类**：如情人节系列、医生说真话系列、挑战×××多少天、医生最想打人的10个瞬间等。

当然，脚本不止以上这几种类型，还有最近非常流行的几个从"看脸提高美商"的角度去运营的账号，其惯用套路是：人物（明星及疑问点）+分析（脸型特点、变化、为什么）+总结。

值得注意的是，编写脚本的编导，一定要在理解目标用户的基础上，对账号的内容进行创作，以目标粉丝的涨粉、完播率、点赞、留言、互动为目的去设计，每一个脚本创作出来的内容一旦上传，都会对账号的标签、权重等产生影响，所以"精准"和"有质量"的内容非常重要。

脚本是一个非常具有创意性的东西，其实并不一定要参考固定的格式或者模板。只要内容能达到吸引目标客户的目的，都可以进行创意化创作。

脚本创作的四种方法

通常一个短视频账号规定至少一周更新 3 条，一个月至少更新 15 个视频，通常可能是 15 个原创 +5 个预备跟热点的，并且要清楚停更对于账号的影响也是巨大的。所以一旦决定开始做 IP 账号，就要有坚持的心，不能三天打鱼两天晒网。打造 IP 也是一个持之以恒的工作，不是一夜爆火的幸运。

1. 原创

原创脚本的视频是最考验编导能力的视频类型，从内容到拍摄手法都是原创。原创的好处是对 IP 账号的品质有很大提升，每一个平台都鼓励原创，原创的视频占比一定要更高，如此粉丝质量和账号权重才会比较好。

2. 追热门

跟拍当下热门领域的话题，根据话题阐述自己的观点或者干货，并在发表的时候关联上热门话题。例如，同样是打水光，有一位医生专门讲解了"玻尿酸＋肉毒"这种搭配方法，并且针对干纹皮肤专门设计，这样就能够给干皮爱美的目标用户提供独特的干货，立刻就能脱颖而出。

跟拍热门话题的内容一定要具备跟别人的差异性，如果你的内容和大多数人的内容一样或者只是最常规的科普，百度都能搜索到的内容，只能称之为"平平无奇"，这样是很难获得粉丝长期关注的。跳出常规，提供自我价值，是打造 IP 的决胜关键因素。追短视频热点可以去今日热榜、营销日历等。

3. 洗稿

洗稿是什么意思呢？这是一种做账号的方法。搜索关键词把大量热门视频的文案记录下来，根据医生自己的观点，对部分内容进行修改，这样可以迅速生产出大量视频。当然，不建议大量使用这种方法，毕竟账号要做得好，原创的视频还是要占大多数的。

4. 创作者服务中心任务

当没有很多想法进行创作时，可以参与创作者服务中心的任务推荐或者热门话题推荐，根据话题用分析、点评、吐槽等各种形式重新创作。

📦 拍摄技巧

短视频平台是以内容为中心的，上传的视频画质和清晰度是非常影响视频最后播放的各种数据的。所以在视频拍摄这一块，由于医生的职业特性，既要保证足够产出的视频量，又要保证质量，建议按以下方法去做：

（1）用半天时间培训医生的镜头感和视频创作的原理，了解怎么使用账号配合日常部分评论和私信。

（2）每个月拍摄 2 次，每次拍摄 10~15 条。

（3）尽量使用专业摄像和录音设备，保证视频质量，当然手机也可以。

（4）每次拍摄提前 7 天把脚本给医生审核（只审核专业部分，不改动脚本其他部分）。

（5）拍摄后 3 天内完成剪辑，给编导和医生审核。

（6）临时热点需要立即跟拍，编导提供脚本和要求，医生自己拍，交给团队剪辑上传。

总 结

通过短视频打造医生 IP，是打造一个有血有肉的人物形象，在短视频载体中玩出不一样的自己，玩出个性的医生 IP。技术的迭代和人群的使用习惯决定了短视频 IP 的爆发。面对这个短视频时代，作为医生也一定要积极拥抱，顺势而为不会错，逆势而为肯定成不了爆款 IP。

思 考

1. 如何在短视频平台中打造自身 IP？

_____

_____

_____

2. 这么多短视频平台，你应该选择哪个？为什么？

_____

_____

_____

3. 选择一种脚本类型进行撰写并拍摄。

_____

_____

_____

4. 你的短视频是否坚持日更或周更了？

_____

_____

_____

3.5

客户案例的积累是爆款IP的实力

你是否在各大行业群看到不少同行发案例对比图的广告？为什么会这样？因为在行业中，客户案例对比图是可以直接促进销售的重要展现工具，很多医疗机构没有案例就会选择去购买，因为他们都知道案例对于机构业绩的重要性。

案例对于医生也是一样，是技术实力的象征。能原创的就原创打板案例，这些案例都要医生自己慢慢积累起来。有了互联网平台之后，在互联网平台的优惠政策下，消费者会通过各类平台展现自己术前术后的效果。案例对比图对于消费者选择医生和机构有着决定性的作用。

客户案例是医生IP的核心要素，如果说围绕医生的故事是第一内容，那么医生的案例则是第二内容，并且是直接带来收益的内容。有了案例就有了鲜明生动的故事，有了案例医疗就有了业绩，有了案例医疗机构就有了品牌，案例的好坏直接影响打造医生IP的效果。

优质的客户案例可以给医生品牌带来以下三点好处：

（1）提升医生品牌高度和专业度，推广医生核心项目。

（2）通过各传播平台真人案例展示，带动销售业绩。

（3）真人案例可以为医生IP的线上和线下活动提供更多素材。

案例肯定是医生擅长的项目，必须围绕医生定位展开素材收集、整合、运用，系统地输出内容，通过多渠道的展现形式，强化消费者心智。

🩺 一份详细的案例管理方案如何做

首先是确定医生定位，筛选医生擅长的项目，对之前的案例进行汇总、对缺少的案例进行收集。接着制定案例收集要求，包括消费者术前、术中、术后的状态，消费者的体验日记，拍照部位，拍照流程，存储要求，肖像权合同等。内容上除了图片形式还可以有视频形式，拍摄院内案例花絮、消费者面诊过程、和治疗医师的合影、消费者背书、消费者的体验日记等。案例可以从招募模特开始，这是很多机构使用的方法，通过线下和线上传播渠道进行大面积征寻，获得精准模特案例，按照案例要求进行处理。

例如：①模特筛选流程（模特已筛选好）：诊所选定名单交给市场部→市场部初步筛选完成→医生最终面诊→选出最终打造模特；②案例执行的申请流程（模特已筛选好）：市场部→医务部 / 医生创业者；③案例开单说明：系统端标注"案例打造"即可，月末由财务部门统一计算。

完整的案例收集后，就需要针对案例进行有效传播，案例是核心内容，有消费者日常案例、优质案例、员工案例、素人案例等，案例绝不仅仅是标准化的前中后，而是一套系统的故事化案例。

很多时候，消费者说"让我再考虑一下"，结果这一考虑就没下文了。因为你总想着用数据和事实说服他的"脑"，却并没有用案例打动他的"心"。

之前大部分机构的运营工作是不断地去"包装项目""包装专家"，把自己的项目炒作得更高大上，说是爆品，把我们的医生包装得更稀缺、看起来更值钱，结果却没有引爆。

为什么要相信"举例说明"？因为案例是发生过的事实。好的顾客见证故事，会告诉别人你的技术、服务给他们的生活带来的积极影响和改变。事实证明，与医生机构的宣传相比，人们更愿意相信消费者自己来讲故事。

在 2004 年，82 岁的吴孟超，不顾众人的反对接下了一台复杂的肝脏肿瘤切除手术。手术的对象是一个叫甜甜的女孩，她肝脏的肿瘤比篮球还大，大到所有人都认为只有肝移植一条路可以保命。

同事偷偷劝吴孟超，说别人都不敢切，你切了，万一出了事，你的名誉就没有了！在旁人看来在乎"晚节"大过天的年纪，吴孟超只认"人命关天",他果断地说:"我不过就是一个吴孟超,救治病人是我的天职——名誉算什么!"

2004年9月24日早上8点到晚上6点,吴孟超通过整整十个小时的手术,给女孩切掉了肿瘤。

女孩说:"后来我选择了9月24号——让我获得再生的日子,和我心爱的人携手走上红毯。今天我可以拥有完整的人生,谢谢您!"这是《朗读者》节目中的故事。当时现场请来了吴老曾经的病人。很难想象,风华正茂的姑娘在14年前是个辗转多家医院都被"限定了时间"的重病患者。就是这个案例故事,让在场人无不动容。留在人们心底的,将是吴孟超院士在手术台上叱咤风云,是他对病人的春风十里,更是他眼神中的清澈透亮。

现在,小红书、新氧平台已经意识到了这一点,鼓励消费者写日记,让客户像看故事一样去看别人的消费过程,把选购商品变成刷抖音一样的享受。网红推荐、明星同款的背后是消费者的从众心理,更是期待"变得跟她一样好"的自我安慰。那一个个真实人的真实消费故事就是一个个信任背书,可以大大唤醒其他用户的购物欲望。

但是现在大多数的日记,只是把术前、术中、术后的一些照片直接放上去,只能起到对照的效果,影响感性决策的效果较弱。

总 结

客户的案例对比可以让消费者更相信这位医生,医生也要学会通过消费者的案例来打造自己的个人品牌。消费者案例是最为快速实现成交的方式之一。

思 考

1.迄今为止,你积累了多少消费者案例?

_____

_____

_____

2. 你是否有通过各渠道推广自己的客户案例？为什么？

_____

_____

_____

3.6

打造爆款IP内容的四个注意事项

优质的内容可以给医生 IP 打造插上一双有力的翅膀。

纵观整个医疗行业，好的内容一直缺乏，此行业又是一个没有耐心做内容的行业，医生 IP 运营更是如此。大家似乎没有明白做好内容才是持续的、长久的，哪怕是意识到好内容的重要性，但在实际工作中总是会忽略这一点，一味地玩转平台技巧，甚至达到了自嗨状态。

从莆系营销到现在百花齐放的营销手段，有多少家机构是因为内容做得好而立足于市场？数量少得可怜。行业的乱象，上、中、下游的急功近利，导致这个行业变得很畸形，2020 年因为新冠肺炎疫情的影响，大部分机构、从业者、上游，开始意识到要打磨自己，做好内容，打好基础，熬过去，才是出路。

这几年与我们合作的很多医生、医生创业机构都开始在内容营销上下功夫，当大家开始不断"内卷"时，好的差异化内容才是硬道理，这是行业营销的好现象。

在打造医生 IP 这条路上，关于内容的创作需要注意四点。

1. 优质并原创的内容是打造医生 IP 的必需素材

行业里，大部分内容都是互相抄来抄去，无论是医生自媒体内容还是机构内容，无论是文字内容还是平面内容、视频内容，大多雷同，甚至有些医生的背景简介都一样，这肯定是企划文案人员的疏忽。

有时为了快速达到某种效果，经常忽略原创内容的重要性，以为内容可以到处抄袭借鉴，其实这根本不适合打造医生 IP。《论语·子路》中说"无欲速，无见小利。欲速则不达，见小利则大事不成。"指的就是过于性急图快，反而不能达到目的。

打造医生 IP，一定要写出医生自己真实的故事，要符合医生的经历、专业，因为每位医生的经历都是独一无二的，原创内容的来源就在此。千万不要当内容的搬运工，网上都有的内容，复制粘贴下来就用，基本上不可能具备差异化。大家都做搬运工，如果你原创了，有特色了，就形成了差异化。

尤其你在学术上得到了提升，获得了行业里少有人获得的证书，你有其他爱好，如唱歌、画画、写作、摄影等，这些都是你原创的素材，是你的，别人没有。

其他兴趣爱好只能给医生 IP 品牌锦上添花，可以给医生 IP 品牌塑造一个鲜活的角色，而不是枯燥无味的。但医疗技术依然是打造医生 IP 的核心要素。

2. 优质并原创的内容重复说

你是否对某句口号印象深刻？

你是否对某个医生印象深刻？

你是否对某个品牌印象深刻？

也许你忘记在哪个媒体上看到过，但你一看到他就知道是做什么的，并且还可以讲出他的故事。

行业的内容不成系统，传播起来就更散。

系统传播统一的优质原创内容，持续不断地在各渠道传播"自己是谁、可以做什么、准备做什么"，围绕这些问题形成的内容和消费者是息息相关的。

又有多少优质的内容，你只说了一遍？

有多少优质的内容，你只在一个渠道传播？

这些你都没有发现。

来自于医生个人品牌定位的文案、技术基因、成长故事，这些要定期地重复说，并且当作一个产品好好打磨，定期迭代。对消费者重复说之前，医生及辅助医生 IP 打造的团队也一定要深深印在脑海里。重复说，不断地刷着存在感，降低消费者记忆成本。在某种程度上，营销即是重复。

3. 死磕内容成就医生品牌之间的差异

在行业里，从不缺少聪明人，但缺少脚踏实地认真干活的人，主要是因为大家都太过浮躁。打造医生 IP 失败的原因有很多，主要是没有耐心，做着一件事，心里却想着另外一件事，导致有多少事以失败告终。当医生个人品牌在大部分环节中超越了同行医生品牌，但唯独内容无法和同行相提并论时，就需要死磕内容，分析竞争对手，找出劣势，朝这个方向做到极致。

什么是极致？一件事做起来平平无奇，但是对这件事的每一处细节都做到最好，爆出问题、解决问题，并得到了较好的产出，比如 10 倍速的效果，这就是极致。死磕就是一种极致，聪明的人一般不喜欢死磕，他们更喜欢短期。在一个医生 IP 做得稍稍成功后，他的 IP 总会有其他弱点，你可以扎进去，找准自己的定位，死磕到底，在一点上做到极致。

当然死磕内容是需要花时间的，也是形成你和其他医生不一样的地方。大家总以为有什么武林秘籍就可以天下无敌，其实那是不存在的，也许说出来，你都不相信他们可以做到。

死磕不是针对一成不变的内容，而是要随着市场的变化进行动态死磕，只要是核心定位没有变，那么死磕才有价值。

4. 持续产出有价值的内容

内容定位不是一劳永逸的，需要随着市场的变化而变化，特别是消费者的变化。不同类型的内容也要定期更新，用于各种渠道传播。实际情况是，我们在运营各渠道传播时，缺的就是内容，而且也很难可持续，因为没有系统地去梳理分类、撰写等。一部分没有内容是因为没有方法，另外一部分没有内容是医生没有直接参与，让企划文案人员随意找内容。

通过医生各维度内容，细分到长尾内容，也就是消费者需求，可以整理很多的内容，可以把这些内容建立成一个以医生自己为中心的"图书馆"，对不同属性的内容进行分类，需要哪个就用哪个。医生本身与时俱进，学习提升，持续输入，内容就可以持续地输出。

在日常和消费者互动（线上和线下）的环节中，这些都是有利的素材，要特别留意，经二次加工后可以成为传播素材。

总 结 ◇

　　内容是打造医生 IP 的能量条件，没有可持续的内容、原创的内容、死磕到底的精神，打造医生 IP 注定没有结果。打造医生 IP 不仅仅要解决内容从哪来的问题，更应该关注后期的内容供给是否充足。如果把医生 IP 打造比作一场战争，那么内容就是弹药。

思 考

1. 你的个人品牌内容有哪些？是否可以源源不断输出？

_____

_____

_____

2. 你的品牌内容都是优质并原创的吗？为什么？

_____

_____

_____

第 4 章

新时期爆款 IP
传播心法

4.1

如何精准选择适合爆款IP的传播渠道

你觉得传播渠道是越多越好还是越精准越好？谈到这个问题时需要清楚自己有多大实力来做个人品牌传播这件事。混浊市场中有不少传播渠道，无论是线上渠道还是线下渠道，都需要围绕消费者的爱好，选择适合自己、匹配自己品牌调性的渠道最重要。如果你是医生创业者，你可以选择大众点评、美团、新氧等电商平台，加上小红书、微信视频号等视频平台结合运营。

如果你只是一名普通医生，你可以选择至少两个或三个平台进行运营，而不是局限于一个平台，因为现在消费者的时间都被切割了。

传播渠道

围绕消费者的使用路径去选择营销渠道，而不是你参加了很多会、听了很多课、见了很多人、吸收了不同的声音、接触到了不同的渠道，你就觉得打开认知了，发现有这么多渠道平台可以传播自己的 IP，于是一拍脑袋没有方向地覆盖所有渠道。过了一段时间发现没有什么效果，资源（如人力、金钱等）都分散了。

　　市场传播方式太多，就要看城市属性、团队配置、时间精力、平台效果优先等因素。针对医生IP的传播，在选择平台数量上还是要量力而行，需要分步骤进行，不要看别人做什么就去做什么。要做好自身IP内容打造，"打铁还需自身硬"，然后再选择合适的渠道平台。

　　在帮助医生打造个人品牌时，很多医生对流量渠道特别关心，一味地询问、关注"抖音怎么做医生IP、通过多长时间可以见效"。我一直认为一个人没有干货，技术不过硬，再好的渠道给到你，也无济于事。事实上在我们服务的医生当中，一定是技术当前，渠道在后。技术不好的医生，我们坚决不会合作，因为我们没有办法帮助提升医生的技术，我们只能做好分内之事。

　　我们可以告诉医生朋友们的是，我们是顺应消费者心智做营销，而不是根据你我的经验去做。

　　在选择传播渠道时，建议分为主渠道和辅渠道，这有助于精力倾斜。

　　本书提到的聚焦定位，传达的是在一个点上打穿、打深。

　　那么传播渠道也要做定位，千万不要做广撒网的动作，历史证明，那不是医生可以干的事。

聚焦一点，四周发散

　　每个渠道都有各自的基因特征，就如医生的基因一样，每个渠道的属性不一样，决定了每位医生会选择不同的渠道打造IP。

　　有些渠道在某一阶段特别适合医生IP传播，之后就不太适合了，而有些渠道就是为IP传播而生的。

　　所以选择适合自己的传播渠道也尤为重要，一旦选择错误，效果也会大受影响。

2018 年我们服务了一个外科女医生，她就有过这样的经历，由于没有采纳我们的专业建议，而是按照她的理解判断选择了微信公众号渠道，坚持了大半年时间，却一无所获。她在一家渠道机构上班，所以平时精力也很有限，她就希望自己的公众号可以做出艺术范、网红范、生活范，从而获取更多流量。每周也会更新不少内容文章，却是没有新意的，因为当时市场上此类内容特别多，而且还没有推广。

所以战略方向错了，战术上再怎么努力都是徒劳的。

即使错过了最好的流量红利时代，每一个时代也都有适合我们自己的传播渠道，并且平台一定要客观分析。

从聚焦某个渠道开始传播，到熟悉单一渠道平台的规则，也需要足够的时间了解透彻，若每个平台都是泛泛传播，很难掌握平台的游戏规则。要熟悉每个传播渠道的属性（如人群、性别、年龄、城市、流量来源等），只有了解平台的属性，才好选择匹配和自己定位相关的渠道。

熟悉每个平台的游戏规则，在平台规则内玩，就可以避免很多运营问题，如内容不让发、内容被删、账户被封、视频上传不了，尤其是平台不扶持你的账户等现象。

如何选择主渠道和辅渠道

这里可以通过两个方向来分析。

第一个是通过目前市场的主流渠道平台进行流量分析，通过同行（机构、医生）进行分析，看这些主流渠道是否适合自己的品相、IP 特征等。

行业的获客主流渠道有大众点评、小红书、新氧、天猫等，有的医生在做微博、抖音、视频号、公众号等，平台分析需结合城市属性、医院属性，以及是皮肤项目还是外科项目等，根据实际情况（如市场情况、流量情况、转化情况、合作优势等）选择适合自己的主渠道平台。

第二个是通过行业圈收集获取更多的辅助渠道，如抖音、搜索引擎、快手、视频号、京东、各类 App 等。

辅助渠道比较多，如果你不知道，找几个在行业里做过几年的从业者交流即可获取一些信息，行业服务的公司特别多（代运营）。

⚕ 选择适合医生 IP 传播的主渠道

优质的内容非常重要，医生的内容来自于医生的基因——技术。好的 IP 内容需要通过主渠道上重复的深度运营，重复地让医生 IP 定位植入渠道，通过渠道传达给消费者，所以逻辑上医生 IP 定位一开始就要正确，如果方向错误，就像上面那位外科女医生一样，再多的努力都是徒劳。

医生 IP 打造之路依然可以用几个字概括——"渠道为王，内容为皇"。

最后，针对主渠道和辅渠道需要说明的是：一个渠道是 A 机构的主渠道，也有可能是 B 机构的辅渠道，主辅渠道定位是随着市场的变化而调整的，它们拥有了太多的不确定性，在实际工作中要随之改变，不要刻板、固执己见。

我曾经帮助辅导过一家三线城市的医生创业机构，在梳理线上渠道时发现，该机构合作的线上渠道超 20 个，再通过数据分析发现，基本上没有一家平台的数据（如咨询数、订单数、成交数、业绩数等）是好看的，甚至有个别的渠道平台已经有半年没有人去打理。

和这家机构的创业者沟通后才发现，他原以为 IP 传播渠道大而全是最好的，因为他的机构业绩在当地市场还算不错，所以一直以来他认为自己的 IP 品牌要全渠道铺开，否则就没有业绩，他还觉得苦于没有得力干将，导致几十个平台数据平平，但事实往往是相反的，因为平台不够聚焦，导致没有结果。

聚焦渠道后的这家机构，只合作了适合自己的 3 家线上渠道，并深度运营这 3 家线上渠道，效果远远超 20 个平台的总业绩。

互联网渠道每年一更新，在打造医生个人品牌时，选择自己熟悉的、适合自己的、有市场的流量平台非常重要。去年你用微博打造个人品牌，今年就出来一个微信视频号打造个人品牌。

就在我撰写本书的时候，一个深圳医生同行加微信和我交流：她是一名医生创业者，微博拥有 100 多万粉丝，可惜的是这 2 年，微博业绩一直在下滑，问我是否可以接管?

我和她沟通到:现在的营销不是某一个渠道的事,而是要通过多渠道矩阵营销吸引消费者的眼球,各平台流量相对来说都在下滑,只有把这些平台流量加在一起,效果才会被放大。

总　结

医生 IP 传播渠道不宜过多,要结合消费者市场、自身实际情况进行匹配,选择适合自己的几个渠道即可。选择好渠道后,扎深这些渠道,可分阶段进行运营,制定阶段性目标,打穿、打透。

思　考

1. 你现在传播的渠道有几个? 效果怎么样? 为什么?

_____

_____

2. 你应该聚焦哪一种传播渠道? 打算开始做了吗?

_____

_____

_____

IP账号规划与运营管理技巧

在行业营销历史中，机构营销这块一直是比较单一、粗暴的，不像今天的传播渠道，百花齐放。

早些年大部分机构业绩都是靠搜索引擎竞价砸出来的。资金有限的机构就靠线下策划活动吸引客户，行业统称为会销、招商会。直客机构做竞价，渠道机构做渠道，现场成单，各有各的玩法。那时的机构营销占据行业的半壁江山。

随着行业不断的发展和跨界的不断融入，传统的营销手段也发生了很大的变化，从原先的单一渠道变成了当下多种渠道共同运营的局面。

对于医生 IP 有帮助的传播渠道有自媒体、电商、搜索引擎、线下会销、各类企划活动等。

1. 自媒体

自媒体，可以通俗地理解为自己的媒体平台，我们可以直接掌控的媒体平台，自己可以说了算的媒体。这是作为一家直客机构必须要做的平台，代表品牌，代表官方信息的出口。

自媒体平台如微博、网站、豆瓣、公众号、抖音、今日头条、百家号、知乎、今日头条、微信视频号、小红书等，大都可以以医生的名义去注册推广运营，这样更有亲切度，拉近与消费者的距离。

通过这些媒体平台可以让更多人了解你，从而提升医生品牌影响力。这些自媒体平台也成为医生传播知识和理念的主要阵地，和消费者建立直接的医患链接，是吸引潜在客户的重要媒介。

医生或帮助医生打造 IP 的团队一定要及时处理消费者的信息，和消费者走近一点，了解他们的问题需求，可以帮助你快速抢占消费者的心智，特别是消费者投诉的信息，更要及时回复。

那么自媒体、新媒体本质上是什么关系呢？对医生 IP 传播营销有什么不一样吗？

自媒体属于新媒体的一种范畴，也是目前较为流行的营销渠道，是我们塑造 IP、打造私域流量的概念词，而新媒体的范围更广一些，相比传统媒体而言，可以理解为自媒体是自己的私域流量地，而新媒体属于广域的流量池。

今日头条是聚集并且常年扶持优质内容创作者的平台。因此今日头条特别适合塑造一个专业的人设 IP。推荐研究"邱医生说"这样的账号。这里对内容的要求不会特别高，但也要坚持日更，不管是长篇专栏、短篇科普、短篇点评、视频等，都是非常支持发布的内容。并且后台会实时推荐你去回答不同的热门话题。

微博是一个最早期打造 IP、产生了大量网红的地方，也是众多明星和娱乐时尚账号的聚集地，基本上是新鲜话题的聚集地，所以这里是非常适合去跟热点或者创造众多话题的地方，比如咱们经常能在微博上看到的"××明星的脸突然垮了""产后复出富态十足女明星""女明星发腮"等。设置账号多参与热门话题，保持日更，贡献符合自己身份的个性独特观点，慢慢地也会积累越来越多的粉丝。

豆瓣是以主题小组话题为核心存在的地方，可以产生非常长尾的效应，且会一直累积下去。

抖音、快手、B 站、微信视频号这些都是属于短视频平台，俗话说南抖音北快手，从区域上来说，南方以及一线城市的用户更喜欢用抖音；而北方以及二三线城市快手的覆盖率更高。从用户角度来说，抖音具有最庞大的用户群体，近 8 亿人，并且都是偏精致的潮流人群。

抖音以内容为中心，鼓励优质内容创作，内容要求颜值高、更精致。2021 年起开始着重发展抖音电商、本土生活等板块，从内容到变现都已经形成了自己的围城。快手以人为核心，内容更加偏向生活化、真实。抖音和快手都是已经相对成熟的短视频平台，关注很多官方账号，如抖音创作者学习中心、抖音小助手等，就能学习到很多运营知识。

B 站相对来说更偏向于年轻人，"90 后""95 后""00 后"的内容更偏向于趣味化、深度化以及专题化，我认为它是未来的蓝海赛道。而微信视频号属于微信生态圈，近年来也将成为腾讯主要扶持的板块，并且能够辐射朋友圈、微信群，也是非常适合的蓝海赛道。

2. 电商

电商化是从 2013 年开始慢慢被消费者、从业人员所接受的。在此之前，外人看来这个行业是暴利的，大都是靠着信息不透明赚钱，那时只要是进入行业的，通过野蛮的营销运营手段，和消费者玩套路，也都能赚得盆满钵满。电商平台的出现，打乱了行业的传统节奏，它让不透明市场变得透明了，几家欢喜几家忧。

行业的不断发展也促进了电商化的发展，的确给机构带来了不少流量业绩，创造了不少与电商相关的就业机会。

电商平台大致可以分为综合类电商平台、垂直类电商平台和生活类电商平台，下面一一介绍。

（1）**综合类电商平台**。综合类电商平台有天猫、京东等，最早闯入行业的电商巨头应该是阿里巴巴，事实上，它的流量布局这些年在市场中还是可圈可点的，对于医生 IP 传播来说，可以定位好医生 IP，当作一个产品在电商平台进行展现售卖预约，还可以通过天猫平台进行直播，和项目挂钩进行售卖。

（2）**垂直类电商平台**。垂直类电商平台就是细分领域的电商平台，如新氧、更美等，这一类电商平台是专攻行业，这几年慢慢推出扶持医生 IP 的计划和服务，医生们可以在这些平台上大展身手。特别是新冠肺炎疫情防控期间，新氧的视频面诊功能能符合广大医生的面诊需求。

（3）**生活类电商平台**。生活类电商平台有大众点评、美团、河狸家等，综合看来，大众点评和美团平台的确给不少机构带来了流量，而且在机构中口碑相对来说还不错，运营周期短、见效快，本书后面会介绍大众点评和美团打造医生 IP 的玩法。

3. 搜索引擎及问答平台

营销渠道的布局基本包含两个大的板块：**基础 + 深度。**

基础网络铺设就是完成第一步基本信息的曝光和铺设，将目标铺设成是"可被搜索到的名人"。为什么这个称为基础？因为任何用户和普通人对被推荐医生的第一反应都是上网搜索相关资料，来形成对这个人的基本认识和印象。如果在网上"查无此人"，那么不管线下如何吹得天花乱坠，都是不会被轻易相信的。

搜索引擎平台，如百度、360 搜索、搜狗搜索等，统称为搜索引擎。

搜索引擎和问答平台可以帮助医生保护 IP、保持 IP 内容的时效性。搜索引擎可以帮助医生"时好时坏"，在于我们自己的重视维护。重视医生的名字、医生加项目等关键词在搜索引擎的表现。

打造医生 IP 时，从业者往往不知道搜索引擎的价值，长期来说，这是比较可悲的认知。

我曾帮助过一名医生打造 IP，在做搜索引擎的工作，搜索他名字时，发现他的名字在搜索引擎中排名第一，但第一的位置却是负面的信息，而不是正面的信息，这些搜索引擎也不是百度百科、机构官网、新闻网站等。

如果这位医生积累了不少的粉丝客户，这些粉丝客户很大程度上会不定期地搜索，新客户更会去搜索了解这位医生相关信息。正常人看到医生的负面信息满脑子会有很多问号。

可想而知这样的负面新闻给我们医生 IP 所带来的影响是蛮大的。

问答平台知乎的口号是"有问题，上知乎"。很多专业领域或者用户非常关注的问题都可以在这上面发布，或者回答问题，偏向于年轻用户、高质量用户。而"百度知道"是所有用户都可以搜索到的问答类平台，内容千奇百怪，答案也千奇百怪，可以注册多个用户去发布内容，基本不受限制，被引用和看到的可能性也是最高的。

这种问答在发布内容时，需要提前设计好内容，在发布问题的同时，要间隔发布几条答案。可以从用户角度、专业人士角度等将自己的身份或者内容详细植入其中。

看到这部分内容的用户，一般都是精准关键词搜索者，所以在内容设计时，怎么让搜索问题而来的人对你的答案印象深刻是要考虑到的。

各类门户网站，对于我们来说，比较重要的当然是时尚类的网站，如太平洋女性、时尚芭莎、瑞丽服饰等。不要认为这些网站没有人看，一些相关的事件、人物、突破性的科技，通常还在这些网站上刊登，在百度搜索等引擎上收录权重是很高的。重要的专访、科技的专题、大型的活动等,如菲洛嘉,常年在时尚芭莎网站上有福利专栏活动。

4. 线下会销(医生粉丝见面会)

和医生相关的线下会销可以理解为医生粉丝见面会,通过医生组织的线下会议,增加粉丝的黏性,这种方式在很多机构里使用,效果往往也是出奇地好。普通的会销是以品牌和项目为主,医生粉丝见面会是以医生和粉丝为主。

医生粉丝见面会和明星粉丝见面会有点类似,通过各渠道(线上和线下)邀请粉丝们参与这次见面活动,制定匹配医生的优惠项目进行沟通,从而达到成交开发的作用。医生粉丝见面会最重要的环节在于参与人数,医生 IP 越强,粉丝越多;医生 IP 比较弱,也可以提升医生 IP 品牌影响力。

5. 事件营销

事件营销是一种低成本、以小博大的营销方式,通过策划、组织、发起或是利用有社会影响力的人或事,结合自身 IP 特性,吸引媒体、行业、消费者的注意力,增加自己的曝光度。

例如,中国第一个医生集团创始人张强,成立医生集团之时,张强的一举一动颇受业内关注:他是中国最受关注的创业医生,大家都在看,他自己也在挑战,传统医生破局走出体制这条不被看好的路能否走下去。

如何做好自媒体?

很多人一听到开通自媒体账号,就会很兴奋地说,这个要做那个要做,最后做下来发现内容零碎,不聚焦,每一个媒体都没有做出效果,而且很多帖子流量上不去,甚至内容笔记还被封了,也不知道原因。其实是否开设账号、运营权重、内容方向都是要根据人设的方向打造目标用户以及变现路径,一定要有所侧重,重点运营不同账号和平台,宁有深度,不可过广。

想做好这些新媒体渠道,要掌握以下四个基本法则。

基本法则 1:你的目标群体在哪里,你就布局在哪里。

首先,要确定自己的目标客户群以及会出没、信任的媒体。每一个 IP 的打造,一定是针对某个被标签化的群体,不可能覆盖所有人。只有确定了目标群体,我们才能倒推出来用户在哪里看内容、信任谁、喜欢什么内容、会产生什么行为等,才能够指导我们开设账号、确定每个账号的运营定位和方向。

在定义目标群体上,可以参考如下的"目标用户四圈环流图"。

最内一圈写上关键词，第二圈是密切关联行为、密切关联词汇（类），第三圈是同类行为延展标签（爱美的其他行为，如彩妆），第四圈是其他各类别延展标签（如可能爱旅游、刷抖音、打游戏，喜欢逛街、看新闻用头条，喜欢用知乎，买菜喜欢用叮咚，喜欢出没广场，等等）。

关键词

二圈
密切关联行为、
密切关联词汇
（医美类）

三圈
同类行为延展
标签（爱美的
其他行为，如
彩妆）

四圈
其他各类别延展标签
（比如可能爱旅游、刷
抖音、打游戏，喜欢逛
街、看新闻用头条，喜
欢用知乎，买菜喜欢用
叮咚，喜欢出没广场，
等等）

目标用户四圈环流图

当你能够确定这些人的行为时，你就知道什么平台适合布局。举个例子，消费者是怎样获取信息的？首先会搜索适应症，比如百度搜索"眼袋怎么办？"然后也会在小红书这种平台搜索"眼袋用什么眼霜好？""去眼袋方法"等（注意，消费者是不会一开始就去搜索如何割眼袋的）。

发现了吗？在这种内容铺设上，眼霜、眼膜是强相关词汇。最后才有可能通过去搜索"顽固性眼袋怎么去除？""去眼袋手术效果好吗？"等，来考虑不同的方法。大家在标题创作上可以多借助百度指数等工具。

围绕医生定位、消费者需求整理出一批长尾关键词进行各平台覆盖，做到极致，不放过每一个消费者入口。

所以在布局媒体矩阵时，一定要知道布局这个平台是要输出什么内容方向，达到什么目的，关联什么词汇，要在这里做出什么样的效果，更新频率是什么。

在最大的大海里"捞鱼"固然比较容易，但是也代表着你的内容要非常抗打，创意和运营都必须有一定的能力；在稍微小一点的海里"捞鱼"虽然比较难，但是跟你抢的人也比较少，反而更容易出圈。

那么关于账号的类型，彼此有什么区别呢？

第一类：曝光平台。如新氧、今日头条、小红书、抖音、B站、知乎就是相对来说比较适合布局类内容的精准平台。

第二类：粉丝沉淀和变现转化。如抖音粉丝群、微信公众号、微信企业号（朋友圈）、微商城、大众点评、美团、新氧等，这些是能够将精准粉丝持续沉淀和运营的平台，并且能够比较直接地进行转化。

打造IP只是一个传播的路径，关键是要理解围绕IP的生态怎么打造，如常见的一种生态布局：抖音号→抖音粉丝群（初级意向）→企业微信号（深度意向）→微信群＋公众号或者小红书/搜索引擎/微博/视频号→大众点评、美团/新氧（下单）→微信号（维护）→微信群（维护）→企业微信（二次跟进）。

基本法则2：贪多嚼不烂，学会取舍，把人用到最精处。

基本法则2也就是聚焦，本书有专门章节系统讲解聚焦对医生IP的影响。首先要有一个基础认知，就是一个团队能做的事情是有限的，精力在哪里，结果就在哪里，能把所有事情都做好的团队，基本上不存在。如果我们能清晰地知道自己的主要目标，把IP打造团队指标量化集中到某几个点、某几个平台上面，针对某一块内容，长年累月不断迭代就能够做好。

自媒体账号里面，一定有一两个是重点，其他作为辅助曝光。一个IP的自媒体账号，只要有一个或两个能够做好已经是第一阶段的成功了。所以在自媒体账号的布局上，要做好运营分类。要常对所有的账号进行汇总，做一个运营账号的规划表，标记权重、目标人群、主要内容方向等，这样能够指导团队有效进行自媒体账号的运营和管理。

基本法则3：选题定制化，少发同质化内容。

这里的内容首先一定要基于医生定位，医生定位内容方向肯定是一样的，但不同的平台规则不一样，要贴切平台做定位内容，如有些平台视频为多、有些平台则图文为多。

在做选题时，不同的平台要根据规则去重新剪辑或者更改标题，这样会更便于适应不同平台的收录和推荐。如小红书倾向于种草干货类；抖音倾向于猎奇类、辟谣类，等等，选取合适的方向去调整。同时抖音的敏感字管控是远远比小红书严格的，所以对内容进行多种方向剪辑，取不同标题都是常规操作。

什么题目更受欢迎？在对应平台搜索你的内容关键字就会出来了，用户的喜好也会呈现。多参考模仿，最后自然能找到自己的路数。不知道如何更改标题的，可以搜索关键词，然后选择最热的视频或者图文，参考这种标题创作，基本上都不会太差。

在实际工作中，如果因为医生时间、其他人力资源配置有限，也可以在第一阶段尝试同步内容，同步后再根据平台情况进行微调。

基本法则 4：掌握敏感字规避与自检技巧。

敏感字是常年都在变化的，但其实基本受以下三个因素控制：

（1）**法律**。如广告法、电商法、医药管理办法等。极限词汇如"最好""第一""最权威"等都是不允许的，也不允许出现"针头""血迹"等容易让人引起不适的内容。另外，就是当地的地方性法规。2021 年的广告法修正，对医生 IP 是一个促进作用。

（2）**国家政策**。国家政策会根据舆论的导向、行业的发展进行调控，所以会对传播的内容做一些控制。比如在政策上，近期不允许过度制造容貌焦虑，那么过于引导容貌焦虑、关联负面词汇的内容就会变成敏感字。

（3）**平台规则**。如抖音平台是不允许将用户转移到其他平台的，所以不能讲"加微信"等字眼；不能涉及令人不适的字眼或者言论；在涉及相关专业领域（如治疗、减肥等）的方法建议时，如果未被验证或者没有权威出处，通常也不会审核通过。很多时候遇到不得不说的敏感字时，可以用拼音或者字母代替，或者用谐音代替。

对于任何官方出处或者认证为本人账号的内容出口，一定要谨慎使用相关词汇。

总 结

市场传播渠道有很多，而本节只列出适合医生 IP 传播的几种渠道，不建议你所有渠道都做，要根据实际情况选择一二。

思 考

1. 你是否开始尝试在某种渠道上做 IP？ 效果如何？

_____

_____

_____

2. 相关渠道中，你比较能接受的、和自身定位匹配的渠道有哪些？ 为什么？

_____

_____

_____

4.3

认识短视频平台：基础认知与内容输出管理

🧰 如何认识短视频平台及其在 IP 打造上的作用

有人问：受限如此之大，尽早做短视频的意义在哪里？

答案是：早占山头，积累曝光。

对于医生 IP 营销来说，流量其实从来不在自己手里。以前，在百度和各大门户网站手里；后来，在微博、新氧、小红书各大博主手里；而现在，在各大短视频平台中。这已经成了事实。迫于短视频流行化的现象，各大平台也倾向于推荐和收录短视频形式的内容。

假如是同样的内容，一个是图文，一个是短视频，用户在搜索同样的关键词时，更容易搜索到和看到的是短视频的内容，这就是现状。

以前大家铺设的图文、文字内容慢慢地也会不起作用。所以不管是机构还是医生，想要让自己的内容被看到，除了形式要符合趋势（短视频），也要尽早铺设发布足够的量，要比同行更早更多。简单来说，就是短视频平台上的流量更大，短视频比图文更容易被更多人看到。

通过实践掌握短视频内容的创作制作流程和账号的运营方法。由于医疗行业的特殊性，很多第三方 MCN 机构在其领域也没有很大的把握能够孵化出优质的内容和账号。目前较为成功的账号都是通过"网红视角"以及"看脸讲美商"的角度发展起来的（现场咨询师 / 美学设计师角度）。

掌握不同平台的区别和玩法规则，以便于达到私域流量积累的目的。由于医疗类的特性，很多涉及的内容或者关键词都是较为敏感的。各个不同的平台对这些内容的态度、宽容度、审核力度是不一样的。抖音毋庸置疑是最严的，政策也是经常在变的。

另外，变现的商业模式设计也是一门学问，既要规避平台的规则，又要能够巧妙地留住用户。所以想要做 IP 孵化，你的账号价值观、是否符合国家政策趋势也是很重要的因素。

所有平台都是 AI 大数据算法，千万不要把账号当朋友圈。

做账号一定要理解一个原则，就是所有平台都是大数据推荐制的。所以我们的人设和内容必须是符合账号人设的，不能今天讲美食，明天发一些没有意义的花絮，后天又发插花，还发一些操作视频，那么后台算法就会很混乱，它搞不清楚你的标签是什么，你是谁，提供什么优质内容，那它就不清楚给你打什么标签，就更加不会给你推送用户了。

这是非常多医生会犯的错误，把账号当朋友圈，干货视频中夹杂着很多操作视频或者很多风景照、生活琐事，这就导致数据根本上不去，账号质量自然就不高了。

短视频平台内容产出流程与技巧

明白短视频平台内容的爆火逻辑，有新奇亮点，满足受众，猎奇心态，有惊艳感或者超出期望值。节奏快，内容要在 15 秒内爆发，有代入感（有参与感），引发共鸣，人美景美画面美，等等。

要了解用户观看视频的心理和行为是怎样变化的。在打开你的视频的 3 秒内，用户是否会继续看下去，取决于你的视频的开场白和标题；9 秒后是互动价值要释放的时候（共鸣、代入感、猎奇心）；15 秒之后，决定了顾客是否增强兴趣。所以大家会发现，很多短视频把时长设置在 15 秒、30 秒以内，就是为了增加视频的完播率（完播率就是点击视频的用户中完整看完视频的比例）。

短视频平台运营账号步骤

短视频的平台账号运营，需要做好的第一个工作就是制定 IP 账号策划表，该表必须包含账号命名、账号简介、人设与口号、对标账号、更新频率、目标客群、垂直领域（账号一定要越垂直越好，粉丝价值和变现能力才强）、开设平台（如抖音、快手、B 站、小红书等）、拍摄制度、数据分析频率、运营分工。

开设账号需要准备的工作如下：

（1）找 3~5 个对标账号（不一定是同行，只要目标粉丝是一样的即可），钻研它的数据和内容。

（2）注册专用手机号，专门用于运营账号。

（3）收集各平台需要的认证资料（可联系客服）。

（4）注册完成认证，设计统一的封面或者视频框架模板（具有辨识度）。

（5）创作 10~15 条用于测试账号起号的脚本（可以热门与原创结合）。

（6）准备好至少 10 条内容，给账号打上标签。

（7）一天连续发 5 条观看反应，测试数据和用户喜好。

运营一定要以目标为导向，每周有数据要求；要去研究用户的心理和行为以及每个视频的数据，并对自己打造的医生挖掘爆点。目前在短视频领域，大家可以关注北京协和的医生账号，其不管是在短视频领域还是小红书领域，都做得非常不错，是值得关注和学习的对象。

总　结 ◇

做好一条视频有成熟的流程方法，这也不是一件容易的事，每一个细节都值得研究做到极致，详细的平台拆解在本书其他章节介绍。

○　　　　　　　　　　　　思　考　　　　　　　　　　　　○

1. 短视频平台之间有什么样的区别？你是怎样开始执行的？

_____

_____

_____

2. 你是否把自己的短视频平台当作朋友圈？如何开始调整呢？

_____

_____

_____

第 5 章

新时期爆款 IP
私域运营法

5.1

IP传播成本最低渠道——口碑营销

在打造医生IP的过程中，你可以问一下自己做的是系统营销还是散装营销。

任何一种营销动作都是为了后面的"闭环营销"，从而形成裂变。如果每一个传播渠道获取的流量都无法给医生IP带来长期的效果，那么这种营销就是短期营销，甚至是无效营销。

但就是这样的"无效营销"更受从业者的欢迎，医生经纪人拼命用各种运营技巧试探各传播平台的规则底线。

医生打造个人IP重视营销渠道的同时，更要重视医生口碑建设，没有口碑支撑的任何营销都是空中楼阁。口碑营销才是最好的营销手段，也是成本最低的营销，所有的营销都是为了口碑营销，让它形成良性的闭环。

🧰 口碑营销的前提条件

本书一直在强调医生技术基因，如果医生的技术参差不齐，就谈不上口碑营销，而事实上我们每天都可以看到关于行业的负面新闻。

进行口碑营销的前提条件一定是优秀的技术基因加上优质服务能力，优秀的技术决定了消费者做项目的效果；效果好，加上服务好，自然会推荐给更多的身边朋友，形成裂变。

但我们再换个角度思考。因为医生的技术原因或服务问题导致消费者差评，一条差评的影响力传播是正面评论的几十倍甚至是几百倍。但毕竟曾经是我们的消费者，是否可以处理好这种差评，让其"黑转粉"呢？一旦处理好，绝对是口碑营销逆袭的绝佳机会。

即使多付出一些、亏本一些，也要让对方感受到诚意。除非医生的技术真的很糟糕，毁掉了消费者所有。

让医生IP形成口碑营销的前提，还得有一个可聊的故事。一个故事对医生IP来说格外宝贵，它可以在不明确对方是否关心某个医生IP项目的情况下被分享，如果没有可分享的故事，消费者很可能在等待一个外部行为然后才会进行口碑分享。我们需要创造一个可传播的故事，让消费者帮助传播，并非我们自上而下的主观认为。

🧰 为什么口碑营销是所有营销渠道中最重要的

1. 互联网新媒体的出现加速口碑营销

互联网新媒体的出现让原本不透明的信息变得透明了，传播的渠道增多了，速度快了，掌握合适的传播技巧，医生的个人品牌信息就会迅速传播出去。得消费者得天下，消费者认可、信任和推荐，就会形成口碑宣传。互联网的特性是让真实的更真实，变得更好；让虚假的更虚假，变得更差。所以要学会用好互联网渠道，不要弄虚作假，因为消费者都会看在眼里。

2. 口碑营销可以形成有效的经营闭环，并且成本低

行业所有营销渠道成本居高不下，想通过免费推广达到优质的效果简直是天方夜谭。无论是传统渠道竞价还是电商渠道或者新媒体渠道等，都需要持续投入广告费才会有流量，倘若你的定位是有问题的，即使投入费用，也无济于事，费用只会打水漂。机构和医生面临那么多营销渠道时，发现不做不行，做了要持续投入又不行，这时口碑营销就成了医生IP传播渠道中效果较好、成本较低的渠道。

医生IP通过不同渠道的展现推广，慢慢积累自己品牌的影响力，品牌影响力越大，口碑营销效果就越好，成本也就越低。医生个人品牌的影响力直接影响消费者对医生品牌的认可，取决于口碑营销效果。

🧰 打造医生IP传播渠道时如何做口碑营销

口碑营销不分客户流量类型来做传播，只要是一个传播机会，就可以让

消费者深度参与进来。

在做口碑营销时需要注意以下五点。

1．借势而为

比如我们在运营某传播渠道时，每个传播渠道都有相关热点，可借势娱乐热点、社会热点等为自己账户所用，得到最大的曝光度，目的是获取更多潜在消费者的关注，从而达到宣传曝光的作用。所有渠道都适用，如微博、微信公众号、其他新媒体平台等，行业最明显的借势案例是新氧、更美等平台，为了获取更多关注、更多流量，这些平台经常会发布一些"明星"热点的公众号文章，引导大家转发关注获取粉丝，从而形成口碑。需要注意的是，这种借明星热点若做不好就会"吃官司"。

2．和消费者有关

消费者关注的内容都是和自己利益相关的，所以医生 IP 传播时口碑营销的内容也一定要以利益为主去链接目标消费者，传播的内容是和消费者有关的，不要自嗨。

3．消费者参与感

打造医生 IP 传播渠道时，很多传播渠道的内容和消费者没有任何关系，更谈不上让消费者参与进来。消费者会通过传播渠道发私信或留言给医生，没有专业团队的医生 IP，这样的信息往往回复得不及时。

想要内容通过消费者把口碑营销引爆，一定要让你的粉丝参与进来，最知名的口碑营销案例"小米"，就是通过种子用户进行裂变式口碑营销的。

这也是医生 IP 口碑营销中最为关键的一个环节——培养自己的种子用户或种子用户链接。

让你的第一批粉丝优先参与这次口碑营销活动，通过有趣、有价值、有利益的内容进行传播，分享扩散出去。

4．学会用方法论为口碑营销造势

搭建适合医生 IP 的传播渠道，让消费者参与口碑营销时，可以让自己的品牌信息传播得更快，传播得更加扁平化。

每一次口碑营销活动都是有计划方案的，如人群定位、目标数字、项目定位、传播渠道等。

选择适合自己的传播渠道，针对此次口碑营销设计好的互动方式进行传播，特别是采取一些免费策略吸引粉丝，比如在微博上不定期做活动"转发赠送产品"，其中转发的内容和赠送的产品都要好好斟酌。

口碑营销最为重要的参与者是行业 KOL（Key Opinion Leader，关键意见领袖），利用拥有一定粉丝的 KOL，彻底引爆内容，如微博大号、小红书大号、抖音大号等。

口碑营销不仅仅是围绕消费者，让消费者向外发散的动作，也围绕医生自己从内向外传播，比如消费者通过手术项目变得更漂亮了，找回自信了，生活工作也越来越好了，她通过微信向你表示感谢，你可以截图发到朋友圈，这就是你的客户案例，是实力和技术服务体验最好的背书。

口碑营销需要大胆"晒出来"。

5. 线下的口碑营销是服务

线上和线下两种传播渠道是相互连接的，而不是分开的，医疗项目需要线下就诊操作。

你是否遇到过医生态度不好、技术不好，导致消费者在线上平台投诉的现象？又或者在一家机构，因为受到医生、咨询师的冷漠，消费者一气之下就走了，并在线上渠道发布她的不好感受？

线上高质量的口碑营销活动为医生品牌造势，但如果消费者来机构就诊项目，却发现不一样的对待方式甚至就诊效果比较差，她会有意见，这样的情况下，她怎么会向身边的朋友推荐这位医生呢？

相反，如果线上口碑营销很成功，线下的服务跟得上，消费者会通过社交平台（小红书、抖音、朋友圈）以及身边朋友介绍这位医生和这家机构，这样就会有更多消费者关注这位医生，从而提升医生品牌的影响度，以此循环下去，会越来越好。

消费者只有在获得了意想不到的价值时才会做推荐。价值输出做到极致，这样超出的价值才会被广泛宣传。

口碑营销是打造医生 IP 的较高境界，它可以让消费者持续不断地、较低成本地给医生 IP 输送流量。

总　结

　　一次成功的口碑营销活动离不开很多因素，口碑营销是打造医生 IP 的终极目标，唯有口碑营销才可以让自己的品牌价值得到持续、成本降到最低。所有的营销渠道都是为口碑营销做服务，同样口碑营销也是为消费者服务，脱离人的营销都不是营销。

思　考

1. 你在做其他渠道营销推广时，是否开始做口碑营销？

_____

_____

2. 通过口碑营销增加你的 IP 粉丝，效果怎么样？你做对了什么？又做错了什么？

_____

_____

_____

5.2

如何通过微信视频号打造医生IP

微信视频号是微信生态的一个短视频平台，更适合打造医生 IP。

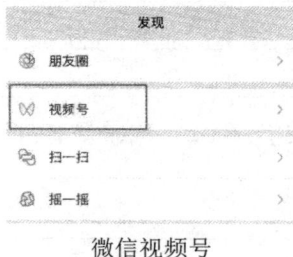

微信视频号

通过我们的实践，结合辅导的医生视频号中已经有不少成功案例，有必要把视频号当作医生 IP 的传播渠道，写出方法论。在这里分享一下运作"顶智学园"视频号的数字心得。

2020 年 3 月 15 日（消费者权益日），我的微信小号获得微信团队官方邀请开通资格，于是我第二天就创建账户，公众号认证"顶智学园"，截至 2020 年 6 月 22 日一共发布了 90 个视频，一共收获了 50 多万次的播放量，单条视频播放量达 20 万次。随着视频号的可持续变现，更多合作伙伴通过视频号找到我，同行通过视频号在线付款订阅顶智课程，获得 1000 多张书籍订单业务。

在我们运作顶智学园视频号的同时，也在帮助一位医生打造属于他的 IP 视频号，运作两个月，每天有 20 多个人添加他们的助理微信。

很多人也许会问，微信视频号和抖音有什么区别，微信视频号对打造医生 IP 有什么作用？

（1）微信视频号背靠的大树是微信，而微信拥有 12 亿用户，这个数据比很多短视频平台用户数都多，同时视频号是嵌入在微信里的，你可以通过视频号在 12 亿用户流量池里获取喜欢你的精准粉丝。

（2）微信官方重视，微信把视频号按钮放在朋友圈下方位置，也就是"千年老二"，足以说明微信官方倾微信一切资源力推视频号。

（3）视频号可以让你的精准内容破圈（突破朋友圈），也就是一个医生拍了一条针对求美者的科普内容，发给消费者，消费者给视频号点赞了，她的朋友就能刷到你，如果她再给你点赞，她的朋友也会刷到你，这样就形成无限循环的裂变。

（4）视频号的变现路径短，比任何一个短视频平台都短。因为我们在其他短视频运营得不错，最后都会要求粉丝添加我们的微信，那么我们为什么不能好好抓住微信自己的视频平台呢？微信拥有微信支付、公众号、小程序、直播等平台，比任何一个短视频平台的功能都丰富。而视频号变现路径是 1 分钟视频、30 分钟视频、公众号、个人号、视频号直播，都是一一对应的，未来可能会打通更多微信生态的产品以及外部链接。

（5）行业的医生做抖音等短视频成功的不是特别多，要么进去迟了，要么平台限流，要么不会玩——门槛高。那么视频号是上手成本低、人人都可创作的短视频平台，它突出真实的人、真实的背景，只要分享的内容对账户定位的人群是有价值的，视频号就会给予一定的流量推送。

🧰 医生如何玩转视频号

1. 确定视频号的定位

本书一开始就详细地介绍了"定位"的很多方法，对于传播平台，任何一个平台都要做定位，视频号这个媒体平台也不例外。一是视频号给予视频主第一条视频更多流量推送。二是一定要将账户定位清楚后再开始发布，定位一乱，后面都会乱。

关于医生定位，在任何一个传播平台都大同小异，不一样的地方在于媒体属性不一样。

（1）**你有什么、你会什么（某一特色的技术）**。比如你是一名中医医生，你擅长的是中医方面的技术，你可以把中医的各种内容分享出来，围绕这一技术进行不同维度的脚本编写。

（2）放大自己会什么，成为该细分领域的专家。 你所擅长的中医技术在中医领域中是否可以排上位，如果加上短视频的借力，是否可以扩大这种传播范围。若不可以传播，也可以不断地输入，再输出，这也是一种学习。

（3）梳理你的客户，为他们解决什么问题（痛点）？用什么方法解决？为什么是你来解决？ 你所擅长的中医技术可以为粉丝提供什么帮助？能提供有关身体调理的哪些方面建议？输出什么样的价值？你提供的帮助、输出的价值和其他中医医生有什么不一样？

以上三点的定位表现在视频号的细节中就是视频号名称、视频号简介、视频号头像、视频内容、视频号点赞对象。

视频号有很多不错的功能，如私信功能、视频号商店、视频号直播，是一个可以打通微信生态的功能，增加视频号可转化的入口，更适合医生尝试视频号。

顶智王建中视频号主页　　　　　顶智学园视频号

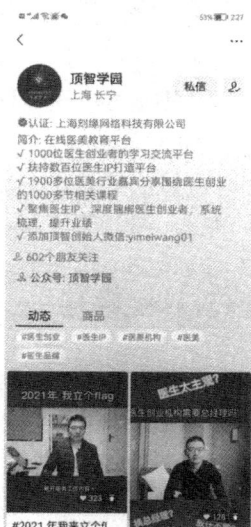

2. 视频号可持续的价值内容

视频号的拍摄时间目前是 1~30 分钟，通常建议拍摄的时间控制在 2 分钟内，也就是说在短时间内要讲出你想表达的内容并且是精髓的内容，这个内容对于你定位的客户群体是有价值的。但还是比较有挑战性的，我们自己做顶智视频号时，也邀请了不少行业嘉宾来录制，有一半以上的行业嘉宾，觉得短时间录制视频对他们来说很难，这其实也很正常。

我刚开始玩视频号的时候，一条视频要录制 10 遍以上，现在基本是一遍就过，不作任何修饰。

所以视频号要在短时间内提供价值，如果是广告、废话、把"我"放大的分享内容，基本没有意义。

什么叫把"我"放大的分享？是指这条视频没有任何实质性的帮助，自己一直在讲成功案例，讲和自己有关的事情，却和受众人群无关。这种现象在视频号中很常见，却无价值。

所以我们做视频号内容的时候，一般会建议医生提前写好脚本。写 1 分钟或 2 分钟以内的，200~300 个文字（1 分钟）就可以，按照分享的几点内容去写。

🧰 医生视频号内容类型

可以录制一些科普，对消费者感兴趣的知识进行科普，这对于医生来说不难，因为医生每天坐诊接待咨询的消费者就有不少，可以留意这些消费者的问题，把这些问题记录下来，成为你日后拍摄视频号的素材。

可以拍一些剧情，模拟真实场景的剧情，增加喜剧、开心、正能量等内容。这种视频往往传播起来更容易，但需团队（如文案、摄影、剪辑、演员等）一起参与。

可以录制一些医生上班的日常工作，这个也是消费者比较感兴趣的视频，看看上班的医生是怎样的，都在忙什么。也可以录制一些医生的生活动态视频，所有内容都围绕消费者感兴趣的部分展开。

做视频号可持续化很重要，现在的视频号就相当于十几年前的网站，需要更多的内容填充，持续的输出很重要。

做视频号时，我最早加入了一个视频号交流群，群里连续 2 周每天都有人发视频互相点赞关注，但时间一长，很多人却开始断更了。

比如从每天到每周，从一周到两周，有些人干脆就不更新了，一是没有时间，二是没有内容。所以如果你可以坚持日更，在视频号运营这件事上，就一定能成功。

🩺 关于视频号的五个选题技巧

1. 选题要戳中普遍痛点

人们害怕吃辣太多容易上火，所以有了"怕上火，喝王老吉"的广告词；人们害怕吃完饭回到办公室时一嘴的大蒜味，所以有了"吃完喝完，嚼益达"的广告词。这些害怕，就是恐惧，就是痛点。很多爆款视频都是在戳人们的痛点。

比如**视频号 @ 中医谭王页**，作为一个健康博主，他特别会利用恐惧心理做选题：《这 5 种肉别再吃了！危害可不小》，点赞 5.8 万；《早晨醒得早，后果很严重！教你一招，见效快！》，点赞 4.3 万；《警惕：四种不健康的洗澡习惯！很多人中招》，点赞 2.7 万。

这些都是恐惧，也都是人们的普遍痛点，这个视频号靠这样的选题频出爆款，粉丝量在 2021 年 5 月就超过 100 万人了。

每个行业，每个领域，每个人群，都有很多的痛点，当你想策划一个优质选题的时候，你要想，它能够戳中多少人，多少人看到的时候会恐惧、会痛。

2. 选题要引发群体共鸣

从内容的制作上应该是追求这两种效果的合体，因为只是引发相同情绪还不够，我们还希望观众发声，也就是他看完了，因为有相同情绪而愿意点赞、评论、转发、分享，甚至直接在家里和家人讨论，在办公室和同事讨论。为什么呢？因为内容天然有社交的作用，社交也天然帮助内容传播。

所以，我们要追求的共鸣可以这样定义：视频释放的某种情绪让大量的人产生了相同的情绪，同时这些人因情绪共振而发声参与。可以是针对特定人群的共同记忆，也可以是针对非特定人群的某一特定情绪。

3. 选题要制造身份认同

在互联网上，在信息的洪流中，每个人都是孤独的，人们的安全感来源于找到同类：有人跟我一样，有人跟我一起，我不是孤身一人。

而每一次具有身份认同的内容出现时，它就会成为这个圈层人的聚集器和连接器，引发大量的点赞、讨论和分享行为，这些行为就是在对外释放自己的身份信号，确认自我，链接同类。

所以人们很喜欢为自己说话、说自己话的视频：我们为什么要做，除了取悦自己，我们也是为了和孩子站在一起的时候差距更小一点或者其他能够有认同感的观点。

做内容传播的一条奥秘就是，学会划分人群，打准确标签，一个视频精准戳中一个特定人群就够了。给用户制造把自己和其他人区分开来的身份认同，也给用户制造你帮我找到同类还帮我们说话的身份认同。

4. 选题要借用热点赋能

热点是同一个时间段内更多的人关注的同一件事，也就是这个时间段内，人们的注意力都附着在这个事件上。

内容创作者是干什么的？内容创作者之间的竞争，本质上就是争夺用户时间和注意力。因此，热点事件是附着人们注意力最多的东西，内容创作者又是争夺用户注意力的，那么追热点就是内容创作者追求流量的过程中必须要做的事情。凡事讲究性价比，热点事件出现时，由于人们注意力相对比平时更集中，因此你的视频哪怕质量低于平时的水平，流量基本也会大于平时；如果你的质量又比平时好，那成为爆款就是水到渠成的事了。

追热点，一种是你觉得热点事件、话题本身值得追，那你就直接追热点去讲热点本身。另一种是借热点赋能，也就是，你本来就对一个主题有比较深入的思考，然后刚好这个思考恰好跟热点本身有不错的联系，或者说热点事件本身就是论证你某些独到见解的绝佳案例，那你就可以去做。

5. 选题要多维度提供新知

现在做内容，最怕的是严重的同质化竞争，你会发现做什么选题都好像有人做过，大家都做，你如果不能提供别人没有的东西，别人为什么非要看你呢？因此，当你策划一个选题时，必须要多维度地思考，如何给这个选题注入一点新东西。

坚持推广运营

很多人玩视频号，因为没有看到效果，于是就放弃了。只要你的视频号定位清晰，持续为你的受众人群输出内容，就一定可以见效。中途停止更新的视频号账户，之前做的任何动作都是徒劳、白费。所以如果你一旦开始做某个渠道，千万记得一定要坚持，否则就是昙花一现。

视频号的推广是属于破朋友圈的，建立在朋友圈好友基础上去破圈，通过点赞、评论、转发让更多人关注你的视频号。

我们的账号在实际操作中没有情感、美食、美妆账号那么容易获取流量，按视频号的推广机制，点赞传播占有很重要的一席之地。在没有太多公众流量之前，不妨试一试以下四个提高点赞的方法提高传播率。

1. 在视频内容中进行提醒

常见的提醒方式分为三种：口播提醒、字幕提醒、标题文案提醒。

先说一下口播提醒。这种方式很好理解，就是在录制视频的过程中直接跟用户说，希望大家点赞。一般来说，可以在片中和片尾进行引导。

如果视频刚开始播放就引导用户给你点赞，会有点操之过急。一般视频内容过半后，用户对你的内容有了大概的认知，这时候再去引导，只要你的视频不差，用户都比较愿意点赞。

引导的方式，可以是文字形式，也可以是小表情的形式，只要能表达出让用户点赞的意思即可。

另外，可以通过片尾引导点赞、关注的模板，设计自己的片尾引导语。这类模板在"剪映""快剪辑"等手机剪辑软件中都能找到。在标题描述的部分进行点赞的引导时，要注意一点——现在视频号都适配了沉浸式的观看模式，我们原先还可以在观看页面中点开查看到完整的标题描述文案，现在视频号只显示两行文字，其余的文字需要点开评论区才可以看到。因此，如果你想在标题描述部分引导用户点赞，那就需要把引导文案放置在前两行中，否则就会被折叠起来，引导的效果大打折扣。

2. 发动社交圈提高点赞量

张小龙在 2021 年 1 月的微信之夜中透露，他曾断言：未来有一天，视频的播放量、关注、好友推荐三者之间，系统推荐的消耗比例应该是 1:2:10。也就是说，一个人应该平均看 10 个关注的视频、20 个朋友点赞的视频、100个系统推荐的视频这样的比例。

但是，这是理想状态，需要整个平台上有足够丰富的优质视频。目前还做不到。在视频不够丰富和优质时，朋友推荐的视频观看量更高。从 2021 年1 月的大盘数据来看，朋友点赞产生的播放量是系统推荐的两倍。这也算是一个红利吧，毕竟系统推荐不可控，发动社交推荐是我们可控的，而且目前平台的算法就是社交推荐引发系统推荐。视频号发布后，就可以将视频转发到朋友圈、微信好友、微信群，并配上文案引导大家给你点赞。

在分享的时候，最好是说明你的视频能给别人提供什么价值，或是说明你的视频中最吸引人的点是什么，再去让大家给你点赞，否则你即使分享出来了，给你点赞的人也不会太多。

很多人不好意思将自己的作品分享到朋友圈，而是分享到自己加入的视频号互赞群中，互相点赞。这种行为可以在一定程度上增加自己的点赞量，在账号运营初期，关注量不多的时候可以用一下，但不能依赖互赞。

另外，要注意一点的是，你在跟其他人进行互赞的时候，一定要告知对方，需要在看完你的视频后再进行点赞，而不是刚点开就立马点赞了。

已经播完后再进行点赞，说明对你的作品比较认可，还没怎么看就点赞的，不符合用户的操作逻辑，即使点赞量上去了，平台也不会判定你的内容是优质的，你也不会获得更多的曝光量。

3. 策划活动提高点赞量

视频号不允许利诱用户进行分享、关注、点赞和评论，但我们还会看到很多人会通过抽奖、积分等方式获得更多的点赞和评论。如果你在视频号的生态圈里被系统检测到公然利诱用户，肯定会被判定违规。

但是如果你将活动开展的地点设在了微信群或是朋友圈，就不会违规。

这种玩法就是在朋友圈文案中说明，只要参与点赞，就有机会获得某个奖品，奖品的设置可以根据你的用户需求来设置。还要记住一点，开奖结果一定要在朋友圈里进行公示。

朋友圈里的好友看到你的活动真实有效，那么下次当你再次发起类似的活动时，也会有更多的人愿意参与进来。

4. 建立私域微信群

很多人看视频都是看完即走，即使他关注了你，但是下次再去刷你的视频还不知道是什么时候。这时，你可以通过扩展链接、私信、视频号简介等入口给出用户相关的利益点，引导用户添加你的微信，从而将用户拉到你的微信群里去，这样就可以在微信生态中对他进行多次触达，也容易获得更多的点赞。

同时，你也可以在微信群里开展一些活动，来调动用户参与互动的积极性。比如，在微信群里说明，连续给你点赞7条视频，就可以获得什么奖品。建立微信群后，后面你再去开视频号直播，或是进行其他的引流动作，都比较容易触达用户。

如果你有公众号，公众号本来就有几千个、几万个粉丝，这个时候不妨推推你的视频号，你可以很快收获更多的粉丝，缩短变现的路径，让更多消费者和你链接。

如果你本身就是医生创业机构、是老板，让你的员工同事去推你的视频号（转发朋友圈、点赞、关注），如果你拥有一家集团，你的员工数量很多，那么你的视频号破圈的机会就更大，会被更多人看到，这无疑是一种低成本的广告传播形式。员工是第一波种子用户，更多的是需要精准客户去点赞。

🩺 为什么要运营视频号评论区

1. 提升完播率

很多人可能没想到，这确实是认真运营评论区最大的好处之一。这跟视频号的系统设置有关，点开评论区之后，视频还会继续播放，你写一条评论的功夫，可能视频已经自动播放三四遍了，在这个过程中，完播率就大幅度提升了。所以，我们要鼓励用户去评论。

2. 提高用户停留时长

如果你的评论区好看的评论很多，即使用户进来不评论，他看评论区也能看个几分钟，这个过程也在很大程度上提升了完播率。而且做内容就是抢占用户的时间和注意力，谁抢占的多，谁的内容产生的流量价值和商业价值就高。

3. 提高用户黏性和账号社区氛围

当你决定做一个视频号时，本质上你是希望做一个公众人物、领域的KOL、领域的媒体，这时候用户对你黏性就非常重要。

如果用户每天进来看完就走，什么都不做，一定是黏性不够，不利于你的长期发展。

黏性是在一次一次的互动中加强的，一个人为一件事、一个人累计的付出时间越长，他就越倾向于喜欢那件事、那个人。

同时，提高用户黏性，评论区评论量大，你的账号内的社区氛围就形成了。关注同一个账号的用户，肯定是志趣相投的一群人，他们喜欢同样的内容，喜欢同一个人，他们会在评论区互相查看对方的评论，甚至互相点赞、回复。你的评论区有了这样的氛围，你的用户就会经常想来这里看看，即使他没刷到你的视频,也有可能主动来看看,这就相当于我们关注的一些公众号，有时候会定期去看一下。

做一个账号的初期，这一点尤其重要，一方面它是氛围养成的初期，另一方面最早关注你的很容易成为铁粉。

4. 提高系统推荐概率

你的评论区活跃，完播率提升了，一定就非常有利于提高系统推荐概率，这可能是最大的红利。因为视频号还处于发展早期，有很大的涨粉红利，如果能被系统多推荐，做成大号的可能性会大大提高。

🧰 如何提升用户评论欲望

1. 设置槽点

人这种生物，是很喜欢评论一下这评论一下那的，但有个前提，你身上有明显的吐槽点，一旦有槽点，用户就会忍不住评论。比如故意给用户留的把柄；比如你说一会儿给大家揭秘内幕，结果到最后也没有；比如穿戴整洁唯独手术帽很萌或者很酷。那么评论区可能就会有吐槽你的槽点互动，但这个程度一定是可以被原谅的，否则会适得其反。

2. 制造争议

很简单，有争议就会有对立，有对立就会把人和人划分成不同的群体，每个人都会为自己的群体参与争论，所以评论量自然就会高。

比如，打热玛吉的皮肤比做某某射频仪器的脸更紧致？

做内容，不要怕引起争议，争议意味着传播的成功。但必须提醒大家的是，在国家严厉打击广告的大环境下，所有的争议都要在符合广告规定的前提下进行。

3. 观点强力

讲观点时，不要模棱两可，不要平淡如水，不要怕得罪人，不要怕过于直接，不要怕有人不同意。只有强力的观点才会带来强力的支持和反对，引发大量的评论。

4. 发起话题

话题是啥？本来就是拿出来供大家讨论的，所以擅长发起话题的账号，其评论量都不会少。

如何运营视频号评论区

1. 运营评论区的五个小技巧

（1）偶尔做评论活动，如评论点赞前十送福利等。

（2）号主第一时间留言引导评论。在评论区先自己留一条，有时候是对视频内容进行补充，有时候引导大家回复。

（3）号主要经常回复一些评论，激发大家的留言积极性。尤其是当你的粉丝量少、评论区比较空的时候，珍惜每一个给你评论的人。

（4）刻意引导评论走向。例如，对某些特定留言回复支持或反对；引导大家对某条评论点赞；视频发出来后，发动铁粉留一些你希望看到的留言，删掉一些带节奏的留言；等等。

（5）刻意打造一些留言梗。每条视频评论区都有"×医生的年纪永远是个谜"这样的评论。很多号都有这样的留言梗，只要视频发出来，这些评论就来了。

2. 视频发布后的标准动作和常规操作

（1）自己先点个赞。

（2）如果有铁杆粉丝群，先发到群里，请大家看完、点赞、评论。

（3）回复一些值得回复的第一波留言。

（4）用准备好的文案分享到微信群里，如你自己的各种群、别人的群，凡是可以分享的，都可以去分享一下，鼓励大家点赞评论。如果你有私域流量群，更要好好利用。有必要时，可以发红包。

（5）用准备好的文案分享到自己的朋友圈、私域微信号朋友圈，鼓励大家点赞评论。偶尔可以做点赞抽奖活动。

（6）浏览一遍评论区。该认真回复的就回复，该删评论的就删评论，该拉黑的就拉黑，优质评论可以用自己的微信号、私域微信号多点赞。

（7）如果有公众号，发文时插入在文首或者文末。

（8）持续记录数据，比如10分钟、30分钟、60分钟、3小时、12小时、24小时、48小时的播放、点赞、评论、转发数量。记录的过程中可以做大概的数据分析。每周、每月认真做所有视频的数据分析复盘，哪些表现好，哪些表现差，并试图找到原因。

（9）私域流量比较大或公众号流量比较大的，要观察记录推广后和推广前的数据变化，目的是不断提高自己流量的使用效率。比如你的公众号头条阅读量是5000次，每次要看发文后视频号数据的变化。

（10）如果有口播、带链接引流加微信的动作，发布后要记录分析转化率，比如同样量级的播放量，哪个类型的视频转化率更高；比如同样类型的视频，哪种引流方式、引流话术的转化率更高。

（11）查看分析视频发布第一天、第二天的关注数据，包括新增、取关、净增。每周、每月综合做一次复盘分析，哪些视频更吸粉，哪些视频播放点赞高但涨粉少，哪些视频取关多，等等。

视频号涨粉技巧

1. 直接提醒

直接提醒又分三个方式：①标题直接提醒；②结尾直接提醒；③视频中直接提醒。

直接提醒的时候，文案的写法有以下两个思路：

（1）展示价值，比如"关注我，为你的美丽添砖加瓦"。

（2）规避损失，比如"每天分享一个避雷小知识，路上少走弯路"。

2. 下期预告

如果你的选题和拍摄都已经提前准备好了，今天更新时，就确定了明天要更新的内容，那你可以在每期视频的结尾预告下期的内容，你预告得越好，就会有越多人想看，则关注转化率就会越高。比如"我还有好多话想说，但是这个视频放不下啦，下次吧。"只要这条内容用户看了很喜欢，那肯定想继续看，所以加上这一句，转化率就可以得到提升。

比如分享案例的视频，结尾文案是"想知道她怎么变精致的吗？记得点赞留住这条视频，两个月后欢迎围观。"这个看起来是提醒点赞的，但是引导关注的效果是同样在的，大家也可以借鉴这个思路。

3. 上下集更新

这种在抖音、视频号上都能看到很多。视频题目和封面上都会标注"上""下"或"未完待续""续"这样的提醒。但凡用户觉得好看，想看后续，关注转化率就会得到提升。

不过这一点，最好是偶尔用，不要每一条都用，否则体验也不好，用户会觉得你过于套路。

4. 系列更新

系列更新有两类。一类是，你的视频是具有连续性的一个系列，都标上集数、期数，最好标题和封面图上都有，这样做的仪式感和系列感更强，别人看到你任何一个视频时，都会意识到这只是其中一集，还有更多，于是他可能就更想关注你，看完所有的视频。

另一类是，你的视频分为很多栏目，在标题和封面中，每一期你可以标注好栏目名称，这样也会给用户一种你还有更多好看视频的暗示，提高关注率。比如，每条视频在封面上标注"美白篇""祛痘篇""嫩肤篇"等栏目名。

5. 直播预约提醒关注

有很多号经常做直播，所以会在视频的结尾或者标题中提醒大家关注后，预约几号的什么主题的直播，这样的话，要预约直播就得先点关注。

总 结 ◇

宁愿抓住微信视频号的红利期，也不要花更多精力去抓住抖音的尾部流量，除非你有更好的团队，视频号可以帮助医生迅速建立起自己的IP。

思　考

1. 你是否听说过视频号？你的认知里视频号是怎样的？

_____

_____

_____

2. 你开始做视频号了吗？为什么？开始有效果了吗？

_____

_____

_____

5.3

如何运用好公众号自媒体打造IP

自媒体平台中，微信公众号被优先推入市场，行业一开始并未赶得上这波公众号红利，在市场中现在做得好的机构公众号和医生公众号大都是最早进入公众号平台的又或者是医生名气本身就很大的。

微信公众号大致分为两种，一种是服务号，另一种是订阅号。医生作为个体，往往选择入驻订阅号。服务号每月只能发布四次，订阅号每天可以发布一次，订阅号的内容更新频率可以快速起到推广医生品牌的作用。

公众号做得不错的，多数是花了很长时间在更新内容，从未间断，这样才会有些效果，我接触了很多医生，甚至是名医，做了一段时间的公众号就放弃了，因为多数医生或者医生团队没有想明白做公众号的目的。

医生的影响力越大，公众号的效果也就越大；医生若是没有影响力，公众号也就没有什么效果。

那肯定有医生会问，要如何增加自己的影响力？

（1）医生本身在市场就很知名，公众号只是一个传播的载体，把原本的线下消费者的咨询转移到线上咨询，方便用户体验。

（2）医生在某个传播渠道如小红书、微博、搜索引擎、抖音、视频号等，积累了一定粉丝，公众号可以承接这些粉丝的转移或多元化。

医生IP做公众号的目的/作用是什么？

（1）如果你想短期内靠公众号带来多少流量及咨询，建议放弃公众号，公众号的效果周期相比其他渠道会更长，没有做好长期准备，不要做，特别是没有准备持久做内容的医生。

（2）可以帮助医生树立自己的品牌度、行业端的品牌度和消费者端的品牌度，通过微信搜索医生名字可以找到医生的信息，便于直接触达。

（3）公众号一个传播载体，无论是公立医院的医生还是民营机构的医生多数都比较忙，在互联网没有那么发达时，消费者是无法联系到医生的。如果可以通过公众号的载体联系到消费者，消费者也可以联系到医生，消费者可以近距离地了解医生的观点、新闻、案例、专业科普，给医患沟通提供了便捷。

医生公众号的注意事项

1. 公众号内部完善

（1）注册一个以医生名字为主的公众号，名字越短越容易被记住，或者是"项目＋医生名字"，这个名字一定是全网统一的，便于达到多渠道矩阵营销效果。

（2）医生公众号的简介，介绍里要填写好这个账户是谁的、可以给粉丝提供什么帮助等，越简单、越简练的文字越好。

（3）公众号头像，一个对外统一的形象照，尽量不要出现一个渠道是 A 形象照，另外一个渠道是 B 形象照，这样消费者看到的不是统一的形象，很难形成记忆，增加消费者的记忆成本。

（4）菜单栏里面可以添加关于医生的介绍，介绍里可以详细地写清楚，可以通过第一人称来写。还可以增加一些和消费者互动的菜单名称，提供给消费者的联系方式一般会加上微博、好大夫、医生助理二维码、微商城等。

（5）可以在公众号后台设置一段能自动回复的自我介绍的文字，引导全文链接，也可以直接引导消费者添加微信。

2. 医生公众号如何推广

（1）朋友圈推广。如果你在医疗行业从事了很多年，你的微信肯定添加了不少消费者，你转发到朋友圈，内容可以第一时间触达消费者，向消费者介绍你的公众号，让消费者关注你的公众号，从而获取更多关于你的信息。

（2）社群推广。有一些医生会建立自己的粉丝社群，公众号的内容信息都可以发到群里给大家阅读学习；同行也可以转发到行业交流群，让行业人关注转发等。

（3）大 V 推荐。假如拥有一定粉丝量的大 V（微信好友数、微博粉丝数、公众号粉丝数等），在他的社交媒体中推荐你的公众号，也将会吸引更多粉丝。

（4）找一些高质量的消费者让他们在朋友圈推广你的公众号，这样关注的粉丝也相对比较精准。

（5）如果你在机构上班或者在创业，你可以让同事或者员工把内容转发到朋友圈。

总　结

只是想通过公众号在短期内带来客人是很难的，但可以通过公众号和各种平台进行结合，比如公众号和视频号结合、公众号和个人号结合、公众号和微信群结合、公众号和知乎结合等，只有有效结合起来，才会缩短见效周期。

思　考

1. 你是否开始做公众号？效果怎样？

_____

_____

2. 你是怎样看待公众号和微博这两类平台的？

_____

_____

5.4

如何通过朋友圈深度打造IP

医生 IP 打造成功的医生大都把自己的朋友圈运营得淋漓尽致！

懂得自我营销的医生不多见，更别谈朋友圈营销了。事实上运营好朋友圈的医生，他们的个人品牌一般也不会差。

不可否认医生们的确很忙，他们的朋友圈多数转发着学术内容以及行业信息，还有部分机构促销内容，一些医生的朋友圈甚至没有内容。

多数医生没有时间来运营或者不屑运营自己的朋友圈，但朋友圈营销又是微信营销传播的重要阵地。

微信是一个封闭的熟人社交体系，你在朋友圈的一言一行，你的微信好友都能看得清清楚楚，通过朋友圈打造自己，可以让你的粉丝通过朋友圈多维度的内容了解你是一个怎样的医生，提升自己的 IP 综合影响力。

朋友圈玩得好的医生，都已名利双收。有些医生可能会担心朋友圈发内容没有人看，其实朋友圈的内容只给对的人看，给价值观一致的、认可你的人看，总会有人喜欢你这种类型的医生。

我发现身边有一些医生创业朋友，机构做活动发朋友圈时，会屏蔽同行，这种做法其实没有意义，这是不够自信的表现。如果有清晰的定位，机构的市场运营动作也是不怕被别人知道的。

朋友圈是微信个人号营销的重要工具，朋友圈打造 IP 的前提条件是微信个人号的完善搭建。如果你的微信个人号完善不丰富，体验感也不好，会影响受众人群对你的信任。

我有个医生朋友，他自己组建了医生团队，有医生、医生助理、咨询师等，每个人都在运营微信个人号，共有3万多位粉丝，可以赶超一家中小机构的客户资源了，一年营业额900多万元，别看数字小，他们团队从不做网络广告，只是利用微信个人号矩阵运营，并且把这一招运营到极致。

我身边还有个朋友，她是做微商的，两部手机，两个微信号，每月收入平均在5万~6万元。每次和她见面，她都很忙，在忙着回答客户的问题。她是帮各类品牌商通过微信个人号带货，做了5年，积累了8000多位精准粉丝，并且这些粉丝可以持续为她带来收入。她每天的工作就是找产品、培训课程、发朋友圈、社群运营。

医生微信个人号信息应如何完善

1. 微信个人号名称

医生的微信个人号或者助理号的名称很关键，也是医生的定位关键词，如"医生李××""皮肤医生王××""眼部孙××""陈医生"等，微信个人号的名称越简单越容易加强记忆，降低记忆成本、传播成本，可以保留品相名称加上医生的名字，也可以直接写上全名。

对于医生微信个人号的名称需要再三说明的是，要和其他传播渠道保持统一，便于统一识别，加强医生IP在消费者心中的印象。你是否看到过明星在不同场合使用不同名字？也许你看到过明星不同阶段使用的姓名不一样。名字一定（定位）要长期使用，切忌修改。

微信名称还可以使用这些方法进行定位：名字＋定位、名字＋创始人、名字＋行业、名字＋价值。

以下方式命名的名字不要用：

（1）以A开头的微信名称。你是否见到过这些以A字开头的同行，虽然在微信通讯录中排名是靠前的，但我看了比较反感，甚至会拉黑。

（2）以关键词、一个成语开头的，比如"勇闯天涯""唯我独尊"等，这些名称一和行业无关，二和医生本身品牌也无关。

（3）以机构开头的，比如"上海小东""上海新灿"等，粉丝会选择去机构做项目、谈生意，但不会和机构成为朋友。

（4）以项目开头的，比如"双眼皮美甲美睫小夏""上海眼部"，这种一看就像是工作室，显得十分不专业。

在设置微信个人号名称时，一定要根据医生定位进行，"我是谁"显得非常重要。

2. 微信个人号头像

你的粉丝越多，你的头像就越重要。

微信头像可以是真人头像，也可以是卡通形象。很多人会采用风景照、建筑照、儿童照、动物照作为自己的头像，这其实都不符合打造医生个人品牌的原则。微信个人号是人与人之间的交流，至少从微信头像上看是这样的，而不是对着一个建筑、动物在微信中聊天。

可以用医生的卡通形象、职业照、专业照、生活照等作为微信头像，每一个照片形象表达的意思也是不一样的。卡通形象代表着可爱、童心；职业照代表了职业化；专业照代表了专业；生活照代表了亲切，无距离感。

不管你用哪种类型的照片都需高清、和其他传播渠道形象照尽量保持统一的条件。

3. 微信个人号签名

一句话自我定位，展示给你的消费者、同行，精简文字，微信签名目前是限制在38个字以内（我是做什么的，一句话讲明白就可以）。微信个人号的名称、头像及签名是医生对外的名片，是对外的定位符号，通过朋友圈营销加强受众人群对医生IP的深度认知并产生链接。

医生微信个人号完善好了，接下来就需要发布内容了，医生的朋友圈素材从哪找？在本书中有介绍方法。

朋友圈的素材类型越多越有利，因为在朋友圈推广自己，需要不同维度的内容来打造医生，让别人感受到这是一个有血有肉的医生，而不是机器在操作，内容维度要围绕定位展开。

4. 微信朋友圈背景图

在微信个人号运营中，微信个人号的背景图常常会被遗忘，很多人以为只要设置好名称和头像就行了，其实微信背景图是很重要的，可以突出你的个人品牌。

当你的微信通讯录好友看到你的朋友圈对你感兴趣，他会去点击你的微信个人号主页，先看到的就是你的朋友圈背景图，其次才是朋友圈内容。

我翻阅了我微信列表的好友，看了他们的朋友圈背景图，多数是随便上传了一张图作为背景图，这是非常错误的做法。

其实你需要把微信背景图当作一块很重要的广告牌，可以展现大量个人品牌信息的广告牌，并且是你自己的，免费的。

医生使用微信个人号建立个人品牌，千万不要把微信背景图留空，或者是上传一张风景图，这是在极大地浪费资源。

顶智王建中朋友圈背景图

朋友圈背景图要包含两个要素。

（1）**背景图片**。背景图像可以使用自己的专业照片或者生活照。建议微信个人头像和微信视频号的头像保持统一。

（2）**背景文字**。要包含你是谁（如某某机构创始人、机构院长、顶智特聘讲师等）、要做什么（定位擅长项目）、可以提供什么价值（如技术、咨询、输出定位项目内容等），如果能包含个人品牌标签最好，有数字就更棒（如帮助多少求美者变美、发表多少篇论文等）。

📋 打造朋友圈阵地

打造微信个人号，头像、名称、背景图是第一步，第二步是朋友圈如何来运营、发布什么内容、什么时间段发布等，下面一一来分享。

1. 医生朋友圈内容类型

（1）**生活类：** 医生日常生活的一些爱好照片和个人感受文字，比如喜欢宠物、喜欢游泳、喜欢运动等。

（2）**工作类：** 以工作为场景、以消费者思维为主问题和故事情节；也可以发布一些自己的手术案例对比图。

（3）**行业类：** 行业动态，好坏自评，代表你的个人情感、价值观和专业度。

专业内容在朋友圈内容中占比 80%，主要包括： ①打造真实的自己，对的见解专业解析，原创输出（专业原理分析、行业公众号、行业资讯）；②个人形象、专业团队展示；③好的产品及服务推荐（术前术后对比照片或视频）；④工作场景（打造真实感，如上班的场景、科室的场景、治疗的现状，可以是小视频、图片）；⑤客户聊天过程（如咨询记录、成交记录、顾客评价、现场小视频、收钱转账记录等）；⑥转发公众号、视频号、小红书等（选择性发布）。

生活内容在朋友圈内容中占比 20%，主要包括： ①正能量内容；②生活（一个真实的人的状态）娱乐、学习。

2. 在哪些时间段发布朋友圈内容比较合适

朋友圈发布的时间一般在用户阅读高峰时间段分享比较好，在早上、中午、下午、晚上这四个时间段发布朋友圈，早上、晚上效果最佳，特别是原创内容、引起共鸣的内容，大家更愿意去点赞、评论，甚至是激活交易变现的行为。

随着竞争加剧，可以适当避开高峰期发布内容。

一天的其他零碎时间段也可以发布，但千万不要刷屏，被别人看到造成不好的印象，导致被屏蔽或被删除微信，每次发布内容一定要加上自己的个人理解或原创内容，避免千篇一律。

3. 朋友圈每天更新多少条合适

一般我建议在早上 3 条、中午 3 条、下午 6 条、晚上 3 条就可以，每一条内容分开发布，不要凑在一个时间段发送，这样会导致用户体验感不好。每一条内容都在微信用户浏览高峰时间段发布，早、中、下、晚发布的内容（生活、工作、行业）比例可在 1:1:2:1，通过文字、视频、图片等形式传播出去。

4. 医生打造朋友圈阵地的注意事项

（1）图片、视频一定要高清，切忌模糊；文字信息一定要真实，要和自己相关，切忌直接抄袭。

（2）坚持更新朋友圈，养成更新朋友圈的习惯，定期在朋友圈刷存在感，让大家知道你、了解你，对你加深印象。

5. 坚持与朋友圈粉丝进行互动

虽然你现在已经是一位拥有十万粉丝、百万粉丝的医生，平时自己的时间根本不是自己可以说了算，针对这些事你可以安排你的助理替你完成。

与朋友圈粉丝进行互动是一个从熟悉到互相信任再到变现的过程。

如何和通讯录好友产生一些初步链接？

点赞是最有效的方式，能够以最简单、最直接、最节约成本的方式升级你们的关系。

点赞是朋友圈使用最多的表达符号，帮助了无数人想表达而无法表达的心情。点赞是一个没有什么技术含量的运营动作，但一定要在数量上、可持续性上做到位，时间一长，效果就显而易见。不妨动动手去给你朋友圈点点赞吧，是一种对别人的认可也是对自己品牌的帮助。

点赞的好处和坏处包括：①不点赞时间长了，顾客就会遗忘我们，不记得我们是谁；②不点赞顾客，时间长了，顾客会删掉我们的微信；③点赞了顾客，他会来我们朋友圈看我们，就相当于我们做了一次广告；④点赞了顾客，就相当于和微信好友见了一次面；⑤平时我们不点赞，需要顾客的时候他也没必要回复我们。

我印象中有个刚毕业的医学生，通过公众号加到我微信，成为顶智会员，之后就没有什么直接交流，但只要是我发朋友圈，他都会第一时间去点赞，几次之后我对他的印象就很深刻，我会主动找他交流互动，后来他邀请我给他的医生同学们做一期医生IP分享，我非常爽快地答应了。

朋友圈评论。在这个快节奏的时代里，大家更喜欢来点赞，但如果你能够评论，用心地评论，倒是可以在更大程度上引起对方的注意和链接。针对朋友圈进行一条互动的评论，引起对方的注意，目的就达到了。

评论的好处包括：①评论比点赞更有诚意，更容易加深顾客对我们的印象；②评论可以更加个性地赞美和关怀顾客；③评论可以推动我们更详细地了解顾客客情；④每评论一次，就是满足一次顾客的虚荣心，我们都希望别人评论我们的朋友圈内容不是吗？⑤我们的 VIP 顾客最好每条朋友圈都要评论或关怀。

6. 敢发朋友圈，敢于晒出自己

我身边有很大比例的医生是不敢发朋友圈的或者是不发朋友圈的。据我观察大概有三个原因：①不好意思发朋友圈，总觉得自己的名气小还不够突出，担心发出去被同行医生看到，会嘲笑自己；②没有时间发朋友圈，每天都忙于不同类型消费者的面诊，治疗项目，医生创业者就更忙了；③看不上微信朋友圈这个功能，拥有这种看法的医生也比较多，往往觉得自己很牛，天下所有人都要围绕他转，没有清晰地认识自己。

意识到发朋友圈可以提升 IP 影响力，却不知道发什么，或不知道如何展示自己的价值。你是否有留意到点开微信朋友圈，看到的很多都是广告，卖各种东西。还有一些人虽然不卖东西，但发的都是吃喝玩乐，美景美食，如果是这样打造医生个人品牌，显然是失败的,这些素材虽然可以让人赏心悦目,但也只能是锦上添花。

朋友圈一定要发有价值、和自身基因相关的内容。什么是有价值内容，就是利他的。什么是利他的，就是和对方有关系的，而不是和你自己有关系的，不能自嗨。

朋友圈的内容是展示自己的生活、展示自己的专业、展示自己的客户案例、输出自己的价值观，一定是真实存在的，而不是像某些网红发内容是为了炫耀。

医生们大胆发吧，也许你的个人品牌价值千万，但你从未发现过它，也并未激活它。

🧰 微信通讯录好友标签管理

当你通讯录好友数越来越多时，巧妙的标签管理将大大提升工作效率。微信标签管理有两个注意事项，一个是名称备注，另一个是标签备注。所谓的名称和标签，都是打上关键词，便于查询搜索，提升工作的效率，深度了解我们的客户人群，便于维护客户。

名称备注是针对微信好友的名字进行备注，备注的方法可以是"日期＋姓名＋项目＋状态"。

标签越细分化，价值越大，越方便微信运营。

可以按照"来源、项目、客户层级、客户生日、未到院客户、到院已消费、到院未消费、重点客户、活动客户（纠结价格）"等标签进行备注。

总　结

微信生态的工具多数是零成本投入，微信坐拥 12 亿流量。微信个人号特别适合医生打造个人品牌，从专业科普到咨询、成交等系列动作都可以在微信个人号中实现。微信个人号同时也是一个路径单一的免费客户管理工具。

思　考

1. 你的朋友圈在系统经营管理吗？

_____

_____

_____

2. 你是否计算过自己朋友圈的产出效果？

_____

_____

_____

5.5

如何运用社群提升IP影响力

本书所说的社群指的是微信群，微信社群对打造医生 IP 可以起到多种作用，是医生 IP 的重要传播渠道之一。微信社群可以与同行以及消费者建立更深的链接，提升医生 IP 影响力；多一个渠道传播可以获取更多可能性，医生可以通过社群凝聚更多的力量。

打造医生 IP 为什么要做社群营销

1. 传播成本低、客户成本低

过去机构及医生打造个人品牌都是通过各种营销渠道传播，不管再怎么降低成本，也需要很大的资金投入。而通过社群营销获取流量进行传播，则可以实现低成本甚至是零成本营销，这在之前是想不到的。

我们曾经帮助一个皮肤科医生通过社群的方式达到了月业绩 100 多万元。如何做到的呢？答案就是：通过在咨询师的朋友圈发布以及在之前积累的粉丝中传播引流项目海报，通过传播引流项目海报，一天的时间有 600 多人进群。

（1）告诉第一波消费者，如果把海报发到自己的朋友圈，当有人购买项目时，他就可以获得 20 元。就这样，600 多人分享朋友圈，带来了 3248 个粉丝。

（2）同时告诉第二波人员：如果通过你购买项目的人数达到 30，你可以赚取 500 元，再赠送一个笔记本，通过这一拨人我们帮助医生建立了 15 个精准社群。

通过这种方式获得了精准粉丝又组建了社群，用极少的费用，获得了100多万元的业绩，用传统营销理解是无法想象的。

2. 客户黏性强及成交率高

我们在做营销时，往往觉得微信个人号的营销价值很大，却容易忽视微信群的营销。

社群的作用比微信个人号作用大，不打扰对方，又可以持续为对方提供价值内容。

特别是针对不同属性消费者的群以及行业学术交流群，两种不同类型的社群有不一样的痛点需求，但这些痛点需求可以梳理出针对性内容，进行社群运营，增加社群黏性。

社群的作用有很多，很多机构利用社群形式进行线上销售，类似线下会销。有些消费者本来还在犹豫，但在社群里看到别人在购买，自己也会决定购买，因此社群更有利于批量式成交。

微信社群嫁接在微信生态链里，沟通交流比较方便，通过微信个人号和社群、小程序、视频号、公众号等，形成有效的交易闭环。微信工具的黏性超过99%的营销平台，毕竟微信里的很多功能我们都在使用，并且使用频次还非常高。

社群是医生IP传播过程中落地的一种重要展现平台，2020年新冠肺炎疫情防控期间，无论是传统企业还是互联网企业，多数会通过微信群与客户进行链接，通过社群扩大自身的影响力。

医生社群服务哪些人群

医生社群的用户画像很重要，不同的人群定位，所匹配的内容也是不一样的，从医生服务来说，主要有以下两大方向。

（1）**行业**。针对医生所属行业，以医生为主整合各类资源，整合在一个社群，进行交流分享，如行业的陈育哲教授营销群、行业教授学术交流群，这样的社群可以给医生带来意想不到的收获。在医生精力允许的情况下，可以细分行业，如学术群、运营群、营销群、咨询群、厂家群等，这些社群对医生 IP 有着很大的推动作用。细分的社群帮助医生链接消费者、行业从业者、上游厂家三方资源，大大提升了医生 IP 在行业的整体影响力。

（2）**消费者**。消费者社群是每位医生最为关心、最为直接关注的人群。消费者可以通过社群拉近和医生的距离，近距离了解医生的全面，增加信任度，从而促进之后的交易行为。

🧰 如何创建匹配人群的社群

面对两种人群建立匹配社群：行业从业者社群和消费者社群。

创建行业从业者社群相对来说比较容易一些。

创建消费者社群就有点复杂，不少外科医生是不愿意创建消费者社群的，因为外科手术项目的价格多数是定制化的，部分消费者的项目价格是不一样的，外科医生倒不希望做过项目的消费者再次回头，增加这种黏性。

对于消费者容易接受的一些医疗项目、黏性比较高的项目，可以建立属于医生自己的粉丝群，如皮肤光电类，消费者购买项目后可以将其拉入粉丝群，进行后期运营维护，这种粉丝群是变相的已付费群。

付费粉丝群才更有价值，只有真正花钱了，双方才都会重视，黏性也会高，因为双方都是互补的，医生会整天想着如何给消费者提供更多的帮助、带来更多的输出，消费者会去了解医生更多维度的内容。

付费粉丝群的运营和老会员管理运营模式差不多，通过社群运营，带来更多维度内容帮助粉丝，再次激活粉丝其他需求。

免费的引流粉丝群运营起来就比老会员粉丝群增加了难度，新粉丝群需要的第一个动作就是引流。

吸引、寻找更多的潜在消费者加入，通过各种方式获取新客户，慢慢通过营销拉入社群中，加入群或添加微信号之后，再制定引流项目等相关内容刺激粉丝需求，产生交易，成为老会员。

🧰 不同类型的社群如何运营推广

首先，任何一个社群都离不开定位、人群、内容运营、活跃度、传播裂变等，一个优质的社群就相当于一个优质的项目，运营中的每一处细节都不能缺。

（1）**社群人数**。社群创建都需要一定精准人群，那么社群人数从哪来？如果你本来就是一个自带 IP 粉丝的医生，你的第一波种子用户就有了，再通过种子用户帮助社群做一些裂变。

社群里可以通过一些优惠活动、项目产品赠送、发红包等活动活跃社群气氛。如果你要吸引新粉丝加入社群，那么你需要做一些推广动作，找到匹配人群的地方，去做一些推广，如在线下渠道、线上各渠道等各类场景中去吸引粉丝，医疗行业传统的推广方式就是得推送礼品，吸引粉丝添加微信个人号，然后再慢慢转化到社群中。

（2）**社群的活跃度**。最直接的方式是发红包，是的，你没有看错，红包越大，活跃度越高。

但社群的活跃度越高，社群的价值就越大吗？这个观点我不怎么认同，我认为优质的社群，适当的活跃是有必要的，过于活跃、一直活跃也没有什么用（刷屏）。无论社群属于什么类型，社群是要产生利益价值的，大家在一个社群中，希望可获取价值内容，比如每周邀请一个大咖来分享，而不是每天邀请。我和丽格李滨董事长发起的"新青年"社群就是如此。

社群的活跃度还要看群的类型，是新粉丝群还是老粉丝群？社群类型不一样，对于社群的期望也会不一样，至少我发现身边做好的社群，他们不怎么看社群活跃度，更多的是看价值内容是否有触达粉丝，所以他们会不定期地去一对一收集反馈。

社群活跃度是很多社群运营人员比较关心且头疼的问题，可以通过和社群人员多链接、线上线下帮助更多的社群粉丝分享的价值干货，分享社群粉丝关心且需求的内容，提高社群活跃度。价值内容加上高频次的链接粉丝，他们不会不活跃。

（3）**社群留存**。社群留存是最关键的一个运营环节，我们帮助医生创建属于医生自己的粉丝群，时间一积累，总会有不少粉丝退出群，我们也会针对这个问题进行分析。

为什么粉丝会陆续退出粉丝群？社群输出的价值不够？还是活跃度不够？

我们针对医生所有粉丝群进行赠送活动，一步一步引导粉丝和我们链接（如添加助理微信、注册会员、转发朋友圈、关注公众号、关注有赞商城等）。在社群留存环节中，为了防止丢失粉丝用户，我们在每一处细节、环节中尽可能设置更多的路径。

在用户留存中，我们要向"海底捞"学习，消费者去"海底捞"往往需要排队，"海底捞"在消费者等待过程中，除了提供基本服务外，还在思考如何和消费者进行互动，让等待的消费者不那么无聊，避免消费者流失。并且"海底捞"的服务是 360° 无死角地盯着每一位消费者的行为，根据消费者行为进行相关的互动。

虽然线上场景和线下场景有所不同，但可以参考，线下场景的路径和线上是如出一辙的。

（4）**社群裂变**。一种裂变是通过营销技术来裂变，另一种裂变是通过口碑自动裂变。口碑的裂变也就是价值的裂变，价值越大，粉丝之间越会互相传播。

社群的价值大，群友会主动帮助你拉身边朋友进群，帮助你传播，所以对社群的价值这块是比较有考验的。比如 2020 新冠肺炎疫情暴发初期，顶智先后创建了 50 多个社群，大多数社群的人数是同行拉同行，而且都是一线从业者，他们觉得封控在家需要学习、了解行业动态，社群有内容，有意思，他们自己会主动拉身边的朋友进群学习。

这就延伸到另外一个问题：社群的价值怎么判断？

我认为是基于你服务人群的痛点需求，反馈给你之后并制定出相关方案所做的行为内容，那么这样的内容就是一定有价值的，可以通过行业观察、经验判断、问卷调查等方式挖掘需求痛点是什么，提供针对性服务。并且这种价值内容还会随着你服务的人群的变化而变化，它不是一成不变的。

（5）**社群变现**。医生社群变现途径比较单一，一种是消费者有消费需求，C 端流量上的变现，消费者直接找医生做项目；另一种是行业变现机会，通过上游、知识分享、写书等方式变现。

（6）**社群管理软件**。在这里我推荐两款我们一直在用的社群管理软件，一个是 wetool（被微信盯住，针对部分功能无法使用，功能整体还行），另外一个是进群宝，各有优劣势。

总 结

一个社群不能过于活跃，也不能过于沉默，社群的价值来自贡献内容的价值，内容的价值来自匹配人群的倾好。打造医生 IP 不是自娱自乐，也不是盲目投放推广，可以借巧力。社群就相当于打造医生 IP 过程中的所有传播渠道传输内容的私域流量池。

思 考

1. 你开始做社群营销了吗？为什么？

_____

_____

_____

2. 你是否找到了适合自己的社群营销方式或者受到了启发？

_____

_____

_____

5.6

直播工具打造IP的运营法则

在互联网时代，直播是一直存在着的营销方式，疫情防控推波助澜，让人人直播成为 2020 年司空见惯的事，上到创始人老板，下到员工，纷纷进场直播卖货。

医生直播相比其他从业者直播来说更容易成功，成功的因素来自于医生的技术内容。为什么很多明星、专家直播反而容易翻车，是因为明星虽有名气，却没有形成品牌影响力。很多明星是靠着仅有的名气拿出来消耗，大家是因为好奇前来观看欣赏，名气消耗完了，也就没有了。2021 年的广告法直接把医生 IP 推向了市场前端。

明星中做直播也有做成功的并且可持续的，因为他们在拿专业直播方法要求自己，做成品牌。医生直播唯一要锻炼的就是自己的网感。

医生做直播之前需要梳理定位，只有清晰地定位，直播才有价值，直播不是一味地打市场价格战。梳理我是谁、面向的客户是谁、我可以提供什么产品 / 服务、解决消费者什么问题、可以给消费者带来什么好处等，这些都是直播和拍视频要考虑的问题。

医生们是否可以在直播浪潮中收获点什么呢？

医生直播的目的

医生通过直播形式来推广自己，目的有以下两种：

（1）**直接带货**，获取潜在消费者的销售线索，添加微信，后期慢慢转化。因为作医疗决策周期较长，很难快速下单付款，所以大部分机构直播或医生直播，多数在直播间发放优惠券、免费项目，以低价项目为主，起到低价引流的作用，无法做高客单价项目的直播活动，而且皮肤项目相对外科项目做直播更适合。

（2）**通过直播流量塑造 IP**，基于直播平台流量和自身粉丝流量，提供知识科普服务，通过直播增强粉丝和医生之间的黏性，医生可以通过各种鲜活的内容维度将自己展示在粉丝面前，持续刷着品牌存在感。

另外，需要注意做直播的出发点要明确，不同直播目的产生的目标效果也是不一样的，每一场直播都要预估目标数据。在直播结束后，一定要深度复盘，复盘时发现问题才是最大的收获。

🧰 直播要准备哪些工作

1. 直播前

直播前需要确定这场直播的定位，如覆盖人群、直播主题、直播内容类型、直播主持人、直播时间、直播传播渠道等。

（1）**覆盖人群**。你希望这场直播是给谁看的？消费者还是行业从业者？消费者要细分为新客户和老客户；行业从业者又可以细分为医生从业者、运营营销从业者。还可以根据项目进行细分，对于医生直播，由于医生所擅长的项目不一样，人群越细分，看的人也就越少，但相对来说人群越细分、越精准，转化效果也更好。一场直播下来并不一定有多少人看，更关键的是高质量的精准人数。

如果直播的目的是扩大影响力，覆盖人群就可以广泛一些。而对于医生直播来讲，更多以医生擅长项目为主，这样长期积累下来会对医生整体品牌有很大的提升。

（2）**直播主题**。人群确定后，要制定符合这一人群特征的课题，比如给消费者看的主题有"关于双眼皮你想要知道的事""2022 年流行什么美？和你有关""今日大派送，所有项目统统免费送！！"；给到行业从业者看的主题有"我们都是运营人""皮肤科医生分享皮肤项目十大项目定位"等。

（3）**直播内容类型**。通过确定的主题制定符合主题的内容类型，制定多种方案，选择比较符合主题定位、符合市场的，同时又比较接地气的内容类型。同一个主题可以用不同的内容类型进行直播，哪种内容类型直播效果比较好，我们需要在直播的过程中不断地调整测试、迭代，进行复盘，为下次直播做好充分的准备。事实上很多医生的直播都是昙花一现，没有积累，没有坚持，效果从何而来呢？

直播期间把能够预想到的场景问题通过文字写下来，打印出来，方便主持人和直播医生看，一般直播脚本要包含整个直播间涉及的语言信息。

如果没有主持人，医生一人所讲的信息就是直播脚本，这样写起来也比较容易，但也要包括开场白、活动主题、气氛脚本、引导脚本、成交脚本等内容。把能设想到的环节通过文字写下来，用于提醒、用于展现在镜头前的语言。

如果一场直播是有主持人的，需要添加一些聊天脚本设计，主持人和嘉宾的脚本要分开，两人的脚本也是不一样的，形成互补会更好。避免出现同一句话通过两个人表达出来，消费者理解的不是一个意思。

（4）**直播主持人。**并不一定每场直播都需要主持人，有些主题，医生可以自己上。如果直播间有主持人，直播气氛效果会更好一些；如果没有主持人，对于直播医生来讲是一件具有挑战性的事，就好像说相声一样，需要一个捧哏、一个逗哏。

一般建议医生做直播时主持人可以是医生助理或者是咨询师，偶尔也可以请一个跨界大咖一起参与直播吸引一下眼球，充实一下直播流量。咨询师是机构销售顾问，亲和力强，可以打情感牌，懂得如何通过什么角度去介绍项目。

而医生是医疗技术的执行者、拥护者，可以用更专业、更接地气的语言表达出来。咨询师和医生的直播组合是一场直播成败的关键。

（5）**直播时间。**分为两种时间段。

第一种是直播在什么时间开始：看直播主题覆盖的人群，研究一下覆盖人群平时看手机的时间，一般可以选择在早、中、晚直播，通过其他平台发现绝大部分主播会选择在晚上直播，晚上流量巨大。从用户使用手机频率来看，早上直播以及中午直播也是可以的，但在早上和中午两个时间段的时间尽量缩短一些，准备充分的内容。

第二种是直播需要的时间：一般建议直播时间控制在 2 小时以内，时间越长，用户流失率越高。在这两小时以内一定要尽可能多地和粉丝互动，增加干货内容输出，而不是挂机 2 小时，什么都不干。医生的直播和其他网红直播不一样，其他网红直播时间越长越有利，带货越多。对于行业来讲，行业受限，专业受限，医生直播时间无法和网红直播时间相提并论。

医生直播的内容越有价值，用户留存的时间越久，这场直播也就越有价值，粉丝流量都走了，直播就没有意义了。

（6）**直播传播渠道**。线上各类渠道平台提前预热，如电商平台、公众号、视频号、微信个人号、朋友圈、社群等，在传播时最好也分为前、中、后阶段进行预热，这样这场直播的传播就会显得比较充实全面，通过各种内容形式传播出去（如创意视频、文字介绍、裂变海报等）。

2. 直播中

直播前的准备工作非常多，也非常重要，一场直播的开始内容一定要准备充分，如果一开始就错了，后面的直播再怎么调整都是一场失败的直播。

直播环节中需要对每一处细节都做好无缝衔接，比如直播中，将相关数据截图转发到传播渠道，吸引第二批进入直播间的粉丝，并持续做好直播宣传推广。医生在做直播的过程中，及时关注直播一开始设计的脚本和营销节点，是否对应起来，如活动抽奖、引导关注、优惠券等。

3. 直播后

直播结束后，需要复盘，把直播过程中的每处细节记录下来，看看是否和一开始的设想有出入，最重要的就是数据表现，比如在线观看人数、引导微信添加好友数、医生微博粉丝数、咨询数、成交数、预约数等。

复盘是为了下次直播可以做得更好，唯有深度复盘，下一次直播才会做得更好。

直播都有哪些平台

目前从业者用得比较多的是以下这些平台，下面一一来分析。

1. 有赞爱逛街

有赞爱逛街直播产品是 2020 年新冠肺炎疫情防控期间推出的一款直播产品，基于有赞系统，优势在于有赞旗下的产品都可以打通运营。比如有赞系统的分销推广和视频号打通功能，从微信个人号、朋友圈、社群等直接进入，不需要跳出微信或下载其他 App。营销功能为拉新裂变，基于微信生态的巨大流量。如果你已经购买了有赞其他产品，比如小程序，那么有赞爱逛街直播工具可以尝试一下。

2. 新氧直播

新氧的直播功能于 2019 年上线，使用率于 2020 年得到大幅度提升。

和淘宝直播原理一样，通过店铺、个人新氧账户形成一个交易闭环，适合原本在新氧入驻的、运营得还不错的机构，这样的机构商户也有不少电商流量，通过直播再次激活，从而最快达成交易。

3. 新浪一直播

一直播是新浪微博旗下的一款直播工具，是结合微博一起运营的产品，一直播适合在微博拥有一定粉丝量的医生，原本医生在微博上就已经塑造了 IP，拥有了一些粉丝基础，可以通过一直播进行直播达到宣传、裂变等目的。

在新浪微博上做运营的医生和机构不在少数，如果粉丝达到一定数量，一直播平台是一个不错的选择。

4. 抖音直播

抖音的直播基于抖音海量的流量，确切地说抖音的直播是广域流量，适合扩大医生 IP 影响力，如果和抖音官方合作，会有一波非常不错的流量，需要一定的市场投入。如果你本身在抖音平台就积累了不少粉丝，再加上官方的助推，你的直播效果不会差。从目前的情况来看，抖音平台对本行业还是有一定限制的。

5. 淘宝直播

淘宝直播捧红了一批一线流量 KOL，淘宝拥有强大的流量资源，可以和微信流量抗衡。

如果你的所属机构入驻了天猫、阿里健康，淘宝直播这个平台可以尝试一下，可以直接为天猫店铺的商品引流，淘宝直播相比其他所有平台的优势在于它的背后是阿里流量资源，直播现场直接交易。

但作为医生人群，必须要依附于天猫店铺，才可以形成有效的商业闭环，否则很难做成交易，只能扩大自己 IP 的影响力。

6. 大众点评直播

大众点评直播原理和新氧、天猫一样，基于平台的流量给直播导流，从而促进消费者下单成交，有平台推送流量。

7. 看点直播

看点直播是腾讯旗下的直播平台，可以通过打通公众号＋小程序＋直播，用私域流量运营的方式，调动微信生态内的资源，适合强关系、重信任的推广。

8. 小鹅通直播

小鹅通是一款集品牌营销、知识产品交付，用户管理和商业变现为一体的数字化工具，顶智线上课堂用的是小鹅通知识平台，也是医疗行业第一个使用小鹅通的教育平台。新冠肺炎疫情防控期间，各行业纷纷使用小鹅通工具做培训直播，医疗行业也不另外。

通过小鹅通做知识培训，功能还是比较齐全的，比如它拥有音频、视频、直播等形式，主要和教育培训结合。

使用小鹅通做直播可以和相关的知识套餐内容捆绑在一起售卖，但做不到天猫、大众点评、新氧等平台那样垂直。

使用小鹅通平台的目的不是让消费者去下单，而是通过小鹅通平台进行培训、科普，吸引更多人添加医生微信，达到引流的作用，可以让内部资源和外部资源生成属于他们的专属二维码进行邀请关注直播。

并且小鹅通也有很多营销功能，适合视频直播、PPT 直播、邀请码、推广员等。小鹅通的属性和有赞爱逛街的属性类似，都是工具型平台，没有直接流量，需要自己去拉流量导入。

以上所有直播平台工具都需要为直播积累粉丝资源才会事半功倍，靠单一资源引流很难做成直播。

9. 视频号直播

视频号直播对医生 IP 的宣传起到了最直接的作用，关于视频号的内容在本书有专门章节进行介绍。

视频号直播是视频号里面的一个功能，给了视频号直播更多流量入口。

视频号直播次数越多，越能促进医生视频号账户粉丝的增长。视频号直播属于私域直播，效果还挺不错的，比其他直播平台更省事，通过微信即可触达精准粉丝。

直播流量从哪里来

直播的流量通过以下两种途径而来。

1. 私域流量：自带粉丝流量

医生在选择任何一个平台做直播时，医生自带的 IP 流量多少决定了这场直播的转化效果。你是否发现，越早重视自身 IP 的医生，在任何一个平台都游刃有余；但如果一个医生自始至终都没有自身 IP 流量，在任何一个平台的运营推广都很难在短期见效。

让自己积累拥有一定的粉丝是每一位医生在当下要去做的事。医生 IP 强，任何一个平台都可以给你插上翅膀飞起来；若不强，指望平台雪中送炭，你的 IP 也只会昙花一现，也许收获一时，但对自身 IP 只有减分，这也验证了马太效应——强者越强，弱者越弱的市场效应。

2. 平台推送流量

任何一个平台都喜欢自带粉丝流量的医生，都愿意和自带粉丝的医生合作，给予更多资源、适当优惠甚至是免费合作，这是我们接触了很多平台得到的反馈，能力强的品牌医生也会给平台带来不少流量，给平台带来增量，这个作用是相互的。

所有传播平台的玩法都是基于内容，内容来自于医生的技术基因，这是定位。内容是一种长期效果，所有的平台也都需要适当投入才会得到一些平台流量反馈，如果仅凭好的内容，不注重推广运营，平台上的流量也不会推送给你。

医生可以选择与某种相关人群的主播进行合作，一起直播，通过原本拥有的流量直播，为其带来更多的粉丝和转化效果，平台也更愿意给予更多的流量扶持，三方都得利。

借力各种资源，比如和厂家一起联合一些项目进行直播推广，厂家、医生、机构等各种资源一起进行全网推广，造势推广，形成口碑，促成事件营销。

一场完美的直播，需要医生、咨询师 / 助理、运营、拍摄剪辑、场控等多个工作人员共同完成。

直播团队的工作

总 结

医生做直播要像运营自己的微博一样，细水长流，直播只会成为更多医生和机构标配的营销工具，千万不要把直播平台当成流量工具，吸引了一定的粉丝就放弃直播，也千万不要有直播一场没有效果就放弃的心态。

直播的核心在于多平台打通、多平台整合，通过打造自身 IP 并让自身 IP 强起来，直播效果才会更佳，否则一个没有 IP 的医生做直播，没有流量，没有影响力，就很难做成。医疗行业做直播，我们要理性对待。

思 考

1. 你开始直播了吗？你选择的是哪种直播平台？

_____

_____

_____

2. 你是如何进行直播的？效果怎么样？对你的 IP 有帮助吗？

_____

_____

_____

第 6 章

新时期爆款 IP
公域运营法

6.1

如何在小红书可持续打造IP影响力

当我们开始在小红书平台"种草"做推广获客时，经历了太多关于小红书运营的坑。每一年小红书都会针对医疗行业推出相关规定，清理不合规笔记。尤其在 2022 年年初，小红书又发布规定，业内称为史上最严重的一次笔记清理行动。

因为行业受限，所以我们在小红书运营就变得很艰难，政策清理的、限流的都是不合法、不合规的笔记账户。但是，医生 IP 依然可以通过小红书做一些动作。

每一个阶段运营小红书的策略都有所不同。

曾和一个同行沟通说：在医疗行业运营小红书的方法套用到任何一个行业，效果都会非常不错。我让我儿子注册小红书，发布他喜欢的奥特曼卡片的相关视频，每一条视频都可以轻松破百赞，甚至是破千赞。

一个阶段一种现象。

2021 年之前医生运营小红书还会有一些效果，现在想在小红书中快速获取效果是非常难的，一方面是因为小红书官方平台限制，另一方面是因为缺乏好的内容。

小红书是什么？官方的解释是：小红书是一个记录生活方式的平台和消费决策入口，而小红书的标题是"标记我的生活"。

对于我们绝大多数人来说，小红书是一个高质量内容社区，许多网红通过小红书进行高质量内容的长期输出，赚取一定的收益。

运营好小红书比较容易，也比较难，当一个平台出现很多广告时，除了官方推出规则进行限制，接下来拼的也就是内容，没有其他多余的运营技巧。

对于小红书这种"种草"平台来说，颜值是非常重要的，可以刺激用户的点击欲望。所以图文类笔记的每一张照片都要是构图好看、清晰、光线明亮等具有美感的照片。图文笔记要多准备一些照片，第一张是封面（加上标题），其他照片上要添加亮点关键字，如对比、场景等用户关注的内容。很多用户未必会认真看文章，但是图片一定会认真看完。所以图片和标题是重中之重。发布的视频需要注意节奏感、语调清晰，封面要吸引人等（一般的调性包括活泼、开心、美、激情等）。

📋 医生们为什么要选择小红书平台

（1）小红书作为一个内容社区平台，医生们在小红书平台上"种草"，可以为医生品牌带来一定的粉丝数和曝光度，如果是医生创业机构，可以在小红书上"种草"，用电商平台承接流量。

（2）从用户体验的角度来说，在小红书上"种草"，用户不反感，这也取决于小红书平台的使用场景，贴近生活场景，比如可以鼓励我们的消费者进行"种草"。

（3）从用户人群来看，使用小红书的人群中，女性占大多数，比较符合人群定位。

📋 如何开始做医生小红书账户

1. 医生定位
医生定位如果没有做好精心准备，医生账户肯定是混乱的，如医生的账户名称，医生的内容定位、简介定位等。

2. 内容类型
图文"种草"是最常见的一种内容展现形式，视频也比较直观，各有优势。矩阵中的账户类型一定要具备真实的内容特征，以真实分享为主。这样的内容，小红书官方才会给予一定的流量推荐。

（1）**医生分享内容**。没有干货的文章，用户基本上不会点开。而医生种草的文章是知识性比较强的，它可以是一篇碎片化的笔记，最好还是通俗易懂。对于内容方面，与所有线上渠道一样，想要有效果并且是长期的效果，一定要坚持输出原创并且是对消费者有价值的内容。

什么是种草文？种草文的用户心理逻辑是什么？

种草文，顾名思义就是给别人深度分享解决某种问题的好方法、好技巧，或者某种方法的小技巧，是给别人强烈推荐某种东西的文章。往往里面夹杂着很多表情包、小符号、网络词汇甚至是火星文等，语言风格也很通俗、比较口语化，也不会有很长的篇幅，一般几分钟就能看完。就像跟朋友聊天一样，具有很强的互动感，更类似于手账。

用户在查看这些笔记的时候，是轻松的，并且会带着很多疑问看完。虽然短视频是主流以及发展趋势，但是图文类的仍旧是很多人深度查阅的主流，优质图文的长期效应也会相对比较长。小红书内的优质图文的累积阅读量会随着时间推移不断得到推荐，是非常不错的长期打造IP的好阵地。

（2）**准备匹配内容**。通过医生定位，撰写多维度、全方位的内容脚本，从医生内容库中选择适合在小红书平台上发布的素材，也可以通过小红书分析相关关键词的内容，通过搜索框，你会发现什么样的内容比较受欢迎同时又贴切医生IP。围绕医生擅长的项目、主推的项目写脚本、拍视频。

（3）**笔记类型**。小红书中的笔记类型分为图文笔记和视频笔记，我们帮助医生打造IP时，一般建议以视频笔记为主，图文笔记为辅，比如每周更新3~4条视频笔记，图文笔记可以更新1条。视频笔记更符合医生IP的定位，消费者可以直接通过视频镜头了解医生，有助于提升医生品牌影响力。

我们合作的几个医生创业者都问过我这个问题：对于更新频率是保持日更新好还是周更新好？我的回答是：如果有时间尽量保持每日更新，如果没有时间，每周更新3~4条也是可以的。

（4）**内容展现形式**。一般建议竖屏展现，无论你是横屏拍摄还是竖屏拍摄，都要确保竖屏展现，可以最大范围展示给消费者。

3. 拍摄剪辑

拍摄的视频需要医生真人出镜，部分医生是不善于在镜头面前讲东西的，有些医生愿意培养自己的镜头感，有些医生干脆不参与。不参与拍摄口播的医生很让人头疼，没有素材可发，只能发一些案例或其他照片、视频，缺乏"人"的视频。

愿意口播的医生中，部分医生又显得比较专业，讲的内容消费者不一定能懂，这让医生和助理都很头疼，只能在医生IP这条路上磨练自己，让自己慢慢适应现在的市场。

医生做小红书平台运营时，应该放弃那些特别专业的内容，翻译成大白话再和消费者讲，加上小红书平台的综艺符号、语言、色系，这条视频就可能会被更多人看到。

拍摄之后，剪辑的视频需要保持高清品质，上传到各大传播渠道，可以通过 QQ、百度网盘、企业微信等进行传播。如果是微信互相传送，视频会有压缩，导致模糊，影响用户体验。剪辑软件有剪映、创客贴、美图秀秀、稿定设计等。

4. 运营小红书的四个基础元素

想要在小红书平台运营得好，封面图、标题、描述内容、话题标签这四个基础元素是很重要的。下面一一进行拆解。

（1）**封面图**。建议每一张内容封面图尽量都是原创的，如果不是原创封面图，会被小红书限流。封面图是消费者第一眼会看到的，封面图在小红书整个运营流程当中权重最大，我们需要在封面图上多下点功夫。

封面图上要注意突出人物主体、封面背景干净清晰、有核心关键文案、封面元素简单不杂乱。

（2）**标题**。小红书封面标题和上传视频时需要填写的标题可以是差不多的。

取标题可以使用以下七点技巧：

- 采用疑问句、直击痛点的标题（痛点式提问）。
- 描述过程吸引用户好奇心。
- 巧用数字（如时间数字化、企业数字化、效果数字化）。
- 干货盘点归纳。
- 借助热点，标题中点出关键词。
- 戳中用户情绪引发共鸣。
- 巧妙运用对比和转折。

标题要简单、精练、提取核心关键词、突出重点、不废话、不多余、不无关痛痒等，切忌使用短标题，最好是分段式标题。

标题是决定用户是否有兴趣看以及是否会有更多用户关注的重点因素。因此在取标题的时候，一定要能够引起别人的兴趣，或者引起共鸣。有非常多精彩的标题可供参考，在短视频平台中搜索关键字后点击"最热"即可查看，该方法适合小红书、抖音、视频号等平台，各平台选题、标题可以参考本书其他章节的内容。以下八类起标题的方法是比较常用且好应用的。

1）反问式。"你是否"+用户共鸣（如：你是否真的打对水光了？）。

2）结论型。"怎样"+惊艳大众的事（如：怎样40岁保持20岁的脸）。

3）提问式。症状/病名+"怎么办？"（如：得了顽固型眼袋怎么办？）。

4）结论式。"揭秘"+惊人的行业秘密（如：揭秘热玛吉假货水货的真相）。

5）思考型。"长期"+危害/好处（如：长期不吃淀粉的危害）。

6）解决问题型。症状+"几招解决问题"。

7）总结型。结果+N个方法（如：普通人打造美女氛围的三个思路）。

8）专题型。挑战+某某行为+数字（如：挑战与100个帅哥合影）；或者让××崩溃的+数字+行为（如：让医生崩溃的100个瞬间）。

（3）描述内容。 上传视频时需要填写描述内容，这些内容要和视频中讲的内容一一对应，当消费者因为封面很有吸引力，点击进来看视频，看完视频还可以顺便看一下视频的描述，这时描述内容就起到了一定的作用。描述内容要有一定的逻辑展现，和视频逻辑一样，如"1、2、3……"等，描述内容里要包括标题关键词，便于消费者在小红书中搜索时可以找到这条笔记。

（4）话题标签。 话题标签也就是关键词，是这条视频所讲的内容涉及的关键词，之前只能添加一个，现在可以添加多个相关话题标签。

比如医生IP账户经常添加的话题是"你尝试过YIMEI吗""拯救敏感肌""光子嫩肤""欧洲之星Fotona4D""抗衰老"等，视频更新添加话题的作用，是希望可以在话题里得到更多的曝光度。

5. 小红书账户运营策略

在小红书中运营可以采用营销矩阵的方式，以医生主号为主，注册几个小号为辅，小号的角色可以是咨询师、消费者、员工等，小号账户越多越好。

机构账户目前无法注册小红书企业账户，大都是以邀请的形式入驻。2021年8月小红书推出了专业号，分为企业号和个人号，目前行业尚不明朗，等待开放。

6. 运营数据

小红书内容能否上首页热门是由"收藏率+点赞率+评论率+转发率+涨粉率"这五个维度的综合评分来决定的，综合评分决定了你的作品是否受用户欢迎。

关于运营数据有以下几点需要注意：

（1）不要隐藏笔记。

（2）不要删除笔记，特别是数据不好的笔记。

（3）不要刷笔记的点赞、评论数。

（4）不要买粉丝数。

（5）不要主动私信别人微信、地址、电话。

7. 关注官方账户

在运营小红书账户时，我们要随时关注小红书官方账户所发布的运营技巧，比如直播薯、薯管家、小红书创作学院、校园薯、日常薯、薯队长、视频薯、生活薯等账户。我们发布每一条小红书笔记时，也可以选择性地 @ 官方账户。

总　结

小红书对于持续输出原创内容的医生们来说是一个好的传播渠道，小红书对于内容价值特征和视频号的价值输出如出一辙。所谓的价值是围绕用户的，为用户着想的，只有真正有价值的内容，才会获取更多的关注，才会被平台算法推荐。

思　考

1. 你开始做小红书了吗？效果怎么样？

_____

_____

2. 小红书和其他传播渠道有什么不一样吗？你发现了什么？

_____

_____

_____

6.2

如何运用大众点评打造IP

大众点评平台通过这么多年的行业积累，已经成为很多机构获取流量的主要平台之一，并且大众点评获取流量的质量相对较高。

那么大众点评和医生有什么关系呢？

回顾大众点评进入行业这些年，从一开始一起参与电商价格战、忽略医疗安全，到不断地被媒体、政府所监控，再到慢慢回归医疗本质，开始一切基于医疗行为进行运营推广。

我曾和不同城市的大众点评BD有过沟通，什么样的机构在大众点评做得好并且更长久，得到统一答复就是——医生技术好且稳定的机构。

大众点评入驻机构的类型包括医生机构、渠道机构、连锁机构。医生机构和连锁机构相对好做并且长久，渠道机构相对来说较乱且不稳定。

我们可以通过大众点评首页找到"医疗美容"板块，板块下面有更多的民营机构，民营机构的医生更多是嫁接在民营机构下面，也就是如果你不是公立医院的医生，你在一家民营机构上班，要挂靠在这家机构，才可以被展现出来。

以机构为主体入驻大众点评，在"医生团队"板块展现，入驻后就会展示医生个人主页，需要在后台完善以下资料：

（1）**基本资料**：擅长项目、医师荣誉、服务人次、接诊率、评价数等。

（2）**医师账户内容**：医师服务（医生能做的项目）、医师分享（文字更新、视频更新）。

医生账户生成后，要定期围绕医生进行文章更新和视频更新，可以让消费者在前端随时了解这位医生各种动态，内容一定是围绕医生定位展开的（当作小红书医生账户运营）。

➕ 通过点评笔记为医生 IP 曝光度

（1）注册多个大众点评账户发布医生的多维度的内容，如医生的自我介绍、医生擅长的项目、医生的其他生活状态等，这些内容都可以进行"种草"。通过多种维度把医生展现在消费者面前，点评笔记是点评内容营销中非常重要的一个因素。

（2）达人"种草"。一般我们会和大众点评官方合作或在别的平台请一些达人体验项目后进行"种草"，"种草"内容也是包括医生名字以及医生所擅长的项目。

（3）鼓励真实消费者在大众点评上写"种草"笔记，可以给予消费者一定的项目优惠。

消费者通过小红书、微博、B 站等平台了解医生的相关信息，最终会选择在电商平台进行咨询下单，达成交易。

将内容"种草"和电商交易进行结合，对于目前行业来说，大众点评是一个不错的平台。

我们曾辅导一家医生创业机构入驻大众点评，没有投入一分钱，通过种草笔记，积累 3 个月，平均每月有 50 万元的业绩，把内容在大众点评上做到了极致，但凡一个潜在消费者在当地打开大众点评，经常可以看到我们给消费者"种草"的笔记。

这是一件看似容易的事，但很多机构和医生没有意识到这个问题，一味地对外寻找"武林秘籍"。

总　结 ⟩

内容营销已经成为所有渠道重视的板块，鼓励消费者为机构、医生推荐，形成内容裂变，如果你有机构或在机构上班，不妨试一试这个渠道。

思　考

1. 假如你是医生创业者，可以尝试通过点评笔记打造医生IP。

_____

_____

_____

2. 假如你是公立医院的医生，可以尝试对接入驻大众点评。

_____

_____

_____

知乎是IP传播的最佳内容阵地

知乎是一个真实的、质量比较高的、优质的在线内容社区，这是笔者给它的定义，知乎的 SEO 流量每天有 160 多万~280 多万次的自然流量，排名极为靠前（在百度搜索平台上），百度早在 2019 年战略投资知乎，让知乎这个平台变得更有想象空间，两家平台的结合，匹配资源也更为丰富。

知乎流量分析

大多用户在知乎上分享着自己的经验和见解，有很大一批用户愿意到知乎平台上寻找高质量的内容解答。在其他地方找不到答案的，在知乎上可以找到最新、最全的知识论点。

有哪些医生在知乎上

知乎上的医生，绝大部分都是优秀的中青年医生，他们受教育程度高，技术好，医品好，他们也愿意在知乎平台上分享更多的知识信息。目前在知乎上你可以找到"眼科医生""口腔医生""皮肤医生""骨科医生"等，各类医生在知乎上都有。

医生怎么玩转知乎

知乎是一个集问答内容的高质量内容社区，通俗可以理解为"百度知道"的升级版，多了一些功能，如果你会玩"百度知道"，知乎的玩法有点类似，制定关键词、收集问题、不断地堆长尾内容，获得更多关注。

医生知乎账户的运营，需要操作以下几点。

1. 整理关键词及长尾标题

首先，整理医生擅长的项目关键词、不同组合项目关键词，关键词越多越好；其次编辑以关键词为主的长尾标题，用于在知乎平台上覆盖，通过自己做知乎覆盖以及在别人账户下运营标题，关键词越细分、长尾标题越窄，越容易找到细分领域的目标用户。

1　如何看待澳洲熊孩子酒店内涂抹粪便致千人感染？

🔥 3875 万热度　📤 分享

2　有哪些让人一眼就喜欢的全面屏壁纸？
对了对了，要全面屏的，最好是那种 xs max 的

🔥 2303 万热度　📤 分享

3　你听过最残忍的诗是什么？

🔥 1370 万热度　📤 分享

4　拉萨真的值得去一次吗？

🔥 1085 万热度　📤 分享

长尾疑问关键词

2. 完善医生知乎账户基础资料

知乎个人账号学历认证入口为 https://www.zhihu.com/account/verification/management，打开该页面后选择"学历认证"，填写完个人信息后提交即可。注意，知乎的学历认证仅针对硕士及以上学历。

认证过多学历之后还需要完善医生形象、个人介绍、标签等信息，并有计划地进行内容产出。

3. 如何推广医生知乎账户

（1）发布问题时，添加关键词标签，知乎首页的热榜问题就是调取的标签关键词，会有热榜入口的自然流量进来。

（2）在知乎上也可以发布硬广内容，可以自己购买知乎账号进行操作，也可以找人回答，然后去观察排名情况，类似"百度知道"早期的做法，一问一答（你的用户并不一定知道这是你自己操作的）。通过一定数量的长尾标题也可以达到关键词精准覆盖的目的。

（3）针对之前整理的医生擅长项目的关键词，通过在知乎平台上搜索并关注关键词话题，选择相关问题进行认真回复，文字越多，内容越真实，还要图文并茂，这样知乎用户才会给予你更多的点赞和评论。

（4）在知乎热榜入口选择排名 10~30 的问题，引导到自己的知乎账户。

（5）在医生账户签名中留下公众号、个人号，在每一次回复内容的时候，留下悬念，引导用户到公众号后台回复等。

（6）跟着大 V 回答。这是一种提升账户权重、增加曝光度的方式。因为大 V 的粉丝数多、大 V 的账户权重高，可以和你认可的大 V 进行对话，主动出击，私信他，表达你对大 V 的热爱、做自我介绍、诚恳提出需求、在大 V 的评论区进行内容互动，经常刷存在感，大 V 就记住你了。在大 V 拥有的线上资源（如社群、知乎账户、公众号、视频号等）中进行互动交流，这是一种成本较低的营销方式，通过别人账户提升自己账户的曝光度。

知乎可以作为一个单一的平台来运营，也可以和其他传播渠道进行组合运营，如知乎和公众号、知乎和微博、知乎和微信个人号等。这样组合所带来的效果大于单一平台的运营。千万不要把知乎当作单纯的流量平台来使用。

医生知乎账户要传达的是在某一领域专业、全面、深度、创意的内容，而不仅仅是引流的垃圾内容。另外，抱歉地说，知乎不是流量平台，没有办法帮你快速获客，它必须要深耕细作。

近几年知乎开始在医疗路上进行商业变现，走着和微博一样的路线，充值、投放、官方给予流量。目前来看，少部分的大型机构在知乎上投放较多，中小机构基本没有投放，甚至都没有开展知乎平台的业务。知乎在所有渠道中是非常重视干货内容的一个社区，和行业一心求流量完全是两种风格。

总 结

　　在知乎平台运营医生账户，除了推广运营技巧，还有一项较为重要，就是优质的内容。知乎平台上的回答都是非常多的文字信息，知识体系非常广，很多回答者都会把自己的亲身经历通过文字表述出来。所以知乎的内容一定包含这几个元素：价值前置、自己的故事、干货盘点。

思 考

1. 你有自己的知乎账户吗？运营得怎么样？

_____

_____

_____

2. 你是怎么看待知乎和微博的？

_____

_____

_____

6.4

搜索引擎是IP品牌保护墙

很多从业者可能会问，现在还有人做搜索引擎吗？不都是新媒体的天下了吗？

我曾和一个微博医生大咖交流，他在全国也有几家机构，他和我说到，他曾组建了 5 个人的团队专门做网站搜索引擎。

我问为什么，他说："这是一种成本最低的方式，也是一个可持续的推广方式，它可以长期为我带来口碑收益。"我问他现在 SEO 还有效果吗？他说："我们一直在讲口碑营销，但口碑营销不局限于线下，口碑营销也表现在搜索引擎等渠道上，即使流量分散，但搜索引擎口碑维护得好，依然可以承载其他渠道的流量入口。"

即使搜索引擎的市场份额下滑，使用人数下降，但搜索引擎依然是一个很重要的平台，依然是消费者不可缺少的一个查询了解医生的工具，并且医生相关信息在搜索引擎平台上也有很多是正面或是负面的，这些信息直接影响消费者的判断。

搜索引擎有着自己独有的平台基因，可以帮助医生 IP 内容进行全网覆盖，对于消费者了解医生信息，它是一个不错的选择。搜索引擎平台就相当于医生 IP 的围墙，我们需要通过搜索引擎平台把医生 IP 保护起来，不受别人的侵犯。一次侵犯，你的流量和品牌就会跑到别人那里，一条搜索引擎中的负面信息，需要很多条正面信息来冲抵。同样，搜索引擎无法给医生 IP 带来立竿见影的流量效果，它只是起到了查询和了解的作用。

但搜索引擎的口碑需要重视，否则即使医生 IP 前端打造得再好，假如前端的搜索内容不被重视，就有可能会被别人截胡。

大部分医生在选择网名和个人介绍描述时都很随意，没有占位关键词的意识。很多人会直接把自己的真名作为网名，但别人很难通过真实姓名记住你的专长，但如果把名字与你的科室、技能或爆品关键词组合起来成为一个标签词，最终传递给用户的就是你是某方面专家的信息，也可能给你带来更多的自然流量。

除此之外，很多平台都有搜索功能，可以多布局一些关键词，与自己名字联系起来。这样做有两大好处，一是用户在搜索时，我们的内容容易排在前面；二是随着内容的增加，同类的关键词越多，平台给我们的标签越清晰，推荐给用户就越精准。

具体做法包括：找到搜索流量较大的关键词，关键词可以分为部位名称、项目名称、典型症状、品牌名称、医生名字、用户习惯搜索的词等。同时我们也可以多关注一些在平台上很少提及的名称，因为这类的内容少，可能更容易获得平台的关注和推荐。我们就曾凭借"卧蚕"一词，帮助医生获取相对稳定的免费流量。

🧰 搜索引擎都有哪些平台

搜索引擎平台包括百度、360搜索、搜狗、谷歌等，我们用得较多的是前三种搜索平台，这三种搜索平台中百度和360搜索使用更多。

还记得"3B大战"吗，就是关于百度和360抢夺搜索市场引起的网络资源战争，最终360抢夺了搜索引擎16%的市场份额。

搜索引擎中还包含了社交搜索、电商搜索，如微博搜索、微信搜索、淘宝搜索、京东搜索、今日头条搜索、抖音搜索等，比较细分化，只要是内容积累过多的平台，都具备搜索功能。

从早先的电脑端搜索转移到移动端搜索，电脑端搜索入口和移动端搜索入口都需要重视，毕竟现在移动搜索更为方便。

那这些搜索平台和医生IP的传播有什么关系呢？

1. 综合搜索引擎（百度、360）

如果医生个人品牌想做持续、想在搜索引擎上更丰满一点，可以制作一个医生官网，官网是你在搜索引擎中输出信息的唯一官方窗口，有电脑端网页也要匹配移动网页。

医生的个人网页制作相对来说较为简单，无论是框架还是内容肯定没有机构网站那么复杂，所以在网页制作的费用上也不会那么高，可以找身边做过的朋友制作网页，或者到淘宝上搜索查找制作网页的店铺。

网页制作好后，往往需要进行简单的 SEO。在页面标题中放入医生定位的一句话内容和医生的名字，便于在搜索引擎上通过查询关键词即可搜索到相应内容。

相对 SEO 还有一个步骤是 SEM（search engine marketing，搜索引擎营销），也就是花钱购买自己的关键词，保护好自己的关键词品牌。

如果你的 IP 够强，流量够大，建议投放自己的姓名关键词，把自己的姓名关键词保护起来，不受别人的侵占，这样你的流量就是你的，不会被别人分流。

2. 社交搜索（微博、微信、小红书）

社交搜索是具备一定的互联网社交功能的社交搜索平台，关注微博、微信及小红书三大类平台即可。微博载体给医疗行业的医生带来了不少流量，也扶持了不少医生 IP，这是一个非常重要的渠道。

而大多数医生并没有把微信公众号做起来，只是做一个内容载体，和视频号结合起来运营。小红书也是一个内容聚集地，小红书内容生态里包罗万象，同样有着搜索功能。

通过微博搜索、微信搜索、小红书搜索，可以快速获取社交平台提到你的相关信息，既有正面的也有负面的。

医生越知名，被社交平台提到的内容就越多，所以这三大平台要经常关注。不定期地去搜索医生的名字，看看在传播内容和方向上是否正确，是否有消费者在社交平台问一些问题或是发一些负面信息，要第一时间出来互动解释。

任何一个平台的负面信息，在一定周期内都会对医生 IP 有着长期的影响。

3. 百度产品（百度百科、百度知道、百家号）

百度的产品比较多，对医生 IP 传播有帮助的有百度百科、百度知道和百家号三款产品。

加强医生名字和医生擅长专利项目在百度百科平台的创建。

175

市场上有很多平台的百科，做几个主流的就可以，如百度百科、互动百科、搜狗百科等。

一开始创建百科很容易，可以随意包装撰写内容，但近几年对于医生百科的创建，平台审核更严了，需要提供各类医生资质，并且不允许添加医生其他包装内容，现在的医生百科内容创建相对来说比较单一。

创建医生及项目专利百科的途径如下：

（1）淘宝。找万能的淘宝，搜索"百度百科、创建、词条"等相关关键词，大都在几百元一个词条。找一个级别高一点的百度账户去创建词条，中途可能会来回修改几次。市面上有很多做百科词条的，大都收费在几百元到几千元不等，如果你有高级账户去创建，这些费用就可以省去，若觉得麻烦，就花钱请别人帮忙做，因为这是一劳永逸。

（2）百度知道。百度知道属于问答体系，最早在问答做营销推广时，效果非常好，一问一答，模仿第三方身份操作问答。现在可以持续作为医生IP传播使用，一般建议用提问句的形式，提出消费者关心的问题并回答，而且要可持续地操作下去，不要今天做一下，明天就不做了。定期发送、定期维护，在百度知道上随时保持医生IP的新鲜度，这个操作难度相对低一些。建议找外包团队，性价比更高，因为自己去做细节比较多，会遇到账户等级、同一个IP地址限制等各种问题。

（3）百家号。百家号是百度自己的自媒体平台，和今日头条一样，用于吸纳更多的内容创作者。医生可以创建自己的官方百家号，有助于将定位好的内容进行传播。

以上三个平台都是百度旗下的产品，百度会给予这些产品较高的权重排名及流量展现，较容易获取排名。所以在医生IP传播渠道上，这三个百度产品可以尝试操作。

4. 第三方新闻媒体网站+转诊网站

通过一些第三方新闻媒体网站发布含有定位好的关键词内容，获取关注排名。

市面上有很多类似平台的公司，把这些媒体网站整合在一起，方便使用，而不需要一个一个地去找，你只需要找一家第三方搜索整合平台就行。可以在搜索引擎中搜索"媒体网站"等关键词进行查找。

大多数这样的公司，他们会给你开通后台，在后台充值一定的费用后可以选择你想要发布的媒体，如新浪、腾讯、网易、百家号、今日头条等，高质量的、低质量的、便宜的、贵的，都有。在这些媒体中发布信息并不难，关键在于内容、标题、媒体平台三合一。

有一定品牌的机构和医生都会去做第三方媒体发布，一是增加媒体曝光度，向消费者传达"你看今日头条、搜狐、腾讯等媒体都报道了这位医生，说明这个医生技术和名气还是不错的，值得信赖"的信息；二是增加搜索引擎的排名，内容方面可以发布自己的产品专利、产品功效、医生背书等信息。在搜索引擎上搜索医生关键词、项目专利词等都可以在首页中找到。

医生如果在机构工作，还可以通过第三方转诊网站、自媒体平台免费帮助宣传，医生的多维度内容对第三方转诊网站有帮助，他们也需要，医生的品牌内容传播也就多了几个平台，何乐而不为？外在渠道多多益善。

总　结

搜索引擎无法给医生 IP 直接带来客户流量，但可以带来长期的客户口碑效果。系统地覆盖相关内容，让正面信息通过媒体传播出去。

思　考

1. 你是否尝试过在百度等搜索引擎平台上搜索自己的名字？

_____

_____

2. 你是怎么理解搜索引擎的？你觉得搜索引擎和你的 IP 有关系吗？

_____

_____

6.5

通过哔哩哔哩深度打造IP

哔哩哔哩，简称 B 站，是国内知名的视频弹幕网站，也是中国年轻人聚集的文化社区，故也被称为 Z 世代乐园。B 站目前拥有动画、番剧、国创、音乐、舞蹈、游戏、科技、生活、娱乐、鬼畜、时尚等分区，并开设直播、游戏中心、周边等业务板块。B 站有最及时的动漫新番、最棒的 ACG（animation、comics、games，动画、漫画、游戏的总称）氛围、最有创意的 UP 主。

近年来，B 站屡次"破圈"，逐渐成为 Z 世代聚集的主要平台，年轻人在这里追番看剧，跟着 UP 主学习、看世界。

首先我们要明白，当代年轻人最突出的特点就是个性非常鲜明，排除特效剪辑等技术问题，我们要想做好一个视频，最重要的是内容。

那什么样的内容更受用户欢迎呢？

B 站原生态是根据喜好进行创作的，每个人的喜好差异性极大，没有绝对正确的创作内容。从初期的东方、动漫、二次元，到中期的游戏、舞蹈、鬼畜，再到如今的科普、直播、娱乐。每个阶段都是顺应用户喜好的自然发展，没有绝对优秀的内容，只有用热爱不断发电的 UP 主们。

自我定位和账号初建

认清自己非常重要，任何一个传播平台都是如此，想不明白自己是谁，什么 IP 都和自己无关。

建议在更新内容前，首先要梳理医生的关键词，除了医生之外，还有哪些特质。千万不要去模仿别的网红医生，要找准适合自己的风格，记住——

虚假的人设一定会翻车——这个道理,用心和真实在当下这个时代显得弥足珍贵。

作为一个医生,首先要确定的必然是医生擅长领域的垂直方向,除了要树立专业形象外,形象立体也尤为重要。由于医生是特殊群体,专业始终是最重要的,因此我们要以专业为核心,再找到另外一到两点作为次要侧重点进行打造。我们要打造的不仅仅是一位专业的医生,更是一个生动的、真实的个人,真实的自媒体形象,就是让自己接地气,这也是在 B 站进行传播的关键因素。

在明确定位之前,建议先问自己如下 8 个问题,将这些问题的答案结合起来就是最终的定位。

我显著的价值是什么?

在患者眼中,我最大的优势是什么?

在医生职业生涯中,我最引以为傲的成就是什么?

我的医疗特色技术是什么?

我有哪些容易引起别人注意的个人特质?

我在视频分享中有什么特长?

我能否持续不断地保持更新?

我的风格最适合哪个自媒体平台?是否要做自媒体矩阵?

找准自己的定位后,从名称到头像,从个人简介到内容,都要围绕着定位来。

1. 取名

自媒体账号名称是非常重要的,如果最开始名字没起好,等到运营一段时间后改名,付出的代价巨大。B 站不同于微博、知乎和小红书,那么 B 站取名有哪些技巧和需要注意的地方呢?

关于 B 站,特别推荐三种取名模式。

(1)定位 + 昵称。定位可以是 B 站分区,也可以是相关领域,比如你的昵称是 Tony,你是一个牙医,那么你可以叫牙医 Tony 或者口腔科普Tony,这种比较普通,但也不会出错。

（2）特点＋昵称。特点可以是形象，也可以是性格特点，比如你的特点是温柔，那么可以叫温柔牙医Tony；或者特点是不同寻常，就叫不同寻常的牙医Tony；或者其他你觉得比较有特色的名称也可以。

（3）个人品牌＋昵称。比如口腔正畸博士Tony，很明确地阐明了自己的定位，或者北大／华西牙医Tony，也都是非常鲜明的名字。

2. 头像

由于医生职业的特殊性，因此建议要么用个人工作照，要么设计专业形象漫画作为头像，不推荐用毫无关联的图片作为头像。

3. 个人简介

个人简介要包括如下内容：

（1）我是谁，我是做什么的。

（2）我能给你提供什么样的价值。

（3）作品内容有哪些。

尽量用3~4句话表达清楚上面三方面的内容，个人资料用最突出专业的履历，毕业学校＋学历／公立医院职称＋访问学者／认证医生／最突出奖项，最后配上一句自己做视频的目的，这句话可以轻快俏皮一点。需要注意的是，不要在B站中留下自己的联系电话或者微信账号。

视频内容

设置好账号的基础之后就可以开始更新视频内容了，在拍摄之前要提前写好脚本，中间需要添加的素材、是否有多场景等细节都要提前确定，视频时长在2~4分钟为最佳，时长太短更适合娱乐搞笑类短视频，时间太长现在的人很少有耐心看完。因此，如果有的话题实在需要长篇幅来阐述，可以分集进行呈现。

1. 内容形式

以口腔行业的医生IP为例，其内容形式如下：

（1）口腔科普。最常见的内容形式就是口腔科普，主题可以是一些常见的口腔健康话题，如矫正为什么要拔牙、牙周炎的预防和治疗、牙套脸的成因分析，等等。结构可以按照总－分－总的结构来写脚本，比如先抛出一个问题，引起大家的兴趣或者担忧，再解释出现这个问题的原因和分析，最后强调自己在这方面的建树或建议，来化解担忧，凸显自己的专业和经验。

另外也要随着 B 站的风格，适当增加一些鬼畜、名场面的素材，整体风格保持轻松愉快为主，但要把控好度，以专业为核心，以免彻底沦为泛娱乐风格。

（2）案例讲解。现在线上消费者被灌输了一个理论，就是理性选择医生，要看医生的专业背景和经验，因此讲解病例是非常凸显专业和经验的，而且分享各式各样的案例，能让同类型的消费者找到与自己相似的案例，增加认同感。

拍摄时要选择效果明显、具有代表性的案例，从最初患者的医疗情况、主诉、最初沟通方案的细节开始，到方案的设计、中途复诊的故事，到最后效果的呈现、对比，使用画中画的格式，最后针对此类案例进行总结。

（3）患者采访。采访真实的患者是从另外一个角度来证明医生既是专业的也是经验丰富的，从患者的角度来分析更加贴合普通患者的心理，因为可能有相似的心路历程，因此更容易接受和被说服。选择喜爱分享、表现自然的患者，患者分享的内容以真实体验为主，采访拍摄患者前，需要提前沟通，围绕为什么要做这种治疗、为什么选择在这里治疗，以及治疗的过程和感受（遇到的困难），最后以带来了什么样的改变和治疗的好处作为结尾并拍摄。

（4）诊所相关。除了以上三点，还可以分享诊所点滴。站在普通消费者的角度，大家会对诊所其他的职责分工、后期消毒除菌、产品的制作流程、医生和护士工作外的日常感兴趣，以轻松愉快的氛围来拍摄诊所的日常。

2. 拍摄剪辑

有条件的诊所最好聘请一位专职的视频拍摄和剪辑人员，用常规 Vlog 的微单相机，配上麦克风和灯光；没条件的就用手机加上一部云台也可以，自己用简单的剪辑软件进行剪辑，可以靠内容取胜。

标题和封面

不要做月更、年更博主，每周产出 1~3 条内容为佳，持之以恒的更新是自媒体成功的关键因素。

封面和选题要统一，只有用户点进你的主页能够一目了然你的风格、领域，建立了长期价值才能让大家对你产生期待。B 站的首页可以展示 4~8 个视频，你的视频简介会被折叠，用户第一眼看到的是你的封面，因此封面上的内容和封面图尤为重要。

然后是你的标题前 8 个字是否足够有噱头，要知道 B 站的受众大部分是 16~24 岁的年轻人，标题一定要足够有趣、吸睛。

封面设计如果有专业设计师，则最好定制符合要求的；如果没有专业设计师，可以通过"图怪兽"这类平台找到适合的模板套用。

如何推广运营 B 站

1. 了解 B 站各项机制和规则

作为年轻人的平台，内容质量是吸引浏览的核心关键，想要做好高效引流，首先要做到以下几点。

原创： 在自媒体平台内容同质化严重的时代，每个平台都希望创作者创作优质的原创内容。

优质： 内容是原创的，但并不一定是优质的，需要我们用心地去加字幕、加特效，构思视频的框架，优化观看感受等。

不违规： B 站对于违规内容的处罚是很严格的，注意不要出现反动、违法、色情、暴力、恶心等的内容。

真诚： 真诚是现代社会的奢侈品，不要故意用一些诱惑的图片和激进的文字去吸引人，内容完全和标题封面是两回事，让网友觉得受了欺骗哪怕赚到了点击量也是捡了芝麻丢了西瓜。

与此同时，我们还要明白 B 站的推荐机制。

阶梯推荐： 发布的内容通过了审核就会被推送到一个小的流量池，如果第一次推送，观众和视频的互动很强，比如有很多分享、评论、点赞等，系统就会认为该视频比较优质，就会推送到下一个大一点的流量池，反之则停止推荐。

热门推荐： 当你的视频在阶梯推荐阶段获得一定的流量之后，你的视频自动就上了首页。还有一种情况，就是你的视频在阶梯推荐阶段获取的流量未达到上首页的要求，内容又比较优质，这时就会有人工手动推荐。

分享内容的质量决定了是否能上热门，B 站平台主要会看以下数据。

点赞量：平台会评估点赞人数和点赞率，它反映的是有多少观众看了会点赞，点赞率越高，视频推荐量越大。

播放量：就视频内容而言，播放量即代表点击量，但是平台还会评估播放率和播放完成率。假如推荐给 100 人，只有 1 个人看了，播放率就是 1%；播放完成率就是观众看了多少时长就退出不看了，比如他看到一半就不看了，播放完成率就是 50%。这两个比率越大，推荐量就越大。

分享量：好的视频观众才会分享，平台通过视频的分享量可以得出视频质量的高低，分享量和推荐量成正比。

评论量：反映的是内容和用户的互动度，平台喜欢内容和用户能够产生互动，这样可以提高用户的活跃度和黏性。

举报量：其他维度都和推荐量成正比，只有举报量与推荐量成反比。

2. 推广技巧

"刷"数据：在新账号开始初期，要想获得流量和关注是非常困难的，所以适度地"刷"一点数据还是必要的。这一点仅适用初期，而且不要刷得太过，不然得不偿失。

发布技巧：发布视频时，选择适合的分区，推荐标签准确，以及参加 B 站的热门活动。这方面可以借鉴同类型的热门视频，学习借鉴他人是如何做的，不断归纳总结，找到合适的方法。

其他平台矩阵：可以由专门的推广团队去一些平台，如豆瓣楼主互助，进入一些自媒体运营群去分享视频链接，增加点击量，甚至微博、知乎、朋友圈也可以成为宣传平台，但要确保视频的质量是高的，不然会引起反感。

3. UP 主合作

邀请一些热门 UP 主来体验分享是比较有效的推广手段，此种方式的核心在于真实，体验是真实的，UP 主是真实的，不要有过多的商业推销，切记 B 站是年轻人汇集的平台，真诚无套路是最有效的方式。

UP 主选择：优先考虑本地的 UP 主，毕竟外地的粉丝对于医生来说，没有太高变现价值，全国范围的 UP 主会浪费比较高的成本。另外，选择领域以美妆、美食、教育培训等为主，粉丝以年轻女性为主的 UP 主。

UP主合作模式：优先选择置换的模式，一来可以节省不菲的成本，二来置换就会有真实的治疗体验，分享真实的过程推广效果会更好。

UP主合作分享：UP主可以把自己真实的治疗体验过程记录下来，拍摄成视频，分享在自己的账号中，中间跟医生做一些联动，医生账号在UP主账号下回复互动，增加曝光度，形成引流效果。

如果下决心要打造医生IP，B站是不可忽视的一个平台。不夸张地说，运营好B站的个人账号，就拥有了年轻人群，也就拥有了未来。

B站的运营跟其他自媒体平台有相同点，也有其自身独特的规则和技巧，我们需要了解平台的机制和规则，熟悉年轻人的喜好和习惯，明确定位，坚持更新，不断总结和提高，最终会获得相应的回报。

总　结

在B站上做运营推广可以帮助医生获得更多年轻用户，可以把之前发布在小红书、视频号上的视频同步到B站，看看平台反馈，再做相关调整（换封面、换文案等）。如果你做的项目的目标人群正好是年轻人居多，可以尝试下B站平台。

思　考

1. 按照本节中的介绍尝试在B站做推广运营。

_____

_____

2. 你是否可以在B站坚持日更新或周更新？

_____

_____

_____

6.6

深耕微博，着力打造IP

无论是行业交流还是打造医生 IP 实践的，微博都是打造医生 IP 必不可少的传播渠道，随着消费者使用平台路径的转移，微博市场份额也在不断下滑，在微博上获客显得有点难度了。

随着这几年流量的分散，各大平台纷纷出台相关规定限制流量、清理内容，微博是所有传播渠道中，比较稳定的一个平台。

在过去的五六年里，的确它也不负所望，扶持了不少医生 IP，捧红了不少医生。你可以不做其他传播渠道，但微博是一定要做的（对于医生而言）。

现在大家提到微博，说的是新浪微博，十多年前，还不是这样的。市场中有腾讯微博、网易微博、搜狐微博等，最后只有新浪微博在市场中活了下来，这和它的运营策略、坚持密不可分，新浪微博占领了用户心智。

新浪微博是目前中国最大的开放式社交平台，入驻微博的医生、医疗机构也非常多，为了获取更多的客人、增加平台曝光度。

在微博打造医疗健康领域的"网红大 V""名医 IP"是之前成本较低的拓客方式，随着自媒体市场化加深，微博捧红了一大批医疗领域的网红大 V，"粉丝经济"受到资本市场热捧。健康医疗领域头部 KOL 红人效应，带动一批又一批粉丝强劲消费，微博成为当下头部网红重要的获客渠道。要成为网红，微博平台这个配置是必需的。但对于医生而言，尽管不需要像网红那样过于展示自己、曝光自己，也一定要在微博上持续输出医生擅长的内容。

下面介绍两个案例供读者参考。

（1）**医生修志夫**。福建修志夫医生 2011 年开始做新浪微博（微博平台是 2009 年才有的），目前已经坐拥 357 万粉丝，既是最早一批做微博的也是目前行业的微博老大哥。有人曾在自媒体联盟群里做过一组这样的数据统计：50万元的自媒体广告投放的直接收益是800万个访问流量，9300个线上咨询用户，2300个到店咨询用户，1400个实际消费用户。修志夫本人靠微博的年收入是1500万元。

（2）**韩啸**。韩啸是韩氏集团的老板，在山东、北京、三亚、上海各有一家医院，本人是医生。2014年做的微博，目前已经坐拥60万粉丝。北京韩啸医疗美容医院，不做渠道，不做百度竞价。而韩啸每年（2020年之前）投入自媒体的费用只有50万元左右。

每个人都在自己的定位里深耕细作，并不越界。有人说想打造医生IP，如果只讲外科知识，那么皮肤客户就会流失。如果和皮肤同时讲，信息就变得复杂不集中，粉丝也会觉得你不专业。

纵观那些大V，都是有很清晰的定位的。

修志夫的定位是一个医生，内容围绕行业动态加项目知识科普进行输出。

韩啸的定位在医生的基础上升级附加一个艺术，所以他的内容也包装着各类艺术镜头。

通过微博塑造成功医生IP，要完成很多基础工作，然而这些工作大多是一劳永逸的。首先医生定位要清楚，定位要先做。微博可以放大医生的定位优势，如果没有定位，却直接埋头做微博，这是不成立的。随着市场份额下滑，流量被稀释，当下的微博只是一个传播的媒介而已，到现在变成了医生IP的种草平台，不是没有效果，而是需要周期才能见效。

做好一个医生微博，前期工作也有不少，比如微博名称、加V认证、粉丝购买、简介填写、开通会员、微博主页背景图、堆内容、行业微博关注互动等。

1. 医生微博名称怎么取

医生微博账号名称有很多种方式进行展现，可以通过微博搜索研究一下其他医生的账号名称。往往组合形式是"项目＋医生姓名""区域＋医生姓名""科室＋医生姓名"。

总体而言，微博上的医生已经很多了，想要分一杯羹，从取名开始行动，越细分越有市场，不要取大而全的名称。

2. 怎么加V认证

微博医生黄V认证有一定的粉丝数要求，根据微博要求提交相关的资质就可以正常通过；关于粉丝数可以通过正常运营获得更多关注，这往往需要一些时间等待。如果想要快速认证，可以通过购买粉丝数，达到基本要求即可认证。

从注册微博那一刻开始，我提倡的是要在第一时间申请认证。

如果医生有公立医院的背景，建议尽快认证公立医院的医生信息，相比之下消费者更信任公立医院的医生，"公立"相对比"民营"更容易获得推送流量。

3. 医生微博内容从哪来

根据医生定位项目，写原创，这个是要花功夫的，一旦彼此配合度低，在内容产出上就会断掉。2019 年我帮助 12 个医生打造 IP，对于内容产出的对接效率是比较低的，因为大家都清楚，医生做手术是很忙的，我们又属于远程对接，基本都会出现衔接问题，以及内容审核确定不及时的现象，导致内容传播周期拉长，影响操作效果。

所以我们就开始转变合作方式，比如指导医生或者医生助理运营医生 IP，医生的一线工作内容是 IP 的核心之核心，贴近医生，定期和医生沟通。

打造 IP 过程中医生一定要进行深度参与，和内部团队、外部团队沟通 IP 的进度、脚本、视频类型等，通过足够的案例、科学的专业垂直项目科普提升自己价值。

医生微博账号要有一定的内容沉淀量，这个数量沉淀是必要的，一个新注册的账号或者平日没有注重微博更新的，大家对微博的黏度不会太高，因为医生的微博没有内容，消费者很难通过微博与医生进行沟通。

4. 微博内容展现形式

微博内容展现形式比较多，发布内容类型大致是科普、案例、生活、工作等，按照一定的内容比例通过以下形式展现。

（1）**九宫格**。制作 9 张图片，加上 100 字左右的描述，上传到微博，表达对应的主题。

（2）**微博长图**。用漫画的形式展现就医场景，对医生微博是一个不错的选择，这样的内容就不会那么生硬，可以规避很多禁忌和风险，如医生修志夫的微博经常用漫画来展现内容。

（3）**短视频**。短视频的形式更能突出微博账号想表达的内容，短视频也更直观，对于消费者了解起来更方便，视觉体验感更强。

（4）**头条文章**。可以发布一些围绕医生的话题文章，转发到微博里。

（5）**图文形式**。正常情况下，是"文字＋图片"形式展现居多。

医生微博账号置顶一条相关内容，如自我介绍文字或者视频，可以让粉丝进入你的微博账号，第一时间看到你的这条微博，又或者置顶每月的活动信息，总之微博账号置顶内容我们要运用好，如同小红书、视频号第一条内容。

5. 微博内容的粉丝点赞和评论量很低怎么解决

互联网有个说法是数据都是造假的，造给消费者看的，模拟消费者的各种动作，评论、转发、点赞等。那么新入驻微博的医生，粉丝数、点赞、评论、阅读量等数据都很低，应该怎么解决呢？

（1）**关于粉丝数**，直接就是购买，百度、淘宝都可以找到相关渠道，后台充值购买或一次性付款需要多少粉丝，是拥有高质量的粉丝还是拥有低质量的"僵尸粉"，取决于你想要做什么。我的建议肯定是高质量的粉丝，宁愿多花点钱，也不要买低质量的粉丝，以防万一被微博官方清理。

也可以不购买粉丝，一步一步地积累微博粉丝量，但一个新账号如果是这样操作，希望达到一定的效果，比登天还难。

（2）**关于点赞评论**，可以通过百度、淘宝搜索相关关键词，找到对应渠道进行合作；也可以单独购买微博营销软件，多账号登录，自动进行评论；还可以多买几个类似软件，每隔几分钟评论一次，这样看起来就会更真实。

真正的消费者通过微博发现你的微博账号无论从内容专业度还是粉丝数、评论数、点赞数，看起来都非常不错，就会前来咨询，这是从营销角度来考虑这些，制造氛围。

6. 如何让更多消费者看到医生的微博

上面的这些工作属于"内部装修""基础建设"，我们需要让更多消费者看到我们，要怎么做呢？

（1）**微博SEO**。一种是投稿模式，这些热门就是刷的转发、评论、点赞，这种情况下手里需要更多的微博账号，微博账号可以去购买。

先说关键词。这类主要关键词，也就是长尾关键词，即关于项目名称的、关于炒作概念的名词，要去收集整理，类似百度竞价关键词。每条内容里带着四五个关键词用买来的账号＠你的大Ｖ号或医生账号引流，用更多的微博账号去发布一批相关关键词的内容，达到全覆盖。

　　然后，通过相关营销软件进行转发评论，大部分关键词就可以上热门了，因为长尾词竞争不激烈，容易上也不容易掉。

　　最后，消费者通过微博搜索相关关键词就可以进入我们以上操作的微博内容里，从而进行关注、私信等系列动作。

　　（2）付费找公司做关键词搜索。 比如"热玛吉、欧洲之星、隆鼻"这些全行业热门词，微博营销群里有做热门的，做好一个内容，给他们付费，让他们盯着帮你做这些搜索量超高的词，最好前期按天付费，后期按 10 天付费。比方说你做一个内容"隆鼻、割双眼皮、抽脂"，单单这 3 个词每天的咨询量平均不低于 3 个，1000 个关键词做完，一天咨询量不会低于 15 个，前提是内容越好转化率越高。

　　这些就是微博营销的精髓，当做到每天都有稳定咨询量的时候，一定是赚钱的了，那样可以去找到新浪的"爱问医生"，他们也会去重点扶持你的账号，带来一部分流量，这样账号就安全了。

　　（3）微博投放。 运营医生微博账号可以通过购买官方的粉丝通、超级粉丝通产品、粉丝头条进行内容投放，让更多潜在的消费者关注到你的微博内容，关于粉丝通产品以及运营方式，你找一家微博代运营公司，他们都有相关资料告诉你怎么玩转粉丝通。粉丝通可以理解为百度竞价、信息流广告，后台充值一些费用，适当根据单价进行投放，往往需要可持续投放，特别是某种白热化的医疗项目。

　　新浪官方还推出了爱问医生——名医宝，专门扶持医生打造个人品牌，不过这也是收费的，如果你有一定的预算可以尝试，因为付费后，新浪会倾斜更多流量给你的微博账号。

　　如果你不想自己做，也不想找微博代运营公司，如果你的账号基础也低，不妨交给爱问医生，从零开始在微博上打造你的 IP，从定位、诊断、运营、流量倾斜等全方位操作。

　　（4）大号转发。 微博推广还有一种方式，可通过大号转发自己的微博内容，借其他流量账号主推自己的内容，从而获得一定曝光和产出效果。

　　付费推广： 找第三方网红公司或通过第三方渠道找符合的网红资源，网红公司往往拥有比较多的网红资源，筛选出适合自己的网红账号，进行付费合作。

　　资源置换合作： 可通过机构项目作为网红微博账号置换的条件，也可以是项目置换＋微博效果提点等多种形式合作，这种方式往往不需要投入费用，但需要互相谈，看各自意向和匹配度。

网红微博账号有助于合作的数据如下：

1）粉丝数。这是最为直接的考核数字，虽然粉丝可以刷出来，但这是一个合作门槛，如果一个网红的粉丝很少，我相信你也不会选择。

2）原创内容数。看一看发布内容数、原创内容数比例怎么样，是不是都是接的广告内容，还是真实原创内容居多。如果之前一直在接广告微博发布，这会导致微博粉丝质量不高，合作起来就会有水分。

3）人群和内容匹配度。看博主发布的内容类型，可以看出微博账号的人群是否匹配，如果博主发布的内容类型很杂，无主线，该账号的人群必定是多样的。

4）每条微博内容的评论数、点赞数。观察数据上是比较平均还是时高时低，如果有时高时低的现象，合作需谨慎。因为这样的数据维度大都是刷出来的，这个一定要注意，千万不要相信第三方网红公司的包装。

（5）同行互相关注。这是一种成本较低方式，我们合作的医生大都是冷启动。通过几乎无成本的方式进行操作。

医生刚入驻微博，快速进行认证、发布内容等系列基础工作。慢慢地也可以和医生的老师、师兄弟、同行等资源微博进行互相关注。医生们也大都愿意彼此互相关注，这样自己的微博账号权重就会慢慢被拉升，互相关注，互相扶持，适当时候可以和其他医生朋友们进行微博互动，也可增加自己的微博粉丝数。

（6）微博矩阵。在人力充足的情况下，可以创建咨询师微博、医生助理微博、机构微博、消费者微博等多个账号，用于为自己的医生微博账号进行转发、评论、导流，但通过微博矩阵做医生微博，靠的不仅是人力，也要靠一定的资金预算支撑，否则大都是昙花一现，还不如专心只做好一个微博账号。

微博矩阵可以通过和其他平台结合，如微博＋搜索引擎＋知乎、微博＋抖音＋小红书、微博＋抖音＋搜索引擎等进行组合套路运营。

就与我们合作的医生创业机构而言，微博已变得不那么重要，但平台可以搜索医生的相关信息，成为一个种草的地方，慢慢种、持续种，和其他平台形成有效交易路径闭环。

总 结

　　微博是打造医生 IP 品牌的重要渠道之一，微博运营有很多细节，将每一处细节做到极致，依然有适合你的粉丝人群，带来精准的流量咨询。

思 考

1. 你开始做微博了吗？效果怎么样？

_____

_____

_____

2. 你是怎么理解微博运营需要投放这件事的？

_____

_____

_____

6.7

今日头条的IP运营策略

对于今日头条这个平台，很多人应该不陌生，是继微博之后第二大流量自媒体平台，也有很多医生入驻。目前入驻的绝大多数都是公立体系的医生，而民营体系的医生只有极少数（今日头条对于医生的入驻把关很严格，前两年降低了门槛，民营体系通过医生注册可以认证小 V，而不是黄 V），这就是为什么在做医生品牌这个项目的时候，很少有团队去考虑今日头条。

今日头条的推送机制和微博类似。

系统对文章进行识别→冷启动阶段（系统把文章推荐给少量精准读者）→续推阶段（根据冷启动数据判断是否续推及推荐量级→重复上个步骤，冷启动的读者反馈数据（包括点击率、读完率、互动等）非常关键。

而冷启动中，系统会优先选取头条号的粉丝作为目标读者进行推荐。如果没有粉丝，就全部推荐给陌生读者；如果有粉丝，会推荐给部分粉丝＋部分陌生读者。

而今日头条中，做医生品牌最常用的产品就是微头条，针对如何做好微头条有以下五点技巧。

（1）**内容原创度**。确保文章的原创度，避免搬运别人的文章，大数据会检测到你的内容来源。

（2）**内容垂直度**。注册头条号的时候会选择一个领域，未来你产出的内容尽量与账号领域相关，这样系统才能认识你，并且把相应的内容推荐给更多相关领域的人以增加活跃度。

（3）**保持更新频率**。建议每月更新 10 篇以上内容，保持稳定输出。

（4）**账号保持互动度**。用户对你的文章进行评论，要及时回复，这样会提高账号的权重，会推荐给更多用户。

（5）**内容的健康度**。注意内容排版和配图质量，避免成为低级标题党，出现搬运他人文章等违规事项。

如何提高微头条的推荐量？

头条号的成败在于平台给你文章多少推荐量，这决定于：①标题和封面图要具有足够的吸引力，表达清晰（＝提高点击率）；②图文并茂，易读性强（＝提高用户时长）；③内容翔实，观点鲜明，引起读者讨论（＝增加评论数和转发数）。

在今日头条内发布内容，是涨粉最快的途径之一。可以尝试在微头条中发布以下内容，比较容易火爆：①快速追热点；②引起思考和讨论的内容。

今日头条和微博一样，适合追热点，遇到热点后快速在微头条上发布相关热点信息，阅读量会激增，评论和点赞也快速增加。

引起讨论的内容最容易在微头条火爆，内容最好能表明自己的观点，然后读者会对观点阐述正面和反面的评论，这时候在评论区会有激烈讨论，提高了内容的互动率，平台会持续帮你推荐，所以阅读量会持续增加。

对于民营体系的医生，若想通过认证的方式获取更多的平台流量，之前可以购买公立医生的空账号，但现在越来越严格，操作难度也增加了。这种方式可以做嫁接流量，通过第三方操作购置或者通过兴趣认证来获取平台的黄 V，可以做到事半功倍的效果。至于具体购置或者获取兴趣认证，可以通过 QQ 群查找有关账号购置的群进行线上交易。

头条号的认证和微博认证类似，可以选择"身份认证"和"兴趣认证"。

总　结

打造医生 IP 进行全渠道推广时，往往会忽略今日头条，不妨结合本节所作的介绍，为你的医生 IP 在今日头条上打造一个属于自己的位置。

思　考

1. 你在做今日头条吗？效果怎么样？

_____

_____

_____

2. 分析研究今日头条中的 10 个医生账户。

_____

_____

_____

第 7 章

打造 IP 运营团队

7.1

打造一支成熟的IP团队的关键要素

如何打造成功的医生 IP，本书前面详细介绍了方法论。

医生 IP 能否成功还需要一个成熟的团队来操盘，团队不行，再好的方法论也无济于事。

通过我的医生 IP 经验以及身边朋友的经验，得出那些失败的医生 IP 中，不少是和团队组织有关的，比如团队领导不学习、团队成员没有系统知识、团队之间无法达成共识等。

任何一个团队组织，一旦超过两个人，必然会面临不同的思维习惯、认知方式、价值观以及行为方式，这些都会造成不同个体之间的认知差异，这种认知差异往往是工作中沟通矛盾的根源。

这个时代不缺少所谓的方法论，缺少的是可以把方法落地的人。

事实上，方法论固然重要，很多医生 IP 团队是没有方法的，会一味地寻求看似高端的方法和模式，而真正获得很不错、很全面、很系统的方法后，又发现很难落地，这里面有个很严重的问题，不是方法有问题，而是把"方法"落地的人出现了心理问题，主要是执行层不愿意接受、不愿意改变。

有时一个方案在团队中有人反对，不是他不赞成，而是不愿意改变、不愿意给自己添麻烦，最终导致事情很难往前推进。

这里面又涉及另外一个问题，就是让团队的每一位成员（领导、设计、文案、运营等）在事情层面保持一定的共识，如果没有一定的默契和共识，医生 IP 工作的推进会非常缓慢，最终丧失市场红利。

我们经常会说，遇到问题解决问题，其实我们要跳出问题看问题。现在的"解决"也不难了，难的是这件事背后的意义是什么，如：为什么要做大众点评、为什么要做小红书、为什么要做系统梳理、为什么要做产品价格体系梳理等。

在与医生合作的过程中，我们发现内部沟通是一个很大的问题，也就是医生希望团队做的和团队正在做的，永远是两件事，这就会导致上对下不满意、下对上不满意，也就是内耗。

我们提倡的是医生说的、同事说的都是一件事，而不是两件事，并且自上而下大家都明白这一件事的价值意义。我们让医生IP团队把"医生是做什么的"写在一张白纸上，比如"上海做眼睛最厉害的医生"，然后抬头互相看了下，相继一笑。

在共识这一点上，我特别推崇管理学大师兰西奥尼的《团队协作的五大障碍》。书中一共讲了五点：①同事之间增加信任；②拥抱围绕"事"的冲突；③加大对"事"的投入；④勇于承担责任；⑤以结果说话。

医生IP团队大都内耗在这五个问题上，从而无法达成共识，无论是"面不和心不和"还是"面和心不和"，都导致事情无法有效地解决。

这件事和你是否有关？你是否有投入工作？如果真的用心投入工作，又哪来的你看他不爽、他看你不爽呢？偶尔还会八卦一下，说明你的工作真的闲。

一切的事都是围绕自己的工作展开的，学会在"事"层面围绕自己，让其他小伙伴配合你完成，别人并没有义务帮助你，所有人都一样，帮你是情分，不帮是本分，因为工作是你的，你是第一负责人。

1. 建立信任

团队协作的第一大障碍是团队成员之间缺乏信任。该问题源于团队成员大都害怕成为别人攻击的对象，大家不愿意相互敞开心扉，承认自己的缺点和弱项，从而导致无法建立相互信任的基础。

团队成员之间相互戒备、相互隐藏自己的弱点和错误，不愿请求别人帮助，不愿给别人提出建设性的反馈意见，觉得保护好自己的一亩三分地就行；轻易对别人的用意和观点下结论而不去仔细思考，过于主观判断，并非客观。

惧怕开会，寻找借口，尽量减少在一起的时间，一开会就浑身不自在，怕被挑战，容易敏感。

在建立信任环节，需要主动寻求别人的帮助、欢迎别人对自己所负责的领域提出问题和给予关注，帮助自己成长、把时间和精力花在解决实际问题上，而不是形式主义上。

2. 积极拥抱冲突

团队协作的第二大障碍是惧怕冲突。缺乏相互信任给惧怕冲突奠定了基础。缺乏信任的团队无法产生直接而激烈的思想家，取而代之的是毫无针对性的讨论以及无关痛痒的意见。

在开会的时候不敢正视问题，会议上不说，会后使用不正当手段在别人背后进行人身攻击。如果有人给你建议，还会比较敏感，不知道如何正确处理团队成员之间的意见和建议。

团队成员应该积极拥抱冲突，汲取所有团队成员的意见，快速地解决实际问题，把大家持不同意见的问题拿出来讨论。

正如一个同行和我说过"我需要的不是那种虚假的融洽，而是一个团队能够有效地对事情进行争论，然后毫发无损地结束。"

3. 全身心投入

团队协作的第三大障碍是欠缺投入，团队成员如果不能切实投入，在辩论中表达自己的意见，即使表面上会议中达成一致，也很少能够真正统一意见，作出决策。

如果领导安排的主要工作任务很模糊，就会导致大家缺乏自信，从而造成团队成员惧怕失败。

需要领导制定出明确的工作方向和工作重点，团队成员不存犹豫，才会勇往直前。作为团队的领导，要勇于接受做出错误决定的事实，时刻敦促成员们关注实际情况，遵守团队制定的时间计划。

4. 勇于承担责任

团队协作的第四大障碍是逃避责任，由于没有在计划或行动上真正达成一致，所以即使最认真的人发现问题所在，也会犹豫不决而不予指出。团队成员甘于平庸，把责任压在团队领导一个人身上。

团队成员发现潜在问题时应毫无顾忌地向同事指出，尊重团队里以高标准要求工作的同事。

5. 注重结果

团队协作的第五大障碍是无视结果。团队成员无法取得进步，团队成员只注重个人职业前途和目标。我们要提倡得力的员工加入，不提倡注重个人表现，还应该正确对待成功和失败，及时调整优化。

书中提到的五点，最为关键的就是"信任"。如何让大家有信任、彼此协助，提升工作效率，我认为需要放大自己的公开象限，这样我们才可以收获更多的信任和尊重，当你展现自己、塑造自己时，没有人会对你不断试探。

我自己有个感受心得，不断打开公开象限，这种状态让我每次都会收获很多，每次和同行们沟通我都会畅所欲言，甚至会自我揭示。

你要塑造自己的职场 IP，你在 A 企业是一个什么做事风格的人，没有加以改变，到 B 企业依然会如此，同样你的职场口碑也会受上一家企业的影响。

所以要学会打开自己的公开象限，让别人了解你，知道你是谁、你可以给别人带来什么价值，别人才会增加对你的信任，从而你做事情才会顺利。

事情本身不难，事情能否做好，取决于做事的人。

成熟团队内也要不断增强内部培训，通过培训努力达成共识，达成共识后，还要梳理团队每位成员的岗位职责以及绩效考核，团队中所有人都要为了同一个目标而努力，而不是各行其是，用制度加人情来帮助团队。

总　结

一个成功的医生 IP 背后肯定有一个靠谱且成熟的团队，成熟的团队一定具备超共识能力，大家是凝成一起做一件事，而不是各做各的，互不相干。

思　考

1. 你是否有团队帮助打造医生 IP？

_____

_____

_____

2. 仔细思考一下，你的团队真的是在做事吗？

_____

_____

_____

3. 你的团队共识程度如何？如果打破边界，医生 IP 是否可以做得更好？

_____

_____

_____

7.2

打造一个成功的医生IP需要匹配多少人

想要系统打造医生个人品牌，仅仅靠自己运作，是很难有结果的。

医生们每天都很忙，偶尔的碎片化时间，是很难打造成 IP 的，医生必须借外力来做个人品牌这件事。

我们知道，医生时间非常有限，不是做手术，就是参加各种学术会议或是讲课，平时基本没有时间关注自己的社交平台。

医生的繁忙决定了需要一个团队来帮助医生打造 IP。

就打造医生 IP 这件事来说，医生自己一定要深度参与进来，否则即使再多、再好的团队也无用。特别是想做甩手掌柜的医生，从一开始就可以判断 IP 是无效的，这种情况太多了，自己不参与、不配合甚至是不过问，全权交由团队打理，事实上很难持续。

1. 医生助理

医生有自己的助理，除了平时帮助医生做一些琐碎的事之外，也会参与到打造医生 IP 这件事中。医生助理是医生的贴身小秘书，这对于打造医生 IP 所需的素材提供了很大的帮助。一般医生助理也是医务人员，是医生的徒弟，也可以写一些专业性内容、医生擅长的项目内容，收集一些专业的各类素材。

仅仅一个医生助理不足以全方位地帮助医生打造 IP，只是起到对接、收集信息的作用，毕竟医生助理在 IP 运营方面也不专业，每天的时间也很有限。

医生助理可以做哪些工作内容，取决于助理比较愿意接触的维度以及需要配合的方面，不是所有医生助理都愿意参与到 IP 工作中来，比如擅长专业知识，可以写脚本；对短视频有兴趣，就可以参与拍摄、平台运营。

2. 内容运营

医生助理有他的优点，但一个人并非全能。

医生助理具备仅次于医生的医疗专业性，但无论是医生自己写的还是医生助理写的内容大都会偏向学术、专业方面。医生品牌内容需要通俗的语言、消费者可以听懂的语言、和消费者有共鸣的语言，再放到各种渠道进行传播。内容运营（文案策划）可以把专业学术内容进行修饰，写出适合消费者的内容，通过医生助理收集到的内容用通俗易懂的语言进行编辑。

3. 设计美工

设计也是内容环节的一部分，从定位到传播，每一处都需要设计美工的深度参与，根据工作量，可以选择全职招聘或兼职外包。

4. 新媒体运营

从定位到梳理内容再到传播，传播是很重要的环节，即使一个医生有很多的定位维度内容，却没有传播或者不清楚在哪里传播，这样也会使个人品牌在整个链条中的效率大打折扣。运营的日常工作比如在微博、小红书、公众号、好大夫、抖音、视频号进行推广运营，前提是一定要有源源不断的内容。

打造医生个人品牌需要的人员不是越多越好，和传播渠道一样，选择适合自己的团队配置，也许两个人就可以，也许要4~5个人配合。

2021年我们合作了15家医生创业机构，协助他们深度打造医生IP。在医生IP团队配置上几乎都是让前台、护士、助理、医生等人员兼职做一段时间，各板块开始正常运作起来后，才开始招聘专业的文案、运营等人员参与进来，极大地在短期内节约了各项成本，跑通了模式。

在实际工作当中还会遇到一个问题，即使团队成员都招聘好了，你会发现没有一个人对医生IP有着深刻的理解和运营方法论的掌握。

这时可以请医生IP顾问，从0到1地参与进来，团队配合，借外力顾问，不偏离方向。

在实际打造IP过程当中，医生本人往往承担了主要角色，表达了自己打造IP的想法和方向，但在实际工作中医生经纪人一定要根据市场、平台玩法、消费者反映，和医生随时反馈再进行调整细节。

总 结 ◇

　　长远来看，在打造医生 IP 人员的配置上，不是越多越好，3~4 个人最佳。刚开始推动医生 IP 项目时，1~2 个人就可以先操作起来，不一定等全部人员配置好再进行。大型机构来运作医生个人品牌工作，团队成员可共享；医生个人寻找团队打造个人品牌，也至少需要 2 个人，一个是医生助理，另一个是擅长内容的运营，另外可聘请 IP 顾问（不至于偏离方向）。

○ **思 考** ○

1. 你的个人品牌工作是几个人在做？

_____

_____

2. 你在打造个人品牌过程中精力够吗？为什么？

_____

_____

7.3

打造医生IP是否需要外包团队

医生 IP 外包或是代运营，是传统代运营的细分板块。

什么是代运营？代运营公司帮助机构做业绩，帮助机构操作新媒体平台，如微信、微博、大众点评、美团、新氧等。市面上帮助医生打造 IP 的代运营性质也是如此，只是部分传播渠道不一样。

我应该算是行业做代运营比较早的一批从业者，在 2015 年从首尔丽格离开后和首尔丽格前任总经理一起做全国三、四线城市的代运营工作，在上海还专门成立了公司来拓展代运营业务，在当时的圈子中算是小有名气，那个阶段我们服务的客户基本上清一色都是三、四、五线城市机构。

这是我从事该行业以来第一次接触其他下沉城市，也经常出差去不同的城市，参观指导各种机构，体量相对一、二线城市来说并不大。2015 年的时候信息还是非常不透明的，新氧、更美等平台才开始慢慢地发力，三、四线城市获取信息（如行业学习信息、怎么做、哪里有专业人士）没有像一、二线城市这么快。从那时起渐渐帮助中小机构拓客做市场，其中也包括医生 IP的打造。

📋 代运营公司帮助机构及医生 IP 提供线上营销服务

帮助机构及医生做网站、做网站关键词 SEO、做网站竞价，根据地域情况、医生擅长项目选择性地操作电商平台（大众点评、美团、新氧等）、第三方转诊平台、小红书、抖音等，这些工作都是代运营要做的事。

前些年这些渠道是非常有效果的，比如做电商平台（如大众点评、美团、新氧等）的，要先搭建平台，定品项、哪些产品引流、哪些产品必须上、哪些产品作为爆款等都需要沟通确定，还要做竞品分析（同质化很严重的情况下，一定要做竞品分析，知己知彼）。再比如竞价工作，也是确定项目，根据项目制作着落页（详情页）、营销策略等，虽然标准化，但也是一个系统化的工作。

📷 机构／医生为什么需要代运营？代运营到底解决什么问题？是否是机构的刚需？

（1）机构／医生缺流量，代运营专业，但代运营又无法 100% 保证流量的多少，所以机构需要代运营的目的也很简单，机构给代运营付费甚至是提点，但是机构需要流量。如果你找的代运营给你一大堆承诺，那么请小心他的承诺。

（2）代运营可以帮助机构／医生解决专业人力的问题，比如说远一点的城市，电商、技术、咨询、运营、网站等岗位都不好找，基本招不到，人才就是机构的痛点，代运营公司可以帮助机构解决人才专业问题，降低人力成本。

倘若自己不找外包，不寻求外部帮助，机构在获取流量、打造医生个人品牌、招聘人才等方面就需要走很多的弯路。因此，至少要招聘一个文案、一个电商推广人员，同时还需要找个懂设计的，最基本的配置要招三个人，如果要做竞价，还得招聘一个人，或者教会一个人，还有额外的工作内容，比如网站你得找个专业公司做（事实上我发现很多三、四线城市机构做网站都是找当地的网络公司，而不是找专业公司，而且都不便宜）。

这些人力、工作内容等成本每月至少 3 万元，事实上这些招聘的人也大都是小白或者说有一点小经验但不够系统，这也是很多机构愿意找专业团队外包的一个原因。

（3）机构及医生自身通过现有的认知折腾了一段时间，但并没有用，流量业绩没有得到根本的提升，线上线下都在做，但见效很慢或基本没有效果（通过数据分析得到的运营数据和营销数据尤其重要）。这个时候就需要一家专业的代运营团队帮助他们系统地梳理平台、品项，有效、长期、可持续地做业绩。但是这种扶持和帮助，绝大多数也是不长久的，只能在短期内帮助机构缓冲一下营销压力和成本压力。

2021 年我们合作的机构中，有五家医生机构在和我们合作之前都是医生老板亲自带队做大众点评、美团，研究抖音、小红书等。

🧰 代运营模式是否可持续？

代运营在行业中是比较有争议的模式，全国大大小小的代运营公司、工作室、个人也比较多，存在即合理，两种不同的声音，有看好此类模式的，也有不看好的，因为迄今为止代运营公司没有做得比较大的，也几乎没有拿到过融资。

不看好的原因有以下四点。

（1）此模式不可持续，如传统网络公司一样，因为有业务就做业务，客户那边随时都可以叫停。事实上，在行业处处都是"黄牌警告"，长期合作和短期合作往往都是一样的结果，放在其他行业至少有个诚信规则可言。

（2）无法给机构立竿见影的效果。这种代运营模式的合作周期一般都需要 3~6 个月才开始慢慢见效，但是前面几个月的时间是很多老板、医生无法容忍的。因为这是一个急功近利的行业，他们认为只要是投入费用就可以见效，我相信这种方式已经不复存在了。现在这个时代只有老板有意识、自我有认知，才会在这个市场上可持续，否则也和代运营模式一样，运营一段时间，昙花一现。

（3）代运营业绩只是机构整体业绩的一小部分（生活美容却相反，所以生活美容代运营更持续、更稳妥），也就是说随时都可以不合作，代运营通过 3~6 个月的努力，即使有业绩了，绝大多数机构代运营业绩以及医生 IP 流量只是占机构总业绩的一小部分，可有可无，很难去依赖线上代运营。

代运营公司也一样，我发现的确有不少机构的老板特别是医生受骗或者说喜欢听这样的承诺。

（4）代运营属性是医疗，内部流程、供应链较复杂，很难标准化，不像外卖行业、生美行业。你辛辛苦苦帮助一个医生从 0 到 1，花了半年的时间，有流量了、有私信了、有访问了，而没有成交，却因为内部流程问题诬陷你做得不好。

哪些是可以外包的？我的经验是：顾问指导、平面设计、推广等和内容无关的岗位可以外包。因为无论是机构营销还是打造医生IP，都离不开医生，内容外包基本是一纸空话，内容一定不能离开一线。机构的内容、医生的内容一定是贴身完成的，内容外包是最傻的行为。

医生IP代运营比机构代运营更为靠谱、可持续

1. 免费打造医生IP

企业投入费用和人力资源寻找适合的医生打造，打造的过程中所涉及的费用均由企业承担，医生各平台账户归属权归企业所有或共同持有，有效果后再进行分成，如卖产品或者到机构成交项目。

2. 收费打造医生IP

一般是会收取一定的基础服务费，先推动起来，有业绩后，再进行一定的比例分成，账户归属权也需要根据实际情况谈。不同的服务商、不同的医生需要定制化合作，很难有个标准。

医生IP运营这件事，无论是免费打造还是收费打造，都逃不过那几个月的时间，比如3个月、6个月，无论效果好坏，企业或医生都有可能会中途终止。

所以2020年我们开始调整了服务策略，做医生IP的终生合作伙伴，为其提供中长期的IP规划和策略，此模式一经推出受到了很多医生创业者的欢迎。

总　结

医生IP打造要外包，一定是一个稳妥的模式，这个模式一定会是黏性比较高、给医生提供了更多的帮助平台。

思　考

1. 你的个人品牌打造考虑过使用外包团队吗？效果怎么样？

_____

_____

2. 你对外包团队有什么话要说？有什么好与不好的地方？

_____

_____

_____

7.4

如何找到合适的IP运营团队

一个医生能否把自己的 IP 做起来，完全取决于自己的格局，没有格局的人，很难招到匹配的人。

医生 IP 团队没有所谓合适自己的，只有匹配自己的，匹配你的格局、性格、做事方式、分钱分权等，在实际运营中、在目前市场中，医生想做好 IP，在组建团队方面是很困难的。

我辅导的医生和医生创业机构，在做医生 IP 工作时，都没有专业团队来做这件事，大多是护士、助理、医生自己等做医生 IP 工作，在市场中，医生 IP 人才是非常难找的，这也是行业一直没有重视医生 IP 导致人才稀缺的原因。

大多数医生只是在自己擅长的领域非常精通，对于商业欠缺经验，还不能真正理解投资人才是最有价值的道理，这个要学习。事实证明不舍得给钱，肯定招不到人。

打造医生 IP 这件事，很多工作都是医生一个人从头到尾参与的，一人揽下全部的活，肯定有医生觉得：我现在有足够的时间做，每天下班或空闲时间给自己做做，这不挺好的嘛；实在不行，我找个兼职，外包出去，给点市场费用。这种情况是极其不稳定的，你在拿你自己的 IP 开玩笑，不方便管理。

你找一个或几个 IP 人才，你自己要理解需要一个什么样的人，思考自己的优势在哪里、短板在哪里，你需要哪一种专长的人才而不是全才为你服务或成为合伙人，而不是盲目地找团队。

你自己很强，那么你会吸引更多能力强的人；倘若自己不强，想要成为优秀的人是很难的。

你愿意学习是一件好事，但不一定要努力弥补自己的短板，你的短板可以交由专业人才来补。

你擅长技术，技术很厉害，你应该通过招人强化这一点，你在这一点上做到极致，技术达到顶峰，再去找合伙人，去寻找好的流量平台谈合作。

除了擅长技术，你的文案功底也不错，那你应该招聘新媒体人才，帮助做出一定流量再去找好的合伙人，让他们帮助你做好市场变现。

所以无论怎样，招人之前一定想好自己有什么样的核心竞争力，自己需要招聘什么人成为你的合伙人或团队成员。

招聘医生IP人才，也是分阶段的，取决于自己，而不是外部，不随波逐流，慢慢通过一个点打磨、打造，击穿阈值，成为这个点的专家领袖。不要一下子什么都想要，什么人才都要，让自己长得很胖却没有长个子，可以先纵向发展，再横向发展。当然，如果你有足够的资金预算，一下子高举高打，那也是可以的。适合别人的不一定适合你。

在招聘医生IP团队成员时，当你线下约见或线上交流时，要理性地介绍自己是谁（如你的优势、你可以给别人带来什么、你希望找到什么人、你需要什么资源、你愿意付出多少回报等），当你通过这些维度和人才进行沟通时，往往可以提升别人选择你的概率，也可以快速筛选不合适的人。

在面谈团队成员时，一定要先谈事，再谈钱，最后去做事。千万不要和对方讲什么梦想、情怀，大家一起做事，有钱才好办事。

哪些方式找到适合你的团队

找团队，先去找到那个团队带头人，带头人可以通过线上线下接触了解。

你可能在行业内听说某人做医生IP做得很好，就主动去了解，添加微信，线下交流，了解一下行业目前的情况、他的理解、他当下正在做的事，在交流的时候，观察他在工作中是否也是这样做的，聊一聊他是否具备一些你想要的工作能力。

线上主要可以观察这个人的微信，比如他朋友圈所发的内容是怎样的、他的视频号内容是怎样的。在这些内容上观察要细致，因为通过朋友圈你可以看出他的朋友圈内容和他线下跟你所说的内容是否一致，还可以判断这个人的认知怎么样。

　　找团队，找匹配自己的，就跟谈恋爱一样，可遇不可求，也可以先招一个当前阶段需要的，边做边看。

　　招聘团队时，还需要简单列出你需要的这个人要具备什么能力、他的岗位职责是什么，要有一个招聘标准，不要让招聘人才变成自己的喜好。

　　那么，能力和态度哪个重要呢？我认为初级岗位态度更重要，高级岗位能力更重要，当然人品是所有的前提。

　　初级岗位的人因为一开始都是欠缺经验的，所以他们的态度是非常关键的；而高级岗位的人，往往会有个性，有点小脾气，这一点我们要学会包容，市场上这样的人才本来就不多。

总　结

　　对于刚开始做 IP 的医生，在初创期组建一个匹配自己的团队，一定要自我发现、超级认同、统一共识，并在工作中反复摸索沟通，找到适合自己的事业合伙人。

思　考

1. 你是如何找到你的合伙人的？

_____

_____

2. 如何吸引合伙人找到你？

_____

_____

7.5

成熟的IP团队每天都在忙什么

你是盲目做微博、写脚本、拍视频、运营小红书，还是先做顶层设计的思考？

打造医生 IP 工作是不难的，但我们在做这件事时，要思考打造医生 IP 的目的是什么？为什么要做这件事？围绕什么定位展开？IP 又是以解决什么问题进行操作的？

如果打造医生 IP 仅仅是为了流量、为了快速变现，从而忽视消费者的需求、行业的问题，这种做法也只是昙花一现，不可取。

医生 IP 顶层设计

首先要发现并解决问题：帮助消费者找到安全、正规的机构变美，找到技术好、靠谱的医生治疗，在什么需求上变美等；其次要搞明白打造医生 IP 的战略性是什么，即以下内容：

（1）**个人使命。**保护好消费者安全，让他们变得更美。

（2）**产品结构及品牌规划。**通过项目建立个人品牌，通过擅长的单一项目丰富其他产品线，建立擅长项目的专业背书以及市场话语权，发展个人品牌。

（3）**个人品牌战略。**医生品牌、医生各种维度形象及医生分享。

（4）**个人品牌内容包装设计。**以医生品牌形象为主设计包装、撰写内容，创作真实、真诚的原创内容。

（5）**品牌传播。**通过顶层设计制定好的素材，投放到适合自己的平台上进行运营，并且坚持运营下去。

以上顶层设计工作一般需要 1~2 个月的时间完成梳理，而传播则是一直要坚持做的。

顶层设计的执行

准备开始打造医生 IP 时，我们会按照以下步骤依次执行下去。

1. 与医生和团队进行沟通

（1）与医生沟通。首先听听医生对个人品牌的理解、心态，对打造 IP 的其他维度认知以及期待值。按照本书的逻辑，要先和医生沟通打造个人品牌的重要性及目的、相关定位，需要医生配合的地方和需要深度参与的工作，以及前中后期需要的素材。

（2）与团队沟通。和医生等相关同事沟通最终确定 IP 打造方案，团队内沟通，达成共识，分配任务，每一个人各司其职地参与到医生 IP 项目中来。

2. 做好内部调查和市场调查

（1）内部调查。针对医生进行深度访谈，从医生的工作维度到生活维度，两大类的各类细节（如学习过程、进修过程、技术项目、现有的客户人群调查、生活中的兴趣爱好、价值观、性格等）初步了解医生的基本情况。

（2）市场调查。对医生擅长项目的市场消费者进行访谈沟通，对同类项目的医生进行客户人群分析、项目技术分析、传播渠道分析、定位包装策略分析等，知己知彼百战不殆。每位医生都有自己的特点，有年轻的、有年长的、有风趣幽默的、有时尚前卫的、有儒雅温润的，要传递给消费者的医生特征是什么并不重要，重要的是传递出医生背后的温度、好感度，这也是每位医生可以与众不同的方式之一。

3. 收集医生配合的素材

（1）个人简历，主要包括：①从业经历（如从业时间、从业单位）；②学习经历、获得证书（如出国学习）；③学术期刊论文汇总；④个人手术心得或待申请专利；⑤让医生写出自己的性格、价值观等内容。

（2）形象照片。选取原则如下：

1）能迅速吸粉，高颜值、好形象能快速得到粉丝的好感与仰慕。

2）能体现医生的专业精神，对工作负责任的态度，对客户的认真专注精神。

3）能体现对家人的关爱与温暖，间接体现现实生活中个人人品魅力。

4）提高医生的权威性。

医生拍摄脚本参考模板可以参考下表。

序号	服装	场景／背景	备注
1	黑色或灰色西装＋白色衬衫＋领带＋黑色西装裤＋黑色皮鞋	白色、灰色	1. 灰色西装最好，显高级感 2. 背景图拍摄皆为以后抠图设计使用
2	白大褂（内搭白色衬衫或手术服）	1. 白色、灰色背景 2. 办公室特写（看电脑、写病历镜头） 3. 面诊	面诊时需要配合道具，如镊子、水性笔、镜子等
3	手术服（白色、粉红色、紫色）	手术室	1. 根据实际颜色手术服颜色定，衣服要整洁 2. 模特配合画线 3. 假体雕刻特写
4		场景1：图书馆（阅读） 场景2：大剧院或南山文体中心（听音乐剧）	
5	休闲装（深蓝色T恤）	场景3：茶室（喝茶）	罗列场景待定，根据个人定位重点把握

注：
1. 拍摄前请务必化妆，保证形象干净、整洁。
2. 拍摄前请准备好拍摄道具及模特安排。
3. 拍摄分好场景，区别手术室及办公室，特写、全身照都要有。
4. 常见的拍摄手势：职业、生活、不同角度等都有一张。

4. 素材推广

（1）线上推广。选择适合自己的线上推广平台，务必用心耕耘。推广原则是广而告之，覆盖面要广、要深。主要采用以下线上平台。

1）App第三方平台：如抖音、新氧、百家号、好大夫等。

2）社区平台：如医生的微博、小红书、知乎、个人微信、个人公众号、粉丝微信群等。每个平台都要第一时间统一互动，统一推送。内容不限，原则是不伤大雅，以宣导正面形象，证明人物性格或者亲和力的文案为主。

3）直播平台：常见的有抖音、快手、新氧、大众点评、小红书等平台。以科普、会诊、活动、学术等正面内容为主，提高内容的趣味性和活跃性，能快速吸粉。

4）新闻平台：全国性媒体，如人民网、新华网、新浪、腾讯、网易、搜狐；全国知名女性平台，如凤凰女性、瑞丽等；地方媒体，如晨报、商报、晚报、时报、新女报；地方论坛，如购物狂、妈妈网等。

（2）线下推广。主要包括以下内容：

1）医生的接诊办公室包装装饰。医生接诊办公室包装包含诊室的墙上物料、名片、服装、工具箱等。企划物料包装除了 VI（视觉识别）上的包装，还有宣传渠道的包装，如户外、杂志、电视、视频广告、公交车、出租车、礼品等物料上的统一包装。

2）医生办公室的书柜里，可以摆放一些荣誉证书、各类奖品、案例合影、手术材料、手术工具、材料包装盒等。在医生办公室布局物料时，可以更多地把医生的爱好、生活、家庭等特色性照片布置到办公室里，可以增加信任度，不过这些要和医生沟通。院内的口碑强化，需要营销推广、网电咨询、现场咨询师、导医分诊、操作流程中的护理人员等关键人物，强化歌颂、赞美、尊重医生的氛围，营造专业在前、销售在后的氛围。

以上工作看似很简单，其实在做的时候，每个细节都会花费很多的精力，比如定位、传播渠道的玩法、撰写不同内容、对展现出的结果进行分析，再进行调整优化，甚至要重新定位。

🩺 成熟的医生 IP 团队应具备的能力

1. 沟通能力

就打造医生 IP 这件事来讲，沟通在整个医生 IP 环节中是非常关键的能力。主要是和医生沟通，了解医生，反复和医生沟通关于 IP 这件事，如打造医生 IP 的周期、心态、预算、定位、参与度、变现方式等；和团队沟通，形成共识；和同行沟通，学习交流最新 IP 认知和方法论。

2. 系统理论认知

打造医生IP需要了解基本理论并深度掌握，比如特劳特的定位系列书籍，以及"定位"引进中国后很多国内专家写的定位书籍，如江南春的《人心红利》和《抢占心智》、鲁建华的《定位屋：定位从观念到体系》等。

3. 行业认知力

对行业的深度、宽度有一定的了解认知，对行业各维度的信息是客观掌握的，并非主观臆测。

4. 实操经验

对目前各类的传播渠道（如小红书、微博、视频号、B站、抖音、搜索引擎、今日头条等）有过一定的实操经验，至少是深度掌握1~2个渠道，操作方法万变不离其宗，经验可以让你更快地参与医生IP工作。

总 结

以上是打造医生IP的流水线，其中的内容还可以根据实际情况进行拆解细分，细分的每一工作点都可加强，并且可持续地坚持下去，否则之前的工作都是徒劳。细分出来的打造IP的工作内容，又会遇到很多问题，这些细节问题在本书中都有一一拆解。

思 考

1. 你打造医生IP时采用的是这样的流程吗？有什么不一样吗？

_____

2. 打造医生IP流程中，哪些环节比较重要？不妨给它们排个序。

_____

第 8 章

提升爆款 IP 的
综合影响力

8.1

如何提高IP的整体影响力

大家都知道，在市场中提升自己的整体影响力，可以帮助我们做很多事情。一个医生在市场中有影响力，无论是医院里的医生还是创业医生都有很大的优势。

《影响力》是美国作家罗伯特·西奥迪尼的作品，这本书从实践技巧的角度，深度剖析了影响力的逻辑、交换、说明、树立榜样、回避、威胁等要素，全方位地提高一个人影响他人的能力，从而获得更大的成功。读者有兴趣的话，可以阅读一下这本书。

医生想要提升自己的品牌影响力，需要具备以下这些关键点。

1. 权威性

要想医生IP有一定的影响力，必定离不开权威性，提升医生的权威性，也是打造医生IP必走的一步。医生也唯有擅长某一领域，才可以成为这一领域的专家权威。

大部分情况下，公立医院医生的权威性要大于民营医院的医生。

比如我从一开始就聚焦医生IP及医生创业机构研究实战，积累越久，吸附力会变得越强，大家相信你在这个领域是专业的，他们愿意咨询你、和你谈合作，慢慢表达出一些观点后，大家更愿意去和你链接，从而形成这个领域的权威。

医生要想在消费者心中树立权威性，项目的案例展示是最好的个人品牌例证。优质的案例展示不仅可以提升潜在客户咨询量，更能说明医生在项目上的专业性，增加消费者的信任度。医生所发表的言论也都将是权威，大部分从业者和跟随的粉丝也都会服从权威。

我们时常说"这个人有权威吗？"，往往考虑的综合因素是"这个人到底怎么样、靠不靠谱、专不专业，在行业内做了多少年"等。要成为皮肤科领域的权威，就要通读各类皮肤书籍、实战各类皮肤项目、考取各类皮肤项目国家认可的相关证书、加入皮肤科领域各类协会等，当你向别人介绍自己时，别人才会更加相信你。

2. 社会认同性

社会认同可通俗理解为：看看别人是怎么做的、怎么想的。对于医生而言，想了解自己的社会认同性，就得看看你服务的消费者是怎么评价你的。在大众点评、天猫、搜索引擎、新媒体等渠道上，可以看出消费者关心的是什么，也有助于医生在打造 IP 时用消费者的语言进行传播，用消费者听得懂的话讲着和他们有关的事情。

我们很多人都是通过社会认同性来增加对一个人的印象。医生也要高度重视自己所服务的消费者，收集各类信息，文字、图片、视频等多种形式的反馈，及时调整自身状态，消费者会帮你提升影响力。

3. 言行一致

现在这个社会，言行一致的人变少了，但舆论会驱使他统一，脚踏实地、老老实实。承诺和行为如果是不对等的、是歪曲的，那么就会面临来自外在和内在的双重压力。一个有影响力的医生，他是否有过言行不一致的行为？一旦我们做了某个决定，承诺了一件事，我们就要做到，否则会在某种程度上降低自身影响力。

4. 利他主义

利他主义是指深度地帮助别人，不图任何利益的帮助。先成就他人，再成就自己，不要一味索取。

只有真正做一个利他主义者，个人魅力才会被不断放大，你的生活、事业也都不会差。稻盛和夫曾说："凡事以自我为中心的利己倾向，才是造成我们一切问题的根源。"

只有真正践行利他主义的人，在日常生活中、工作中才是有影响力的人，或者说有利他主义的医生也都拥有利他主义思想。这是一门处世哲学，有些人天生是利他主义者，而有些人需要长期不断地自我修行。

十几年的从业经验，使我接触过形形色色的大咖前辈，我发现真正在事业上能持久的人都有"利他"特征，也带动了他们的自身影响力。利他是这个时代中任何一个人成功的最重要特质，以服务他人、帮助他人为目的都将获得最高的品牌回报，凡是以自我设限为出发点的传统思路都将寸步难行。

打造医生IP可以通过背书提升影响力

很多医生都是在埋头苦干，却没有借力扩大自己的品牌影响力。医生个人品牌的打造一定不是只在自己的圈子里打造、自娱自乐，一定是借力达到破圈的作用。背书是借助第三方的力量增加自己的实力，从而增加自己的个人品牌影响力。

消费者去机构治疗一个项目，是有一个决策周期的。从知道到感兴趣，到获得信心，再到最后选择哪位医生治疗，决定购买，是一个心理认可的过程。

想要让消费者获得购买信心，需要医生有足够的背书证明自己的实力，信任背书是最关键的一个环节，只差这临门一脚。

比如，你去一家机构，在机构很多地方都看到了为你治疗的医生海报、消费者变美的照片、各种证书、到国外学习和参加行业大会的照片，你会想这个医生有点水平，从而增加一份信任感。当你治疗完项目回家和亲朋好友谈到这个医生，亲朋好友说这个医生就是之前帮助她治疗的医生，效果特别好，人也好。信任是一步一步建立起来的，你相信你的亲朋好友，因为她是一个值得信赖的人，以后你再去治疗项目，你会优先想到这名医生。

1. 通过借力背书提升医生IP影响力的好处

（1）**增加信任度，提升服务客单价**。通过消费者的口碑背书、行业里各类证件提升自己的品牌影响度，从而提升服务价格。如果没有这些背书，信服力往往会受影响，即便你的技术效果很好，由于消费者不知道，也就无法谈价。这些证书或多或少还是需要的，证明自己曾经参与过行业塑造。

打造医生IP最终目的不是做低价，而是拥有定价权，提高项目价格。

（2）**吸引更多粉丝，扩大个人品牌影响力**。打造个人品牌是一件高调的事，即使打造医生技术品牌，也要达到吸引粉丝、扩大品牌影响度的目的。

2. 医生如何给自己找到背书

（1）**行业背书**。技术基因是医生品牌的前提条件，如何证明你的技术基因是过硬的？例如，你的学习进修之路，先后参与国内外学术大会并和专家教授共同做过手术，积累的消费者案例效果图以及与一些学术大咖拍照留影，这些大咖留影可以为你的实力背书，增加消费者的信任。

进入大咖的学术圈子，因为每个人的眼界和认知是有限的，自我学习提升是必经之路，近距离接触和学习自己的榜样，耳濡目染地浸润学习，对人的启发和触动比闭门造车要好上千倍。学历证书也是一种背书，假如有机会你可以进一步提升自己学历，获得硕士、博士学位对提升身份都非常有利。

如果你在专属技术的某一领域创造了属于自己的专利名称，可以申请专利，提升你的品牌价值。你还可以写一本学术书籍，为自己背书，这是从古至今许多名人、伟人惯用的一种品牌推广方式。

圈子是一个不大不小的圈子，需要互相背书，医生要学会借非医从业者资源传播自己，为自己背书，如咨询师、营销、代理商等合作伙伴，有他们的背书，触达消费者就更为简单。

（2）**消费者案例是医生实力的最佳展现**。医生通过消费者案例来证明自己的技术实力是最有说服力的。将消费者案例术前术后效果图，在各种渠道（线上和线下）进行传播，可以获取信任，缩短成交周期，消费案例就是医生的成功案例。具体操作方法本书中有详细拆解。医生的成功案例是拿消费者效果图说话，就好比健身房教练把客户减肥前后的照片展示出来一样，通过照片对比向客户证明在他这里锻炼减肥能达到很好的效果。

（3）**曾在公立医院或国际医疗机构工作服务过**。在互联网世界里，当我们听说某人是阿里巴巴前产品总监，我们会觉得这个人好厉害。医生也是一样，比如一位医生曾经在某知名公立医院工作了多年，消费者会对这个医生多一些信任。行业中不少医生创业机构，做市场宣传时，大都是打着"原上海九院""原西京医院""原公立三甲医院"的名号，目的就是增加自己的背书，打消消费者的顾虑，证明自己是一名有技术实力的医生，消费者往往也更信任公立医院。

（4）**邀请行业大咖加入团队成为自己的合伙人**。市面上有许多公司都拉着明星成为合伙人，借明星的影响力，宣传自己的公司。行业内也有这样的背书。比如联合丽格集团，它是一种医生创业模式，旗下有很多大牌医生，他们选择出来创业加入该集团。有那么多公立医院医生背书，联合丽格集团在市场中形成了自己的一种模式，也得到了不少业内人士的支持。

此类背书方式适合一些医生集团、新开的机构，拉上某一领域的技术大咖加入团队背书，起到吸引眼球、增加信任感的作用。但在宣传的时候一定注意底线，如果没有某大牌医生的加入则千万不能说有，背书一定要真实。

3. 找背书的注意事项

在找背书的时候，要注意以下几点：

（1）背书一定是真实的，弄虚作假的一定不是背书。背书是锦上添花的事，千万不能做成画蛇添足的事。真实的背书是展现自己的实力，这个实力来自医生的技术基因，是确有其事的。

（2）背书一定是与时俱进的，是一个逐渐打造的过程，医生需要不断提升自身技术能力和资历。

总　结

医生品牌的整体影响力有很多综合因素，技术是基础，是生存之本，利他是品质，需要持久。

思　考

1. 你在所属的领域里是否有影响力？

_____

_____

2. 你如何一步一步地成为所在领域的大咖？

_____

_____

_____

8.2

IP的技术专业能力如何打造

本书前面一直在强调打造医生 IP 的前提条件是医生的技术和医生所掌握的理论知识。实战技术的前提是你得先精通医学理论知识，理论知识是思想，是技术的灵魂，是日后形成打造医生 IP 的差异化观点。

医生的每个阶段都是自己实操和理论知识的修炼，学习时间越久、实操越久的医生，医疗技术越有经验，在市场上也就越吃香。

医生如何进行个人知识的管理收集

1. 在学校、体制内系统地学习

在学校、体制内学习是一个医生面向市场化的基础条件。

在学校学习的难度应该由低至高，医学知识的学习是一座大楼，没有基础的牢固，不会有大楼的整体稳固。因此，基础对于医学知识的掌握至关重要。功夫下在平时，不要搞考前突击。尤其是基础课，对于一个在医学知识方面完全空白的医学生来说，这一点尤其重要。上课把老师讲的内容认真做笔记，课后尽量看一遍，可以加深印象，切忌死记硬背。医学考试的关键不是要把所有的文字印在大脑里，而是要理解、融会贯通，形象思维也是很重要的。

2. 收集医疗知识

我们在获取一类知识时，一定要借助前辈的资源，很多知识通过几十年、几百年，甚至几千年的沉淀早已有先人整理汇总，形成教学书籍。一定要多研究学习前辈的知识体系、方法和案例。

行业发展几十年，专业书籍越来越多。获取专业知识最快的方法就是买别人的经验、吸收别人的经验。

3. 储存医疗知识

拿我自己来说，这么多年的实战经验，也积累了不少资料，有文字的、视频的、音频的。做这方面的，知识储备管理很重要的，把收集的资料进行分类并储存好，方便自己快速找到加以学习。学会根据不同资料进行文件命名，养成良好的文件命名习惯方便自己查找。并且我会花时间把这些资料提练精华记录下来，定期学习、研究、总结，形成自己可运用的知识体系。

4. 消化医疗知识

医生们需要树立一个观点：资料在计算机里或者在手机里，如果不看、不消化，资料就永远是资料，永远不会成为自己的知识。我经常和我的一些朋友分享，看一篇文章、学习一段培训视频，一定要找到这篇文章、这段视频的关键点，即使很多要点是你都知道的，也一定要找到那个差异化的浓缩观点，因为只有这样的学习，才会吸收更多知识要点。

5. 学会使用这些医疗知识

通过不断地学习、积累、再学习，再解决（实战）更多医疗问题，而不是为了看书而看书。看书、看资料都是为了解决当下的某些问题。将这些知识整合成自己的知识体系后，就要敢于应用。

6. 敢于分享医疗知识

医生们要敢于分享自己的医疗知识，只有敢于分享，才会有更多的收获，其次是可以升级学习。有一些医生不愿意分享自己的技术，觉得分享出去，其他医生就学会了，对自己就会有影响，这种想法完全没有必要。

7. 打造医生个人品牌

通过将自己掌握、实践的技术知识分享出去，是为了让更多人知道你以及你所分享的知识。"酒香不怕巷子深"的时代已经过去了，如今打造个人品牌，传播个人品牌，人人有份。

8. 学会分享自我成长的故事

医生打造个人品牌，一定要敢于分享自己，分享自己的故事和知识，而不是藏着掖着，生怕别人知道。

你分享得越多，就收获得越多，你的进步就会越大，因为你在帮人，别人也会帮你，分享是利他。

总　结

　　学习知识是有周期的，时刻更新大脑的知识是每位医生要去做的，学习好知识后，要运用起来。当然，保存知识、分享知识、创造知识也是毋庸置疑的，这都是一个医生打造 IP 的基础条件。

○　　　　　　　　　　　　　　　**思　考**　　　　　　　　　　　　　○

1. 如何通过晋级学习提升自己具有差异化的技术能力？

_____

_____

_____

2. 你敢于分享自己擅长的领域知识吗？

_____

_____

_____

8.3

如何向你的竞争对手学习IP

打造医生 IP 的过程，也需要随时关注竞争对手，和竞争对手同步学习或错位竞争，从而形成一定的差异化竞争。

作为医生的你，是否有对标榜样或者假想敌？

人外有人，天外有天。事实上，一定有与你一样优秀甚至比你更优秀的医生。当你在行业里做了一些年头，慢慢树立起自己的学术地位和权威时，就会出现竞争对手，你不把别人当作竞争对手，别人也会视你为竞争对手。

一个人刚步入社会时，还没有形成气候，竞争对手带给你的力量是比较有限的，也只有你慢慢积累实力后，竞争对手给到你的力量才比较大。

不同的阶段竞争对手也不是固定的，也许会随着时间的推移，会有好几个。寻找竞争对手都是为了锻炼自己的实力，好比武林人士"踢馆"一样，寻找厉害的武术大侠切磋，增强自己的本领。

我记得小时候在学校里读书，班主任和我们讲"嫉妒"的理解运用，他说了这么一句话，我记忆犹新："嫉妒可以使人进步"。小时不以为然，长大后对这句话就有了更深层次的理解。

正常人的感觉是这样的：只要是你所属的细分行业有人比你优秀，那么你多多少少都会感到不愉快。

无论是在读书时还是开始工作后，找到你的对标、你的竞争对手，才会让自己进步。

面对竞争对手的优秀，我们要思考的是：你在与谁竞争？你应该与谁竞争？你在谁的面前可以心服口服？你还得承认他比你强。接受事实，你就不会懊恼。

假如打造个人品牌是一场比赛

一场比赛下来我们拼的是坚持，拼的是实力，并且是一场持久赛。每个人都有自己的强项，也有自己的弱项，医生也不例外。而我们需要的更多是医生的强项，不是弱项。不妨在这场比赛中写下自己的强项，这些强项即使算不上完美，也可以不断地完善它，升华它，使它可以无坚不摧。打造医生 IP 不是打造一个完美的人，每个人都有优点和缺点，我们只需要真实地打造、真诚地展现医生就可以。

这么多年带过不少团队，也经常会遇到拥有类似心态的同事，他们看不到自己身上的优点，每每都要放大自己身上的缺点。事实上，这些缺点弱项并不一定要去强化它们，反而是可以避免的。

一场比赛拼的不一定是速度，也不是拼谁先开始，拼的是参与者的耐力。要做市场中的陪跑者，而不做逃跑者。

假想敌的竞争只是让自己有目标地前进着

大到国家，小到个人，竞争无时无刻不在，竞争可以让国家、社会更加活跃，同时也丰富了我们的生活。

拥有竞争目标，不是让你和别人一样，而是有目标在前方可以引领着你前进。

当你和你的竞争对手或是陪跑者都拥有了自己的忠实粉丝时，这样的竞争才会更有意义，你们之间也会互相激励，共同提升到收获品牌的阶段。

总　结

优秀的人懂得和对手博弈学习，通过不断地调整自己，使自己强大，学习竞争对手，提升自己的综合能力，从而提升个人品牌的影响力。

思　考

1. 写出至少 5 个自己不同维度的竞争对手。

_____

_____

_____

2. 你是否有"踢馆"的经验？你从中学到了什么？

_____

_____

_____

8.4

如何通过情怀、使命感、愿景打造IP

我所接触的很多医生，大多是有情怀的，这种情怀是骨子里的。我们经常听说，光有情怀没有用，又不能当饭吃。但一件事如果没有情怀的支撑也是做不久的。情怀的表现有好有坏，本节所提到的情怀都是积极的、正能量的，而不是负面的、负能量的，不是固执己见的情怀。

一天，一位记者到建筑工地采访时，看到工地现场大家都在忙碌工作，不方便接受他的采访，他就近采访三个正在忙碌施工的建筑工人，问他们正在做什么？

第一个建筑工人头也不抬地回答道："我正在砌一堵墙。"

第二个建筑工人习以为常地回答道："我正在盖一所房子。"

第三个建筑工人则干劲十足、神采飞扬地说道："我正在为建设一座美丽的城市而努力，人们会在这座城市中幸福地生活。"

可以看出第三个建筑工人他是有情怀的，有格局的，对未来做的事抱有使命感和愿景，终将达成自己美好的目标。

医生的情怀是什么？美国医生特鲁多的墓碑上有一句名言：to cure sometimes；to relieve often；to comfort always。大概意思是：有时是治愈，常常去帮助，总是在安慰。

医生能替消费者着想，能够治愈就诊病患就是最大的情怀，得具备最基本的治疗技术。医生看到消费者、行业的诸多现象，心中拥有一颗改变未来的心，这是情怀。使命是用来回答我为什么而存在、是打造个人品牌的理由，向世界、消费者、行业等输出自我价值和贡献。

使命是医生个人品牌的发展方向，医生个人品牌的基因来自于此。愿景是未来的，对于自己未来活成啥样，愿景比赚钱更有魅力，它可以激发自己全身能量，也能激发团队的能量，从而让大家奔着一个目标努力。

愿景可以告诉自己去哪、可以对消费者做什么。

如果你是一名医生，你可以帮助2万名消费者变漂亮，那么这个目标比你单纯做手术更有意义，也可以激发你的潜能。顶智的愿景就是让中国的医生创业变得简单。

医生打造个人品牌为什么要有情怀、使命感和愿景？

医生大都是有情怀的，但很少有使命感、愿景。行业属性决定了大家不会往这方面想，很多人的眼里也只有钱、名气，缺乏对行业的敬畏之心。打造个人品牌也是如此，巴不得今天做，明天就有效果，不谈使命、愿景，连最基本做事的心态也没有，所以医生打造个人品牌不是一件容易的事，必须要长期坚持。

1. 符合天地之间"道"的法则，利他主义

老子曾说过"夫唯不争，故天下莫能与之争"，这句话的意思是不与别人相争，所以天下没有人能与他相争。

一心一意做利他的事情，反而会收获更多。

我们很多人是想从别人身上获取更多，不想付出一点，而不是给予别人更多。每个人都有自己匹配的价值，同样也要相信自己的价值输出带来的回报。

我们曾帮助一名骨科医生打造个人品牌，帮助他树立品牌的使命和愿景，从每月只有30个客户，到每月有100个客户，他的为人处世也发生了很大变化，得到了同事们的一片赞扬。

他和我分享：以前只管自己的技术，以为只要在技术上获得一定的成就就可以，那时也只是想如何发展自己的事业、如何赚更多的钱，想通过别人获取更多知识、更多利益价值。现在在和别人交流时，无论是同事还是客户，他都会站在别人的角度思考"我如何在这件事上给别人提供更多的帮助"，反而变得顺利很多。

打造个人品牌不要一味地索取，要思考你有什么、能输出什么、能提供什么样的价值。

2. 吸引更多从业者成为你的合伙人

打造医生 IP 这件事，"会玩"的医生肯定比"不会玩"的医生更有优势，因为"会玩"的医生，他会结交行业不同领域的从业者。

带着自己的情怀和愿景在事业的道路上奔跑时，你的美好愿景会让你散发出非凡的个人魅力，会吸引更多不同领域的人跟着你一起前行。你也可以说自己不需要愿景，但拥有愿景的医生，他们的路一定更长、更可靠，也更有未来。

总　结

使命和愿景不是企业的专属，新时代的个人同样也可以拥有这些，掌握自己的品牌命运。千万不要把情怀、使命、愿景变成一场空想，没有实际行动，这不是忽悠的资本。也千万不要把情怀、使命、愿景变成赚钱的目标，这样做也不值得。一切为他人，围绕他人所展开。发生冲突时，不忘初心，方得始终。

思　考

1. 你觉得医生的情怀是什么？情怀对医生品牌有什么帮助？

_____

_____

_____

2. 请写下你的使命和愿景。

_____

_____

_____

8.5

如何通过写书增加IP影响力

古代医生之所以成为名医，除了技术不错之外，他们都有属于自己的著作，把自己在一线工作中遇到的问题整理成笔记，编撰成书，流芳百世。

医生们需要一本书籍奠定自己的学术地位。很多医生可能觉得，自己不需要写书，甚至不屑于某一些医生同行写的书，其实写书对医生IP有促进作用。

1. 写书可以增加自己的行业名气

医生写书，可以直接带来名气。医生有了名，就会直接或间接地带来利益，光这一点我相信很多医生是比较感兴趣的。通过写书可以链接更多外部市场，书就是你的链接作品，可以帮助更多的同行，从而不断地突破自己。

2. 写书可以系统地梳理自己

通过写书，医生们可以把自己多年的技术实操经验拿出来分享，对于自己是一种系统的知识梳理升级，也会让自己得到真正的成长。写书可以让自己变得更细心，从而学会如何打磨好一个产品，就如同做手术一样，好的手术也是需要打磨的。

🩺 医生写书如何开始

（1）医生自己IP的影响力。如果医生在行业中做了很多年，积累了很多经验，一般情况下，是不缺出书的机会的。会有很多出版社主动邀约出书，并且出版社会有很多渠道（天猫、京东、淘宝、百科、软文等）帮助你推广此书，这样就会增加你的品牌曝光度。

（2）积累很多年的干货。医生的干货来自技术理论和技术实操，年轻医生往往不具备，肚子里一定要有墨水，否则没有内容可写。所以年轻医生还是要以积累经验为主，不断看书、实践、总结，反复如此，形成自己的个性化标签，找准属于自己的那块心中土地。

（3）寻找一家专门出版本行业书籍的公司协助你，比如翻译国外的本行业书籍，参与他们的出版合作，出版公司会告诉你怎么配合、怎么写、怎么翻译等。但出书就得需要内容，即使是翻译也是一种自我提升的学习。

医生写书需要注意的事项

（1）自己专门写书，千万不要干涉书的策划、设计，你可以参与提建议，找到专业人士，术业有专攻，你只需好好写书。

（2）建议在一个特定时间、空间内一气呵成地写完，再进行两次、三次的反复斟酌、修改，使之成为精华。

（3）可以写一本关于消费者的科普书籍，也可以写一本关于自己擅长项目的学术书籍，各有优势，两种类型都可以在不同角度增加医生 IP 的影响力。

总　结

医生拥有一本属于自己的著作，对医生 IP 显然是加分的，对自己、对他人都是一种提升，但这种能力不是所有医生都具备的。

思　考

1. 你有自己编写的学术著作吗？行业影响效果怎么样？

_____

_____

2. 你是否打算编写一本属于自己的书？

_____

_____

8.6

如何通过分享提升IP影响力

医生要学会成为一名好老师，锻炼自己的口才，这将有助于提升 IP 的灵活性，增加消费者的认可度。很多医生可能不这么认为，觉得自己的手术好，口才好坏并不重要。

医生参与短视频拍摄，拍摄不同类型的内容，本身就是通过短视频平台向消费者展现自己，告诉消费者关于项目的科普知识。一个自我营销能力强的医生，本身也是一名吸粉、吸金的老师。

医生为什么要学会讲课？

（1）你亲身经历过的故事、亲自参与的手术项目，讲出来的东西，才会有说服力，这是讲课前提。

（2）如果你是医生创业者，学会了讲课可以更好地培养自己的团队，让团队充分了解你的想法，你是机构的灵魂。

（3）如果你是一名普通医生，学会了讲课可以帮助你提升自己的 IP 影响力。比如在消费者平台，如小红书、微博、抖音、视频号等向消费者科普专业知识，在行业平台向行业人士讲解自己的学术专业内容等，如果可以通俗易懂地讲解则更容易吸粉。但这不是所有医生具备的，消费者都喜欢大白话的知识。

不管怎么说，医生具备讲课能力，就会在市场中拥有更多的竞争力。如果有机会、有时间，需要有意识地练习演讲，因为在很多场中都需要，如在机构开业时、参加行业内各种会议时、内部团队开会时等场合，一个精彩的演讲会为你增光添彩。

　　我从小性格就比较内向，一直到大学，甚至工作的前几年，沟通说话都是如此。一段时间后，经过调整自己的沟通方式、状态，我能够和很多人沟通，与很多知名医生教授、名人交流。

　　微信视频号诞生后，我开始大胆尝试在镜头前每天讲 1 分钟，每天练习，每天学习和调整。刚开始在镜头前分享内容出现很多问题（状态不对、衣服不对、位置错了、语速太快了、有错别字、不通顺等），每次录制完，我都要看一下视频，从最早一个视频平均录制 10 遍到现在每个视频可以一次过，这对我来说是一个很大的进步。

　　所以这里给大家分享的是，可以通过录制视频的方式，不断地调整。熟练的讲课是锻炼出来的。

走出去，开始线上讲课

　　很多医生专业技术知识渊博，但是他们的收入通常不是很高，因为他们拿到的是保底工资收入。其实他们在销售个人的时间，而没有把所拥有的技术知识变成产品，如写成书、录制成课程、线下组织自己单品技术培训班，殊不知这就是一种变现方式。

　　医生要塑造个人品牌，我认为分享是最好的收获，分享得越多，别人收获越多，大家也会给你带来更多能量，有助于提升自身 IP 价值。

　　许多医生不愿意讲课，认为讲课都是假的，也讲不出什么。我想说的是，讲课是一种自信，也是打造医生 IP 的必经之路，比如你很擅长鼻部项目，对于鼻部研究了一套自己的技术亮点，这是别的医生所不具备的，这种优势完全可以通过线上或线下形式讲出来，传播出去，而且线上的传播必然是更快的，没有线下讲课的局限性。

　　医生们还可以面向消费者讲课。2020 年新冠肺炎疫情防控期间，线上化的步伐加快了，我们不得不转型线上分享。很多平时不在网上曝光自己、分享自己的医生，在这个时间段都出来分享了。抓住趋势，跟随趋势，不逆势而为，放下过去，拥抱当下。

　　医生们在线上讲课，我认为可以先在社群里进行线上分享，邀请三五好友先听一听，收集一些反馈。调整后，再在一些第三方教育平台进行分享，扩大自己的行业影响度，这个影响度取决于你的内容好坏。线上分享平台较多，如喜马拉雅、得到、网易公开课、千聊、荔枝微课等，可以选择性入驻分享。

从幕后走到线下去

医生要锻炼自己的讲课能力，可以和同行之间进行交流，组织一些会议或者参加一些行业沙龙、行业大会成为嘉宾，来分享自己的一些干货。我的经验是只有走到真实的场景中去讲课，面对一群真实的人，你的讲课能力才会有提升，哪怕只有一个观众，毕竟线上的讲课和线下的讲课场景反馈是不一样的。

孔子研究一套理论还得周游列国传播自己的思想，如果口才不好，我想他思想也很难传播到今天。行业内的确有不少医生的技术是非常有代表性的，所以他们会开设各类学术交流培训班，大家一起分享、一起交流，这也是一种从幕后走到线下展现自我的形式。

医生创业者们就更方便了，因为承担的角色不一样，医生创业者也是一家机构的老板，每天可以对员工宣讲一些内容、科普一些自己的产品。因为你就是这家机构的核心，如果不这么做，指望企划营销团队，是没有办法深度触达员工内心的。还是需要医生创业者自己和大家讲，这也是在锻炼自己的讲课能力。

如何让自己变得幽默从而更受欢迎

大部分医生是很难幽默起来的，这与人的性格有关，但幽默又是决定医生讲课能否成功的一个很大因素。这里面没有答案，你只能通过多看一些搞笑段子、多记一些搞笑段子，让自己刻意练习一番，否则别无他法。幽默也是一种与生俱来的能力，但也可以通过后天学习得到。

对于如何使自己更受欢迎，这里分享两点。

1. 忘掉自己，直接讲干货

很多人一分享，光是介绍自己就花了很长时间，甚至有些人还会解释自己为什么迟到、为什么讲这个课题，听得人一脸懵。我认为这些点缀，根本不需要提，大家来听你讲课，每个人的时间都是非常宝贵的，所以一定是直接切中要点，讲内容。

2. 大道至简，简单实用

讲课，最忌讳的就是讲的内容很多人听不懂，云里雾里。受欢迎的课，讲的内容往往都很简单，并且实用，是给受众人群听的大白话，得到的优质反馈也多。往往是讲的一些复杂的专业内容，听的人会以为讲课嘉宾自己都没有搞明白或故弄玄虚。

所以在分享内容的时候要单刀直入，直接讲干货，还有很重要的一点就是，医生在分享课程的时候需要传输一些能量，让大家感受到积极的心态。

总　结

分享得越多，自身收获就会越多。分享是让大家知道你是谁，满满正能量的分享对自身 IP 会起到积极提升的作用。

思　考

1. 你曾在哪些平台上有过分享？感受怎么样？是否有一些惊喜与收获？

_____

_____

2. 你为什么排斥分享自己？你的 IP 是否足够有影响力？

_____

_____

_____

第 9 章

打造 IP 的误区
及常见问题

9.1

打造IP不是一件急的事

打造医生 IP 这件事本身急不来，这就好比做机构的业绩，天天苦着张脸，着急做业绩也无用。必须注重机构"内功"，可持续地输出价值，才会拥有源源不断的业绩。要试问自己内功真的做好了吗？

打造医生 IP 是有周期的，需要在不同的周期里制定不同的阶段性目标，短期、中期、长期，坚持下去。

医生 IP 初期就像一个孩子，影响力很小，还弱不禁风，需要团队照顾，只要你用心对待"他"，给予足够多的重视及温暖，医生个人品牌就会茁壮成长，展现出自己的实力。

随着时间的推移，医生经历了很多事，拥有了更多的经验，这些都是医生 IP 的"养料"。特别是社会经验较浅的年轻医生，要和平台一起成长，平台助医生成长积累品牌资源，同时需要医生不断地投入精力和心血。

我所接触的一些医生中，大多数没有时间和精力去打造 IP，他们会指望通过"高超的运营技巧"让医生 IP 生效，但这似乎走不久。

在打造医生 IP 这件事上，医生一定要全力配合，如果不配合，再厉害的团队和营销技巧也很难打造成功的 IP。

打造医生 IP 就好比一块石头"扑通"一声掉进河里，可以溅起水花，只是这个水花可以溅起多少、在河里持续多久，考验的是医生的耐心和医生经纪人的专业能力。

打造医生 IP 的最终目的肯定是变现，也是最为直接的结果、最终的商业行为，这没有什么不对，但一旦急着靠打造 IP 赚钱，那就并不一定需要打造 IP。

如果你看了本书前几章的内容，你就会意识到打造医生 IP 的重要性。要好好打造自己的IP，着急赚钱这件事可以先放到一边，通过打造IP让自己变得更有价值。我们常常和消费者谈价值和价钱，价值是持久的，而价钱则是短暂的。

IP打造较为成功的医生，往往具有这些共性：**良好的医德、独一无二的技术、稳定的心态。**

1. 良好的医德

打造医生IP的过程中，医德是医生最大的口碑。

医生千万不能利用消费者不清楚的信息来忽悠消费者，赚取信息不透明的钱，忽悠容易，但不长久，还会对自身IP造成负面影响。

你的IP如果有忽悠的元素，IP如果成功也只是一时的，它并不能持续，之后可能昙花一现。医德是道，其他都是术。这是IP打造的顶层思考，有道无术，术尚可求，有术无道，止于术。

2. 独一无二的技术

本书一直不断地强调，打造医生IP不是打造人设，是打造医生的"基因"，根据医生的"基因"进行提炼。

凡是对自己技术有信心的医生，其用独一无二的技术通过各类平台有效地传播出去，即使只是在一种自媒体平台上的传播打造，那也是行之有效的。

打造IP最快的方式，就是让自己的技术迅速地被大众认可，就是打磨自己，成为爆款。什么是爆款，就是医生独一无二、差异化并擅长的技术，哪怕只有一个极其细分的项目，只要做到极致，就一定会有粉丝。

医生的技术过硬，口碑好，营销人员、医生经纪人帮助打造IP的方法论就会起到事半功倍的作用。如果医生的技术一般，甚至很差，即使再厉害的营销大咖来帮你打造也将是于事无补。所以医生的医疗技术是打造IP的前提条件，如果你的技术比较一般，那就抓紧修炼你的技术吧。

IP是你技术的翅膀，可以让你可持续地飞，你的技术也是你打造IP的内容源，是必备条件。

3. 稳定的心态

在打造IP的路上，有很多医生失败了，他们不是败在技术上，而是败在心态上。

打造IP本来就不是赚快钱的事，一旦想快速通过不成熟的IP赚钱，心态就开始变了，动作也就变形了。在打造 IP 之前医生们需要做些功课，要了解医生 IP 的大概投入和产出以及周期。

心态的调整，归到平常心对待 IP 这件事，认真打造，等待开花结果。

上海的一位植发医生曾咨询我打造 IP 的事情，我们认识很多年，他一上来就问我："打造 IP 可以帮我带来多少流量？有多少客人？"他问得如此直接，我竟无言以对。每次交流他都会询问一些基础问题，可时间一天一天地过去，他的个人品牌依然没有开始操作，实属可惜。

甚至还有医生问我什么是品牌，什么是 IP？

我身边不乏这样的医生朋友，他们意识到打造 IP 的重要性，也会组建团队运营或外包给第三方团队，但打造 IP 的结果却不理想，甚至在做 IP 的过程中发现被忽悠了。

这样的医生有很多，他们大都表现得比较着急，不愿意相信别人。比如面对自己打造 IP 时，通常会先寻找一个合作团队，刚开始做 3 个月后，就会找另外一个团队或个人来接手,刚开始有效果就暂停了和第一个团队的合作，这样反复几次，这个 IP 也就不值钱了。

一个团队一个想法，严重点说医生的各种定位维度也许都会被推翻，导致医生的个人品牌离见效越来越远，特别是积累了一些粉丝的医生，"元气"一次又一次被伤害。

在打造 IP 的路上，只要方向是对的，做好适当的投入，加上一定的等待周期，一步一个脚印地做，肯定可以成功。

大多数医生在面对打造 IP 这件事上，要么始终处于纠结中，迟迟没开始，要么不愿投入，希望找别人投入，时间一天一天过去，他的 IP 也没有效果。

打造 IP 是自己的事，只有自己真正足够重视，所调配的资源才会更多。面对医生 IP 这件事，医生的心中、眼中都要有坚定的目标、信念。

在打造 IP 这条路上，即使看不清终点在何处，不确定是好是坏，也一定要相信自己，坚信一切都会好起来的。如果心态变了，所有的工作就会前功尽弃，我见过很多医生品牌没有见效的原因大都如此。

总　结 ◇────────────

　　总的来说，打造医生 IP 靠的是技术、医德和良好的心态，IP 打造急不来，本书也不是告诉你多久时间可以打造一个厉害的 IP，只是指出一些需要注意的地方，让读者少走弯路。

　　　　　　　　　　思　考

1. 打造 IP 过程中你遇到的最大阻碍是什么？

_____

_____

_____

2. 你对 IP 有初步的了解了吗？

_____

_____

_____

3. 打造 IP 应该先做哪一步、再做哪一步？

_____

_____

_____

9.2

打造IP的十大误区

打造医生 IP 不是一件容易的事，是需要深度挖掘医生特质的重大且细致的工作。所以在帮助医生打造 IP 时，经常会有一些理解偏差，导致医生 IP 效果大打折扣，时间一久，部分医生就会觉得打造 IP 是一件很不靠谱的事，和自己没关系，甚至认为就是一场骗局。

如果从一开始对打造医生 IP 就有误解，那么后面怎么努力都是徒劳的，以下是一些误区。

1. 医生 IP 靠的是颜值，不是实力

在我们帮助医生打造 IP 时，部分医生会经常和我们说"我自己没颜值、年纪大了，恐怕 IP 离我很远"。的确，颜值很重要，却不是主要的。颜值在现如今这个自媒体时代，的确拥有流量优势，但是自身技术的学习、培养才是长期的，是医生 IP 的重要基础。

也有一些医生不怎么重视自身颜值，导致消费者不喜欢。对于自身颜值的把控需要一个度，它是打造 IP 的基础条件，但不能依赖这个基础条件，因为它只能对医生 IP 起到锦上添花的作用。

也有一些医生开玩笑说"我不靠颜值，只靠实力"，其实颜值和实力缺一不可，实力占比更大，这样打造的 IP 才会长久。

2. 打造医生 IP，只要宣传到位就可以

在行业刚开始快速发展的那些年，的确是流量为王的时代，如果宣传到位，你的 IP 就到位，用现在的话来讲就是"过度包装、过度营销"。

医生 IP 是这几年被大家陆续提出来并且实战的营销方式。早些年的营销方式比较野蛮和粗暴，机构对很多医生进行过度包装、过度营销，这显然是展示给消费者的，主要是忽悠消费者，医生们显然也并不怎么接受这样的营销手段。

我们曾服务过的一个医生对我说："真正的医生是不需要'包装'的，包装是对医生的侮辱。"

而现在的营销手段是建立在"你会做什么"的基础上，通过一些传播渠道放大你本来就会的事情，而不是你本来没有却虚构出来的事情，从外部市场反馈来指导医生IP如何打造。打造医生IP不是加法，是减法，是聚焦。

打造医生IP是持续的，技术是医生IP的核心。医生没有技术或者医生技术不过硬，那么打造IP就是空谈。在现如今的市场中，无论是老板还是从业者，医生人群大都对流量比较感兴趣，只要是厉害的流量，他们认为普通医生也可以捧红。

流量就像一个魔法，深深地吸引着每一个人。

靠着流量打造IP的医生，最多算得上网红医生，谈不上IP。

3. 医生个人品牌是一劳永逸的事，不需要维护

我接触的医生人群中，很多医生对自己的个人品牌是没有多少认知的，更谈不上品牌维护。他们巴不得今天开始打造品牌，明天就见效。事实上打造个人品牌是一个长期的系统过程，不是速战速决、昙花一现，也不是蜻蜓点水，而是需要定期对品牌进行维护。认知大于事实，对医生IP没有一定认知，之后的操作就是白费。

我们曾服务的一个医生在打造IP的路上"走着走着就走丢了"，从开始到结束，整整一年时间没有维护，等于是中途放弃了，这一年围绕医生品牌做的工作都白费了。这种现象在医疗行业经常出现，医生在打造IP这件事上注定是孤独的，还得不断尝试，去接受一切有利于品牌的事。如果你选择中途放弃，那么辛苦积累的一点粉丝最终都会流失掉，辛苦摸索出来的IP之路也只能拱手相让。

4. 打造个人品牌是明星医生的事，和我无关

有不少医生认为这种情况是理所当然的事，打造品牌和他无关，他不需要。

"我就是一个打工的，为什么要费心费力地去做自己的品牌呢？要包装，我没钱，我也不想成为明星医生。"你肯定也这样想过吧？包括很多医生创业者，即使是在创业，也不影响他有这样的想法——打造医生IP和我无关。

　　从原来缺商品的物质时代，到现在个人品牌时代，个体正在不断开放崛起，市场竞争越来越激烈。如果你低调，不重视自己的品牌，淘汰就是必然的，不淘汰你，淘汰谁呢。

　　当我开始提倡打造医生 IP 时，有不少行业从业者质疑打造医生 IP 是一件不可能的事，他们质疑的点不外乎以下两点：

　　（1）不是所有医生都可以成为明星医生。这个观点我是赞同的，但打造医生 IP 是每位医生都可以去做的，打造医生 IP 也不一定要成为明星医生，只是把自己最真诚、最真实、最擅长的那一面展现在消费者面前，为什么一定要成为明星医生呢？做自己不好吗？

　　（2）立场不一样，他们不愿意推广医生，希望弱化医生。行业机构类型有很多种，不少机构是不愿意推广医生的，希望弱化医生、模糊医生。他们内心是赞同医生 IP 的，但工作上是不允许推广医生的。

5. 多花钱，品牌就能成功

　　的确，打造个人品牌是需要一定的广告投入的，但并不是花很多钱你的品牌就一定能成功，这里面涉及很多细节，如费用投放在哪些渠道、每一个渠道需要多少费用、如何少花钱而不是多花钱等。

　　这本来就是一种本末倒置的想法，有钱就是优势吗？是打造个人品牌的必然条件吗？有一定的市场预算是打造一个品牌的助力，却不是主要的。有一定的市场预算它不是优势，而是要提取医生自身的基因优势，从而提出差异化优势，这才是最重要的。

　　一个成熟的"医生故事"，有市场预算可以推得更快一些。

　　这里也会有人说，可以通过市场预算推广医生品牌，达到一定数量后，由量变产生质变。但医疗行业不一样，医生必须要建立在技术基因上。

6. 医生的名气就是医生品牌

　　这个观点我不赞同，名气和品牌相比，名气的在线时间要比品牌短，名气是暂时的，品牌是终生的。

　　我们经常听说一个明星过气了，他为什么过气？是因为他没有新作品出来，所有才会过气。新的作品才是明星塑造自己的市场品牌，持续不断的作品就是自己的品牌背书，品牌比名气更有价值。

　　任何人都可以通过各种形式的宣传获得一时的人气，但绝对无法帮助他塑造属于自己的长期品牌形象。

个人品牌需要包含一个人的内涵、修养、性格、作品等，比如年轻时的刘德华是有人气的，但却是没有品牌的，通过多年的积累，持续输出，找到自己的路线，可持续地立足市场 40 年，给观众塑造了一个勤奋、坚持输出新作品、坚持不断打磨自己的偶像、榜样。

7. 打造医生 IP，就是打造单一渠道

判断一位医生 IP 是否成功，就是看这位医生 IP 打造的是系统性还是单一性，如果只是说某一类渠道做得不错，那么只能说他的医生 IP 打造得还行，有流量，并不代表他的医生 IP 有多成功、多系统。

从长远角度来看，系统打造医生 IP 是更可靠的。所谓系统打造就是从定位、细节挖掘故事，并进行包装设计和传播。

做医生 IP 就是打造个人微博、做抖音等平台？这些平台做得再成功，也只是带来了流量，对医生 IP 整体影响力的提升有局限性。

8. 打造医生 IP，医生不需要参与

医生是否深度参与决定了打造医生 IP 的工作能否成功。我们做的很多医生 IP 案例，以及咨询过我的医生中，但凡打造医生 IP 遇到瓶颈，有一半的原因是医生很难调整自己的时间参与进来。即使参与进来，也很难根据市场、消费者、平台、执行人的想法进行调整优化。

能够参与的医生已经非常好了，但如果遇到了那些很固执又不愿意参与的医生，他们只想花钱找人干活，那么他的 IP 打造几乎没戏。

医生 IP 运营和传统网络营销业务不一样，医生 IP 需要大量围绕医生的内容，这些内容的深度、个性和差异化，决定了医生 IP 能否在市场上破圈。

9. 打造医生 IP，只要定位好，就可以做成

定位不是一劳永逸的事，需要随着市场的发展而不断迭代，医生有清晰的定位固然是一件好事，但如果没有清晰定位，是不是就不需要做 IP 了？

在我辅导的医生中，往往我会建议他先开始做起来，在过程中找到自己的定位，一直坚持下去，覆盖一定数量的人群实现流量或业绩增长，这是第一步。仅仅靠调整定位获得流量、业绩，理论上是完美的，现实中很难实现。

医生 IP 营销一定要有足够的渗透力，才能拥有话语权。医生 IP 做得不好的，往往是营销渗透力不够、传播渠道渗透力不够。

医生IP参与程度有以下两种模式。

第一种：**医生为主，其他同事为辅**。医生对于打造IP有着自己主观和客观的想法，会第一时间去学习、找顾问、研究医生IP这件事，团队在他现有认知内严格执行相关工作。

第二种：**医生经纪人为主，医生为辅**。医生没有太多时间去学习打造医生IP的方法，医生自己可以参与配合，让负责的同事去做导演的事，医生是演员，导演围绕医生IP嫁接更多内部资源和外部资源。

10. 一直在想，从未开始行动

很多医生往往不注重自身IP的打造，一直想着先观望观望再行动，其实这是一个非常错误的想法，IP是任何医生从一开始就要注重的资产。

特别是医生创业者，如果在创业时期将自己的IP打造好，那么对于自己的机构有着事半功倍的作用。相反，如果等机构业绩好了，时机成熟了再去打造自己的IP，这种情况往往会被其他医生赶上，那时市场竞争已经很激烈了，再去竞争就需要付出巨大代价，比如打价格战。

总　结 ◇

你正在等待的时机，就是别人超越你的时机，千万别踩在这些误区上耽误了自己的品牌。

思　考

1. 你曾经理解的IP是怎么一回事？

_____

_____

_____

2. 你对哪种误区比较感同身受？写出你的感受。

_____

_____

9.3

商标、域名、专利对IP有多大的作用

在打造医生 IP 的过程中，商标、域名和专利往往容易被忽视，因为这些看来似乎并不是那么重要。商标、域名、专利是需要保护起来的 IP 元素，医生奋斗了这些年，最终果实不是自己的，实属不利。

🧰 关于域名的常见问题

1. 什么是域名

域名是指网站的字符化地址，相当于名字或门牌号码，在 PC 互联网时代盛行，如 www.baidu.com、www.youku.com、www.aiqiyi.com 等。

2. 如何注册医生 IP 的域名

（1）首选医生或擅长项目名称拼音的 .com 域名，cn 的域名作为备选。

（2）若拼音域名被抢注，退而求其次以"拼音＋数字""拼音+w""拼音＋英语单词"的排列组合进行抢注。

（3）留意已被抢注域名的截止日期，趁机抢注或洽谈转让。

3. 在哪里注册医生域名

可以到阿里云、美橙互联、西部数码等域名空间商处进行注册，几十元一年。

一个医生懂互联网，这绝对是一个优势，你可以得到任何你想要的域名，还不用承担任何成本。15年前，只有初中文化程度的蔡文胜只需懂汉语拼音就足以横扫世界，诸如奇艺qiyi.com、家居jiaju.com、土豆tudou.com、暴风影音baofeng等都出自他之手，他还把中国80%的城市域名收入囊中。域名是PC互联网的产物，也是所有互联网人趋之若鹜的产品之一，放在如今，PC转移动，搜索引擎市场份额下滑，但PC域名仍然是一个企业的品牌价值所在，也是互联网企业、互联网人的必备品牌要素。

对于企业而言，一个好的域名，对企业的品牌价值会加分，同样对于个人（医生）而言也是如此，从企业品牌时代过渡到个人品牌时代，医生的域名价值就会显得尤其重要，越有名的医生，域名价值越大。

如果没有商标注册，最终也是输家

无论是电视节目，还是企业品牌、产品，或是个人，都需要进行商标注册，因为一旦医生的品牌影响度提升，赢得了社会上的普遍认可，在自己擅长的领域却没有注册商标，也不能称为IP。并且医生越出名，越容易惹官司。我们行业也有不少机构惹上了品牌官司，还有某平台的商标官司。所以医生需要重视自有品牌商标。

到哪注册商标？

市面上有很多第三方公司可以帮忙提交申请商标，也可以通过阿里云申请商标，一个商标在300~1500元，给予第三方申请的商标，费用会高一些。

注册哪些分类商标？

医生需要针对自己的名字、擅长的项目关键词、图像进行商标注册申请，商标大致分类有35类、44类、41类等，具体可以和商标第三方公司说明清楚，让他们给予你专业建议。

1. 行业商标存在的问题

当前行业关于商标主要存在以下问题：

（1）商标保护意识太弱，注册类型比较窄，不够全面。

（2）申请周期长，很多专利项目产品上线了，但却没拿到商标证。

（3）一些多元化的集团商标注册跟不上经营步伐，容易发生商标侵权行为。

2. 如何保护商标信息

要想保护好医生 IP 的商标信息需要注意以下方面：

（1）除了注册品牌商标之外，对公司的宣传语、VI 调整、全国范围内有影响的活动、创始人的著作、App 图案等也需要注册商标或进行版权登记。

（2）从项目一开始就需要注册所有相关商标，做好长期准备。

（3）有实力的集团注册商标应力求全覆盖，对未注册的空白区做"保护式抢注"，针对已注册的领域进行"延续性注册"，还可在竞品注册商标周边尝试"渗透式注册"等。

打造医生 IP 最为重要的资产——专利

医生拥有专利将拥有更多话语权，这是一种市场竞争手段，没有专利权的积累，就没有医生技术上的优势。越来越多的医生意识到专利技术是技术质量的最好背书和无形资产，专利局依法授予申请人对其发明创造在法定期间内的独占权，专利就是你自己的。

专利是医生 IP 的核心竞争力，专利含金量及转化利用率更是制胜市场的"杀手锏"。彼得·蒂尔在《从 0 到 1：开启商业与未来的秘密》一书中说："专利技术是一家公司最实质性的优势，它使你的产品很难或不能被别的公司复制。一般而言，专利技术在某些方面必须比与它最相近的替代品要好上 10 倍才能拥有真正的垄断优势。"

总　结

域名、商标、专利是医生品牌三大无形资产，如果不重视域名和商标，个人品牌就会受到威胁；没有专利的积蓄，就缺乏硬实力。

思　考

1. 你是否注册了自己的品牌商标?

_____

_____

2. 你是否在全网覆盖你的品牌名?

_____

_____

9.4

打造IP过程中如何让医生深度参与进来

打造医生 IP 这件事一定要让医生深度参与进来，没有医生参与的 IP 在市场中肯定是昙花一现的。我们从打造的医生案例以及身边医生朋友的调查中发现，医生如果没有参与打造 IP，则打造 IP 品牌的失败率会大大提升。

在行业历史变迁中，医生是不参与机构运营、营销的，只负责执行，就和大部分从业者一样，没有项目定价权、被企划营销人推着市场 IP 化，这是没有灵魂的。从打造医生 IP 这件事来说，我们要充分尊重医生的意见及想法，只有多吸收医生的思想、内容信息，医生 IP 的打造才会有差异化、才会有灵魂，而不是干巴巴地复制粘贴内容。

在我之前服务的医生当中，经常会出现医生没有时间参与或不配合等问题，他们是这样认为的："要我参与，我有时间的话，还要你们来做什么呢，外包给你们就是希望节约我的时间。"有这种想法的医生不在少数，他们不愿意改变，不愿意接受消费者所谓的"无理"要求，活在自我的世界里。

事实上通过一个没有任何沟通、闭门造车的团队所产出的内容打造医生 IP，终究会出问题的。曾经有个同行和我说过她的困惑：

她是一位消费者，机缘巧合下，帮助给自己做项目的外科医生做 IP。做了很长一段时间后，IP 效果有了，但开始遇到瓶颈了，平台越来越难做，和医生沟通目前市场现状，希望医生配合，可以有所改变，比如让医生多参与不同形式内容的展现，但是医生很固执，不愿意改变，有着自己的理解。

任何一个传播渠道都离不开优质的内容，任何一个营销岗位也都要对企业产品有一个深度的了解，不了解产品的营销是垃圾营销。医疗专业性较强，医生不参与，仅靠文案人员胡编乱造，那肯定是做不成IP的，只能帮助你做一些日常更新，无其他作用。

自我营销意识很强的医生，他的IP一般不会差，反而是一些对营销、IP缺乏认知的医生，他们真的"很忙"、他们真的"没有时间参与"，这样的医生不适合做IP。

1. 和医生沟通

在合作之前，我会不断地和医生沟通并确认打造IP各个维度的事项——我们能做的事情以及医生需要配合参与的事情。

我记得，2019年帮助一名上海第一人民医院的骨科医生打造IP，前后沟通确认了不止5次，每一次我都会强调参与配合的事情，其实也是在传达我们打造IP的价值观。

和医生沟通的内容包括：分别交流对医生IP的理解认知，为什么要打造IP，医生IP案例，讲医生自己不参与打造IP的负面影响等。在帮助医生打造IP时，最为关键的就是要让医生自己懂IP的大概情况，需要配合参与进来，这都是提前要做的工作。

2. 教育科普

身边不少医生对打造IP这件事是模糊的，他们并不知道打造IP和他们有什么关系，即使有意识打造IP，那也只是了解点皮毛而已。

可以通过医生打造IP的案例来跟他讲，比如最好找和他类似的医生IP发展的情况告诉他怎么样，或在同一个品类的医生IP打造得怎么样等。通过这些案例科普给医生听、看，慢慢地让医生自己变得有危机感，打造IP就会变得稍微容易一些。再比如我会通过自己的公众号发布一些关于打造医生IP的重要性的教育科普文章，公众号也提倡任何体制内医生打造IP的意义。

3. 尽可能地不耽误医生时间

我们在帮助医生打造IP时，会提前预约好医生时间，带着自己的问题交流，收集基础素材，这些素材可以进行全方位的覆盖宣传。

一般需要医生参与的有以下三种内容：

（1）压根对医生不了解的，需要简历介绍、各种类型的形象照片以及深度交流时间。

（2）第二次采访关于医生的技术方面进行交流，甚至有必要进入手术间进行学习收集。

（3）定期地和医生沟通打造 IP 的方向、细节，给医生话语权，提出相关意见。

医生一般都比较忙，我们可以主动整理需要医生配合参与的内容，这样可以提升工作效率。

4. 打造 IP 是医生自己的事

当医生开始想打造 IP 时，他心里开始默认：我要开始打造 IP，我要突出自己，我要通过打造 IP 获取更多可能的机会（行业、消费者等），为未来的职场和创业提供更多的可能性。让医生参与医生 IP 这件事，需要医生明白，打造 IP 是他自己的事，其他人只是协助。医生的深度参与、重视自身品牌的打造，让这件事会变得更容易。

一家机构负责人对"优先招聘什么样的医生"的回答：

现在是自媒体时代，所以对市面上有流量的医生肯定是优先录取的，收入和待遇相对也会高一些，要知道个人流量和收入是成正比的。如果招聘的是一个技术还不错的医生，但他没有流量，没有粉丝基础，也没有个人品牌，那么收入、待遇这方面可能相对来说就会低一点，毕竟，个人品牌才是你持续变现的资本。

总　结 ◇

整体来讲，让医生参与到打造 IP 这件事上来，必须让医生自己重视、觉得是自己的事，而不是别人的事。告诉医生留一些时间给打造 IP，必须要和医生加强沟通。

思　考

1. 打造 IP 时，你是否参与到了团队中？

_____

_____

_____

2. 你觉得在打造 IP 的过程中，作为医生的你是否需要参与？

_____

_____

_____

9.5

如何有效处理IP品牌危机

你是否见过一个成熟的品牌没有遇到过危机？答案显然是没有的。无论是企业品牌还是个人品牌，都会遇到大小危机。

换句话说，品牌存在的价值就是为了应对这些危机。我们经常看到很多关于企业品牌的危机案例，其中有互联网品牌、食品品牌、汽车品牌、香水品牌、化妆品品牌等。

而关于个人品牌案例，我们也会时常看到某个明星、作家、运动员、医生等，因为作风问题、技术问题导致人设崩塌，个人品牌瞬间倒下。作为医生来说，打造个人IP无论是短期品牌还是长期品牌，大都会出一些小问题，外科医生的个人品牌更容易出现问题，没有出问题的，只是时间问题。我们可以通过小红书、大众点评、新氧等线上渠道，了解消费者对项目的不满，其中包括了医生的技术，有时不一定是医生技术问题，也会无缘无故导致医生品牌的影响力受损。

医生越知名，品牌影响度就越大，出问题的概率就更大。

消费者会这么认为：只要你有问题、有失败的手术案例、沟通上不舒服、面诊客户时表情状态不友好，我就可以评论你，帮你来种个草。消费者通过医生的微博、公众号、搜索引擎、大众点评、新氧、天猫等渠道和医生取得联系，好的评语、差的评语都会通过这些渠道传播出去。

我们应该在医生传播平台上展现更多的积极正能量的一面，千万不要在这些平台上传播自己的负面情绪或是负面的内容。当你开始真正做个人品牌传播时，你的粉丝都在仰望着你。

医生个人品牌存在的价值，是因为市场需要，消费者需要，你才有机会创建个人品牌，不要从主观角度去做个人品牌。

一旦遇到问题，不能出现推诿情况。因为你的消费者有可能会投诉你。我们在帮助机构和医生做服务时发现，遇到不好的消费者发布的信息，机构或个人会拼命地删帖、压制等，让负面信息过去，不解释，只推诿或延迟，时间一到，这事感觉就被压了。其实越是这样抵赖，消费者越会觉得这个品牌不好。

任何一个品牌都有可能被负面传播，比如大众点评、美团的负面评论，我们要通过这些负面评论自省，是机构哪里的流程出现问题，哪里的话术不统一吗？而不是先想办法去删除、压制。

什么情况下会造成误会，从而产生品牌危机：虚伪，不真实。

这也是我一开始就说的，医生 IP 的打造及传播一定是以医生技术为前提的，而不是刻意去包装、迎合市场和消费者。医生 IP 传播平台尽量保持医生的原汁原味的内容，千万不能用除医生以外的第三方人物的感觉去写内容、写自我的表达，消费者会误以为这不是一个人。

医生个人品牌有危机并不可怕，但要敢于接受自己品牌的危机，遇到品牌危机应该如何处理呢？

1. 积极面对、积极互动、积极解决

医生个人品牌通过线上渠道的传播推广，积累的时间越长，越容易出现负面信息，消费者只要遇到服务细节不满意就会线上投诉。这种品牌的负面信息在我们打造医生 IP 时时有发生，我们所能做的不是去解释，而是去面对它。我们身边有很多人遇到问题往往会不知所措，有些人还会去躲避这个问题，甚至推给另一个人或部门处理。

这和我们面对个人品牌出现负面信息处理的方法一样，我们更应该主动解决问题，很多人会把解决问题和解释问题当成一回事。一遇到品牌危机就出来解释"这不是我们做的、怎么可能、这是污蔑、消费者自己的问题"等，只是发出一份官方解释说明或者和消费者私聊解释，却依然不告诉消费者该怎么办、怎么处理。

2. 先接受、再承认错误

在机构你是否遇到过纠纷问题？一般情况你是如何处理这些问题的？哪一种方式比较有用？医生由于技术、沟通、形象等问题，导致消费者线上投诉，一般情况是如何处理的？

首先，我认为应该先接受对方提出的问题，再去承认错误，赢得对方的好感，再次沟通对应的解决方案。如果只是一味地推诿，找各种理由来掩盖，那最终的品牌影响可能比较糟糕。

其次，遇到品牌危机时一定不能拖，比如消费者通过微博反映一个术后问题，你拖了好几周也不去解决，时间越长，情况越糟糕。应该尽快处理这些信息，与消费者好好沟通。

行业的消费者大都需要做心理疏导，通过医生或咨询师不断去疏导，也就被解决了，除非手术真的很失败，心理疏导起不了太大作用。提出的解决方法，这些方法一定是站在消费者的角度，是和消费者当下情况息息相关的，而不是站在机构或医生的角度。

你只有把危机解决完，你的个人品牌影响力才会不断地得到提升。如果只是一次品牌危机，你就已经束手无策，那么你的个人品牌也会遇到瓶颈期。

总 结

个人品牌出现问题是为了锻炼我们如何积极面对，如何有效处理问题，从而反思自己，提升自己，通过问题学习总结，从而提升自己的品牌影响力。对于医生个人品牌的负面信息，我们更应该积极地面对和解决。

思 考

1. 你遇到过自己品牌出现负面信息的问题吗？你是怎么处理的？

_____

_____

_____

2. 你常用的解决品牌危机的方法是哪一种？为什么？

_____

_____

_____

9.6

打造IP需要投入多少费用、经历哪些周期

毫无疑问，打造医生 IP 的过程中肯定要投入费用，并且要可持续地推广，一定的费用可以维护好个人品牌，让你的消费者持续地记住你，加深对你的印象。

如果你想靠免费模式、免费推广方式打造个人品牌，抱歉，肯定成功不了，而且也熬不起这样的推广周期。

白嫖平台流量是有阶段性的，不可能一直持续下去。

任何一个品牌的市场动作都离不开一定的预算推广，这些品牌在我们身边无处不在。他们都是在做市场投放，无论是你知道的机构品牌还是已经在行业内流传的医生品牌，都涉及投放预算。也别指望仅靠优质的医疗技术、一劳永逸的品牌定位、差异化的内容等就可以帮助你持续打造好个人品牌。

我们在帮助医生打造个人品牌期间，经常会遇到下面这些类型的咨询。

打造医生个人品牌需要投入多少费用

这个问题不够具象，投入多少费用要分医生类型、看医生名气、看不同城市类型、看传播渠道规则、看人力配置等。

1. 有名气的医生

比如在行业干过很多年、在公立医院体制内的医生，也在市场积累了很多的粉丝，只是缺少一些载体推广塑造，那么打造这类医生品牌投入的费用相对来说要少一些。

2015 年、2016 年，我们帮助上海华山医院皮肤科主任项蕾红打造个人医生 IP（上海九院柴岗教授也是一样的方式），项主任本人在市场上的粉丝非常多，背靠公立医院，往往患者都挂不到她的号。当时帮助她做微博、微医网等渠道，迅速把她原来的线下粉丝引导到线上的官方渠道，短短两个月就见效了。

哪怕一个医生在公立医院待过很短一段时间，对个人品牌的加分都是非常大的。作为医生经纪人更愿意帮助这样的医生做个人品牌，因为医生强则品牌强，团队更是锦上添花。相反，医生不强，团队就要具备雪中送炭的能力，这是一种市场挑战。

不少流量平台、媒体平台更愿意去和大牌医生合作，免费合作、给予一定的流量资源推广他们，因为他们也知道大牌医生可以给平台带来流量，这是一种相互成就。

但大牌医生如果在推广的时候，适当投入一些费用，效果会立竿见影。为什么说大牌医生比较容易做个人品牌呢？因为他已经积累了很多粉丝，如果投入，见效会更快。

比如最早小红书邀请入驻的认证医生，都是公立医院的医生。抖音在很长一段时间内都是扶持公立医院的医生，会给予更多流量，反而民营医院的医生在抖音上却不那么好做。

2. 民营医院的医生

公立医院的医生 IP 我们打造过，民营医院的医生 IP 我们也打造过，但这两种体制不一样的医生 IP，在打法、效果、投入上都是不一样的。

民营医院的医生在市场中无论多有名都比不上同等年纪的公立医院的医生，但民营医院的医生市场成长比公立医院的医生要快。

我们在打造民营医院的医生 IP 时，明显感觉吃力，几乎没有任何外力可以借，需要通过推广渠道、差异化定位内容、超公立医院医生的市场预算、一定的周期去打造。

本来已经没有公立医院这棵大树了，市场动作只能靠自己一步一步积累，投入的费用相对来说也会多一些。如果有意识打造个人品牌，但苦于预算问题，迟迟没有开始，那么只能和个人品牌说再见。

　　所以民营医院的医生要选择适合自己的多平台，深度运营下去，做到极致。按照我们帮助医生打造个人品牌投入费用的经验，一年投入的费用大概在 20 万 ~50 万元不等，这些投入的费用还比较保守。费用分布在不同推广渠道上以及内容包装上。

　　如果这些费用你都觉得贵，不妨分步骤来做个人品牌，比如先做一个内容包装、一个百科词条、一个小红书、一个视频号、一个微博，再做点搜索引擎关键词覆盖等，别小看这些动作，它会间接地给你带来一些较好的影响。

　　倘若你是医生创业机构，可以优先做大众点评、美团，再结合小红书、视频号。

打造医生个人品牌什么时候见效

　　这个问题好像大家都回答不了，但请你记住，只要是有人给你承诺什么时候见效，做到多少业绩，请你一定要保持清晰的头脑，那都是在忽悠你，都是骗子。

　　还记得当年做网站排名业务时，不少同行为了接业务，拍胸脯地给企业保证，关键词在多长时间内一定可以排在第一，但时间过去了，企业却没有等到承诺的结果。这样的网络公司或者个人大都只赚取第一笔费用，利用了人性的弱点，大家也都愿意听到这样的承诺，不愿意听事实。

　　你身边是否有这样的人，如果有，你得注意。

　　地铁站、公交站广告牌，微博、自媒体、电商、短视频等平台又不是你家开的，凭什么可以拍胸脯保证？正常逻辑，操盘的人都会保守预估 3~6 个月左右见效，做好一年的长期准备，我听到最多的是这个靠谱声音，因为平台不是他家的，很难百分之百地承诺。

　　不过在行业内，也的确有一些人通过某些手段在较短的时间内让医生的线上平台见效，绝大部分人为了获得医生的认可便于接业务，会夸大其词，当真正开始帮助医生打造个人品牌时，就露馅了。打造个人品牌应该做好终生准备，而不仅仅是一年、两年。医生在面对医生 IP 这件事时，如果没有认清要有脚踏实地的韧劲这个事实，只能被别人收割、忽悠。

差异化的投放策略

2020年新冠肺炎疫情防控期间，当大家都在家没有开始工作时，你会发现不少机构和医生团队在选择性地紧缩市场预算，这样其实给了很多其他机构和医生团队逆势而上的机会，因为你不能在钱上和别人硬碰硬。

如果这时候选择在相关平台上投放广告，相同的投放预算与体量，能够收获更多的粉丝关注和流量。特别是在一些行业知名的平台上投放广告（如微博、新氧、大众点评、美团等），不仅能够帮助品牌扩大知名度、提升影响力，同样也能将这一影响延续到疫情结束之后的反弹期。

另外，我们还可以通过聚焦医生单品项目，根据线上平台的属性，制定投放策略，选择那些冷门却拥有不少消费者的项目。在时间段上适当避开热门时间，控制无效投放时间段。

2021年我们验证并实现了这一市场策略，围绕定位扶持医生机构，帮助医生机构梳理定位，围绕定位选择适合的传播渠道，围绕定位选择经营活动。

当一切经营行为聚焦了，也就没有了废动作，一切动作都是有效的。

2020年新冠肺炎疫情情况稳定后，我和一位皮肤科医生沟通交流，其间我们聊到了他的IP，他说他打算把自己的IP交给杭州的一家团队，自己不出钱，对方公司出钱包装打造的那种模式。

过了一年，他的IP没有实现变现和破圈，问到原因，他说每天都要他拍视频，他很累，其次账户归属权也不再属于他本人，不断地磨合沟通后，他放弃了这种模式，准备自己深度参与，找个顾问、再招一个助理一起做。

打造医生IP 需要经历哪些周期

你是否有遇到这样的问题："打造医生IP，下个月可以有效果吗？可以带来多少客人？下个月可以产出多少业绩？"

打造医生IP时，需要了解这些打造周期，打造IP不是一蹴而就的，没有周期的准备，谈不上品牌，顶多称之为人气。俗话说，欲速则不达，学会经历、接受每一个周期，少一步都成不了品牌。打造医生IP是系统地打造，不是蜻蜓点水地打造，打造医生 IP 是一个大工程，要在不同的品牌发展周期中注入品牌增长手段。

打造 IP 的周期和经营企业的周期是一样的，企业有市场周期，有投入期、发展期、成熟期、衰退期，任何一家企业都要经过这四个时期，如同白天黑夜，逃不过自然法则。医生品牌 IP 的形成和发展也是这样的周期：定位准备期、爆发传播期、品牌平稳期、品牌衰亡期。

1. 定位准备期

我们从操作的医生品牌案例中总结得出，定位准备期的内容是每一位医生都需要做的事，甚至不少医生的定位还需要重新做。

这一时期的我们需要帮助医生做战略选择，做加法、再做减法，建立属于医生的优势定位，围绕医生定位后，包装后期所需要的系列内容、价值标签以及医生品牌基础。

定位准备期主要是为了梳理自身优势，通过优势思考以及验证市场是否有需求，这样的需求是否是真正的需求，通过各种方法梳理好自己擅长的项目、IP 的变现模式，探索需求，验证模式。

冰冻三尺非一日之寒。在打造医生 IP 时如果没有打造好坚实的基础，即使品牌再突出，那也只是暂时的人气，并非真实的品牌。医疗行业有不少这样的医生，为了一时的名气，丧失了自己的个人品牌价值。

我们所接触的医生里，在打造品牌 IP 时，这个阶段他们似乎不怎么重视。因为他们觉得这个阶段的事情是不重要的，只会一味选择做渠道、做流量。

2. 爆发传播期

通过定位准备期的内容积累，在这个阶段，往往会通过传播渠道开始推广医生的各维度内容，在自媒体、电商、短视频、小红书等渠道进行传播。

这样坚持一段时间后，一部分医生 IP 开始有效果，另一部分医生 IP 依然没有效果，这样会让医生们对投入费用和放弃传播作出相应的判断，时间越长，坚持做 IP 的医生，坚持投放的医生，越能看到打造品牌 IP 的价值体现，而且越做越好。

另一部分没有效果的医生，就会出现"一朝被蛇咬，十年怕井绳"的心态。可以说这个阶段如果放弃传播是真的可惜，大可不必着急，可以根据传播平台的数据情况进行调整，选择适合自己的平台。

不过这个阶段的时间很长，坚持是至关重要的，需要根据正确的战略方向有效并长期地执行下去，爆发传播期的效果才会真正地被放大。

在不断传播的过程中，我们想要寻找传播过程中的核心优势，比如消费者喜爱、运营技巧等，针对这些核心优势进行可持续的投入，在这个阶段打好地基，在技术层面、传播层面、组织层面夯实 IP 的价值元素，不要浪费每一次的传播行为。

3. 品牌平稳期

通过前面两个周期对医生 IP 进行塑造，第三个周期相对来说就是收获期，通过品牌打造积累粉丝持续为医生个人品牌变现。这个阶段也是比较关键的一个周期，如果在这个周期没有维护好品牌价值，那么品牌平稳的见效周期可能会缩短，会影响医生 IP 的效果。品牌平稳期，并不是坐以待毙、坐享其成。

品牌平稳期相对打造医生 IP 工作成效而言，依然需要注重品牌的传播及创新，完善医生品牌线上渠道和线下渠道的每一处细节。

在品牌平稳期一定要想办法延期主要擅长项目、变现最多的项目的生命周期，然后再去寻找新的市场项目，这便是你的第二曲线，探索新的市场、新的适合你的技术项目。在探索过程中，重新寻找自己的优势，围绕优势找到自己的 IP 价值元素。

4. 品牌衰亡期

一般情况下，个人品牌在经历平稳期后，大多数都会走向衰亡期，这是因为每个个人品牌都有它适应的市场环境，随着环境变化、新医生的进场、品牌没有维护创新等诸多因素，医生的个人品牌可能就会消亡。比如最早 PC 时代捧红的医生，在移动互联网时代早已不怎么被人记起。

医生 IP 从开始搭建到见效，最终面临瓶颈，主要原因在于流量平台快速迭代、自我迷失没有好好运营内容、随着年龄的增长市场接受度下降、从团队操作变成自娱自乐、缺乏创新、忽略消费者切身感受等。

所以我们要在品牌平稳期开始进行创新、提升，从而满足市场的需要，打造个人品牌是一个持久战，要顺势而为，否则会被市场淘汰。

品牌衰亡期是每一个企业品牌、医生品牌必须要经历的阶段，我们要在品牌衰亡期重新做定位，刷新消费者心智。

总 结

打造医生 IP 的 4 个周期，缺一不可，这 4 个周期都是相互承接的。身边医生在每一个周期都有放弃的，一个成功的医生 IP 离不开在这 4 个周期中进行创新。

思 考

1. 打造医生 IP 从 0 到 1 必经的周期有哪些？

_____

_____

_____

2. 打造医生 IP 最为重要的周期是哪个？

_____

_____

_____

9.7

上游企业如何重视IP的推广合作

行业的上游厂家愿意和品牌医生合作，而非普通医生。上游厂家知道，品牌医生有行业影响力，同时还可以自带粉丝流量。品牌越强、名气越大的医生，厂家也更愿意合作甚至是长期代言，好比明星代言产品一样。

上游企业为什么要找品牌医生合作呢？

上游企业传统的做法，是以销售为导向，赞助各类大大小小的培训会、学术会议，曝光自己的产品，让医生为其卖货，医生成为上游企业的工具，并非医疗行业的主要导向。

这几年上游的产品太多了，同质化特别严重，上游厂家产品开始缺乏核心竞争力，来回的市场折腾后，他们最终意识到做品牌、做内容，围绕医生做内容是市场趋势。

上游厂家意识到要先取得医生的认可，产品在市场上才好推广。他们同样也意识到从原先只卖产品，卖不动了，到现在只能卖品牌，卖医生的品牌，让消费者信任医生，产品才能好卖。并且他们发现单一的销售方式也行不通了，需要一套解决方案，这套解决方案包括产品、个人品牌及产品知识运营方法论。

行业上游也越来越看重品牌医生的重要性，开始着手创建专家库，扶持医生IP，帮助医生品牌破圈，这是一种双赢。

我认为这是一种消费者导向的趋势，消费者面临的医疗产品非常多，他们不知所措，唯有认可品牌医生的推荐，信任品牌医生，消费者才会选择做项目。

上游厂家只有抓住消费者认可的品牌医生，才会长期立足市场。产品得到医生的认可，这无疑是一种捷径和加分。品牌医生的背书非常有利于市场销售的推动。

🧰 从厂家的角度来看

1. 医疗属性的产品介入

首先厂家一般得有具有市场竞争力的项目产品，甚至是拳头产品，这些产品往往代表了这个领域是比较前卫、有市场的。产品在生产过程中需要品牌医生参与进行指导，因为这些产品毕竟是具备医疗属性的，要有医生甚至是医疗协会的介入，要非常严谨，比如获得由国家食品药品监督管理总局颁发的证书，认证一类医疗器械、三类医疗器械等。

2. 品牌专家的背书

如果你只是一名普通的医生，甚至连微博、搜索引擎都找不到你，我相信上游企业肯定找不到你，所以你应该先好好打造你的个人 IP。

上游企业不管是哪种类型的厂家，他们都会选择具有一定品牌影响力的医生合作背书，让医生帮助线上讲课和线下讲课，植入品牌产品。上游企业毕竟处于医疗行业，所以找品牌医生合作，肯定会找匹配的医生合作，比如皮肤产品、光电设备是找对应的皮肤科医生合作；外科产品找对应的外科医生等。医生们也都要具备较强的专业知识能力。

在品牌医生为上游厂家背书、合作时，如果有个职位来概括，我觉得产品知识官更适合品牌医生。

医生们需要对产品项目设备具备最基本的了解，慢慢升级到成为该产品的权威。只有成为专业知识上的权威，在市场推广中，机构、消费者在产品上才会更信赖你。我相信这也是上游企业找品牌医生合作的主要原因之一。上游企业和品牌医生合作，是希望品牌医生能够帮助该上游产品在该细分领域拥有一定的话语权，不仅仅是卖货的铺垫，而是成为这个产品在行业里的权威顾问。

🧰 从医生的角度来看

从医生的角度来看医生 IP，在打造 IP 过程中，基本没有什么捷径，如果有，一定是借助各类资源，缩短打造 IP 的周期，尽快成效。

🧰 上游企业扶持的资源

1. 线上扶持

自新冠肺炎疫情暴发以来，很多上游企业开始重视自身产品在各渠道的曝光，传统的线下销售行为直接受到影响。

即使在 2021 年新冠肺炎疫情稳定后，又出现区域性疫情，线上直播分享变成了家常便饭，大家已习惯这种"危机"。

上游企业开始物色行业医生、咨询师、职业经理人等从业者，组织线上分享课程，通过分享系列课程，带动自家产品的曝光以及获得更多销售线索。

上游企业做线上活动，找到品牌医生合作，会通过自己的品牌资源、销售资源，帮助医生品牌传播出去，提升医生个人品牌影响力。

越知名、越大的厂家，资源也越多，预算也就越充足，可触达的落地性就更强、可破圈的机会就更大。很多上游企业越来越看重医生的重要性，专注医生，扶持医生，帮助医生打造个人品牌，让其代言。

除了学术讲课扶持外，部分上游厂家开始联动 C 端资源，比如找一批达人来小红书种草、来微博种草等，让医生进行直播然后关联医生，提升医生和产品的曝光度。

2. 线下扶持

2020 年，入驻顶智的一些厂家先通过医生线上分享的方式，看一看医生 IP 的效果和影响力，再和医生进行深度合作，通过不定期的线下活动资源扶持医生。

上游企业会通过主办一场以自己为主的产品介绍会或者发起一场行业大会，邀请和产品相关的医生上台分享，为其背书。上游企业也会想办法赋能机构，通过帮助机构组织各类沙龙活动，提供各类支持，其中提供医生就是一种资源扶持。

所以无论是通过线上资源还是线下资源扶持医生品牌，都是非常不错的机会，借力扶持，品牌提升会更快。

总　结

　　医生打造个人品牌时一定要懂得借力，通过上游企业资源打通 B 端和 C 端，一路通畅，提升自身品牌影响力，越细分越专业，也就越有价值。

思　考

1. 你是否想过借上游资源找到打造 IP 的捷径？

_____

_____

2. 你是否开始和上游企业进行合作？效果怎么样？

_____

_____

_____

9.8

有效的时间规划对打造医生IP的重要性

在和医生接触的时候，我发现不少医生朋友的时间是没有有效管理的。事实上大家每天都很忙，却忽视了停下来进行时间管理分配的必要性。医生的时间若有效分配，可以帮助自身个人品牌的提升。

🧰 什么样的时间是有效的

也许你会回答：我每天都很忙，不清楚自己的时间是否有效，但可以看到产出，具体多少我也不清楚。

有效的时间肯定是有价值的时间，那什么是有价值的时间：你做一件事高度集中的时间。我经常跟我的团队说：你一天上班8小时，能有4个小时认认真真地工作就非常不错了。很多人的时间被很多碎片化的事情分开，导致每天有价值的时间不足2小时。

医生对时间管理的方法也会影响自身IP的成长。

要想更好地打造医生个人品牌，你必须成为一名合格的"时间投资人"，你需要认真思考，认真选择，想尽办法将大部分时间投资到与你的IP相关的人和事上。

与我们合作的上海一家医生机构的医生老板，每天早上8点到诊所，写脚本、拍视频，之后由助理进行剪辑、上传、运营。同样，我们在义乌也有一家合作的医生机构老板，他每天都很忙，员工也非常少，但是效率却很低，早上是10点才到机构，晚上大概8、9点离开机构，花在个人品牌这件事上的时间几乎没有。

　　医生都比较忙，没有太多时间做其他事，特别是公立医院的医生，每天都忙于治疗患者。我身边的很多医生朋友穿梭在各个城市机构坐诊，服务消费者。印象比较深的是，每次约好了医生朋友谈事，大部分时间都在忙面诊或者做手术，有时候一等就是一个下午。可想而知很多医生的时间分配是有问题的。

医生的时间都去哪了

　　专家门诊：每周、每月、每天的坐诊时间，要接待多少个患者。

　　手术时间：每月安排多少台手术，分别是什么项目。

　　行政事务：一般是全职的医生在机构中会有这么一项，多点执业的医生没有这个工作内容，如处理一些日常工作、与同事沟通、处理机构纠纷、机构制度修改等。

　　加班：行业本来就是缺医生的，有时医生休息，但患者在，又不得不去医院加班看一下，或者做个手术，这种情况在行业比较常见。

　　学术交流：行业医生一般是每月 1~2 次，2020 年因为新冠肺炎疫情，很多学术大会、交流培训班都延迟或者取消了，大部分转移到线上举办学术交流会。

　　院内外坐诊：医生技术高超、医生品牌强，圈子内会有不少机构聘请医生每月 1~2 次过去坐诊。

　　带团队：带一些实习生、研究生等；部分医生创业者还要兼任管理者的角色。

　　研究自媒体：部分医生也会紧跟潮流，研究自媒体，运营自媒体，每天、每周挤出一些时间在好大夫、微博、公众号等平台上创造内容，和粉丝互动等。意识到 IP 的重要性，部分医生们会选择和平台一起发展共赢，即使没有时间的医生，也会选择团队外包，展开打造个人品牌之路。

　　以上是医生时间的大体去向，我们能看出医生其实是很忙的，忙工作、忙学术、忙自媒体等，似乎医生们的工作时间和生活的时间都粘在了一起，无法分开。

上天给我们每个人的时间都是一样的，同时也是有限的。但我们得想办法让自己的时间变得更多一些。

1. 付费请团队帮自己做事

组建了团队，可以把很多事情交给他们去做，不必事事亲力亲为。通过培训、定考核、教方法、检查、总结等方式将事情分配出去后，自己的时间就多了，可以做更多自己想要做的事。

2. 付费找领域专家

当想学习，想了解一个行业、一个技能时，会通过各种渠道找到这个领域较强的专家，给他付费，向他请教学习，用别人的经验、技能使自己少走弯路，避免那些别人踩过的坑。比如2020年我们开展了短视频的项目，我就付费找做短视频板块最为擅长的人学习、交流、请教，让我的平台快速成为视频号头部平台。我认为这种付费链接学习，对我而言是最快的方法。

3. 从自身做起，每天规划自己的价值时间段

前面有说到，每个人高度集中工作或学习的时间是非常少的，成年人也就不到1小时。不妨设置下，每过1小时，休息几分钟时间，喝喝茶、咖啡，找朋友聊聊天等。为了避免更多的价值时间被打断，不妨设置每半小时休息一次。

4. 从自身做起，每天规划自己的价值时间账户

规划某个时间段是用来写书、学习、开会的，可用手机记录，并设置闹钟提醒。例如，和自己工作有关的时间是4小时，另外用2小时处理对外关系等。

做一件事的时间长短决定了你是否可以深度思考和更高效地工作。

同样，我也把这个心得分享给了一些我的医生朋友，但收效甚微。医生的学习能力一般都比普通人强，所以学习任何新的东西都是在挑战自己的学习能力，但自己的时间管理又比较弱，比如厘清什么是重要的事，什么事可以稍后处理。

有的人不懂得借助别人的资源，让自己的时间变得更为合理。专业的人做专业的事，不要用自己的兴趣爱好去挑战别人的专业。医生是智商很高的人群，他们喜欢什么事都自己看、自己学，把其他非医学问题带着医学思维去思考、去挑战。

一个人在一年内、一个月内、一周内、一天内，有很多想做的事，想做的事越多，越会发现效果不怎么明显。

IP 就是医生的流量池，医生的工作、生活，乃至所有的时间都聚在 IP 上，比如自己的技术围绕 IP，找准技术定位、传播渠道，找到合适的渠道推广、同行之间交流切磋，学习提升对技术和非技术的理解等，可大大提升 IP 的影响力。

总 结

打造 IP 是一个系统且复杂的工作，有效的时间管理直接影响 IP 的进度。如果你的时间管理很乱，在打造 IP 上投入的时间很少，那么你的 IP 想成功都难。你的时间花在哪一件事上，这件事将会给你带来好的回报。

思 考

1.列出你每天的时间表，看看你在 IP 品牌上花的时间是多少。

2.平常你是怎么处理自己的时间的？一件事在什么情况下可以接受，在什么情况下需要拒绝？

第 10 章

不同医生 IP 打造的
角度不一样

10.1

皮肤科医生IP打造案例

皮肤科医生打造 IP 和其他科室的医生打造 IP 有什么不一样吗？

其实在定位方法上大同小异，但在一些细节上却有不一样的地方。很多皮肤科医生都觉得自己的技术很厉害，和厂家捆绑，注射和光电项目熟能生巧，那为什么自身 IP 粉丝就比较有限呢？

不可否认医生 IP 强，医生就业和医生创业就有更大的机会。

我接触的不少皮肤科医生还兼着机构的外科项目，他们大都成为机构的顶梁柱，集皮肤科、外科于一身的全能医师，这种现象在三、四线城市比较常见，一、二线城市相对好一些。

下面介绍皮肤科医生如何打造 IP，抢占消费者的心智。

🧰 如何成为皮肤行业的细分品相的领导者

大量数据表明，消费者决定了他 / 她的市场定位，排名第几，不是医生自说自话。

1. 皮肤科项目领先

光电、注射、线雕抗衰老和医用药妆护肤四大类，涵盖祛斑、祛痘、祛疤、祛红血丝、美白嫩肤、缩小毛孔、紧致抗衰、果酸换肤、注射填充、除皱、线雕等项目。

在以上皮肤科项目中，医生在行业 / 区域内可以排第几呢？

医生需要针对以上皮肤科项目进行市场调查，做成一张表，按照占比即可得出排名。仔细分析排名前五的皮肤科医生，是在强调自己的技术专利优势、产品优势、人格魅力优势，还是传播优势或行业优势？通过分析避开和他们正面交锋。

2. 皮肤领域领先

医生是否可以解决一个皮肤领域的问题，从而奠定自己的皮肤领域的定位？为熟悉的领域定位而不是为自己定位，是否可以颠覆原有的理论、技术问题？是否可以寻找新的皮肤创新之路？这些问题的解决和颠覆都要围绕消费者进行。

为皮肤科医生定位时，若能建立新的定位认知，是非常行之有效的。为医生定位之前可以先为皮肤领域定位，需要皮肤科医生拿出一些自己的技术亮点。

目前市面上的皮肤科医生有专门围绕痘痘、斑点等刚性需求的项目进行定位覆盖市场的，也有和厂家进行捆绑的，围绕厂家主推的品项，借力打造医生 IP。

3. 以人为本的客户体验

皮肤项目相对其他项目来说黏性比较高，是一个适合做好客情的项目。

皮肤科医生和消费者接触时体现的服务细节与个性化服务会在第一时间建立消费者对医生的印象，增加对医生的认知和信任。

这些服务细节不是形式化的嘘寒问暖，而是站在消费者的角度去思考他们在意的是什么。

皮肤科医生可以在这一点上深度挖掘，强化自己的服务意识，奠定自己的服务定位。皮肤科众多项目的服务流程也可以提炼出定位优势，操作的项目、运营的流程，大多数医生不外乎介绍所提供的项目流程和服务的细节。

服务的细节、流程越简明越好，操作项目的流程千万不要过于复杂，这会导致营销人员沉浸于此，而忽略顾客是否可以接受。

皮肤项目的服务细节，就是皮肤科医生定位的最大亮点，定位定细节、定位定细分。

我们曾辅导过的一位医生创业者，她是江苏的一名皮肤科医生，作为医生的她亲自和消费者建立深度的链接关系，服务消费者，增加与消费者之间的黏性。机构内没有咨询师，和消费者沟通面诊都是医生自己亲力亲为，每次和消费者沟通时都会在微信备注消费者详细信息,消费者遇到的一些问题,用真心换位考虑。她的机构每月的业绩只增不减,近两年又先后购买了市面上很多很火的光电设备。

在皮肤科领域中,由于项目相对来说较为简单,往往运营医生IP项目人员大都是皮肤科医生自己,也会有一些皮肤科医生交给外包团队或者助理来打理自己的IP渠道,无论是医生自己还是其他人,一定是长期全力执行,针对皮肤科医生擅长的项目在消费者心智上打造,需要大家目标必须一致。

皮肤科医生在打造IP的过程中千万不能混淆视听,导致营销动作变形、IP打造失败,大道至简是制胜法宝。

总　结

皮肤科医生打造IP的内容来自于他们所擅长的黏性较强的项目、行业趋势、厂家扶持,基于项目的特征,可以圈住一批黏性粉丝,这是皮肤科医生和其他医生品牌打造差异化的地方。

思　考

1. 你是如何对待你的消费者的？你是如何和他们交流的？

_____

_____

2. 你的IP定位仅限于皮肤技术吗？

_____

_____

10.2

口腔医生IP的新媒体运营策略

当我们决定了选择口腔医疗这个赛道之后，就要找到适合自己的新媒体平台来打造个人IP。对于没有新媒体运营经验的医生来说，选择一个适合自己的平台是非常难的事情，因为随着互联网的发展，各种新媒体平台层出不穷，让人眼花缭乱。我们需要先了解新媒体的发展历史，然后了解每一个平台的特性，再思考和自己的人设是否匹配，这样就可以进一步思考定位和内容输出的问题。

新媒体的发展分为四个阶段，也可以说是四个时代，分别是1994—2000年的四大门户时代、2001—2009年的搜索引擎时代、2010—2016年的移动互联网时代、2017年至今的视频自媒体时代，每一个阶段都出现了革命性的新媒体平台，让信息传递的效率更快，同时也产生了大量机会，成就了一大批人。

四大门户时代已经过去很长时间，新浪、网易、搜狐和腾讯网目前主要用于新闻信息浏览，已经不是IP打造的主要阵地，而搜索引擎虽然日渐式微，但是医生如果能够上百度百科，还是非常好的背书。

这里讲的医生IP是以自媒体形式展开的，也就是通过自媒体平台展现自己的技术、生活、兴趣、爱好等方方面面，让粉丝意识到医生不是两个冷冰冰的字，而是一个有趣、有温度的人，其实也可以理解为与粉丝交朋友，在来诊之前建立信任。

医生开通微博则晚了几年，牙医群体开始盛行玩微博大概是在2013年以后，中国最早的一批明星牙医，也是诞生于那个时间段。他们经常在微博上发布跟患者的合影、工作的日常、技术交流以及生活日常，患者通过参与医生的微博互动，了解到医生是怎样的人，然后逐渐建立信任并成为客户。所以微博是非常适合用来做医生 IP 的平台，虽然已经过了 2015 年、2016 年的红利期，但依然值得作为一个官方号来运营。

当然，打造医生 IP 只靠一个平台是远远不够的，需要形成新媒体矩阵，而这个矩阵怎么搭建呢？

微博适合作为官方号呈现，小红书适合展示患者的案例，B 站适合中长度视频的硬核科普，知乎适合专业的文字科普，视频号偏向于熟人圈子的运营，我们需要在不同的平台上建立同样名称的医生 IP 账号，形成规模效应，用户认为"哪里都有你"，而且网友的评价还不错，这样就更有利于信任的建立，并产生咨询。

那么除了微博，其他平台适合医生 IP 的运营吗？我们分别来看一看。

1. 小红书

大家都知道小红书是一个以女性为主的自媒体平台，这里也是"种草"的圣地，卖家通过不断在平台上更新软性的广告内容积累粉丝，买家则在平台上发布买家秀，不断地影响潜在的消费者，最终达到成交的目的。而医生虽然不需要这么强的营销，但是有一件事则是大有可为的，那就是引导客户在小红书上发布看牙经历并 @ 这个医生号，而这个医生号本身只需要更新日常科普、案例、兴趣、爱好相关的内容就可以，如果能够让自己三分之一的客户把看牙经历发布到小红书，这样的引流效果不言而喻。关于小红书详细运营内容可以参考本书第 6 章内容。

而在引导客户发小红书时，也有人群特征，比如做正畸、美白的客户，年轻群体就更适合，也更愿意去发布小红书。

2. 视频号

这是腾讯重点扶持的一个项目，视频号是一个半公域半私域的平台，并不像抖音那样是一个单独的 App，而是微信内的一个应用，背靠微信 12 亿的流量，从诞生到现在已经两年了。从医疗领域来看，还没有看到特别成功的变现案例，但是从品牌传播角度来看，视频号的精准度无疑是最高的。因为视频号是以朋友点赞为核心驱动推荐的，朋友的朋友基本还是在熟人交际圈内，而口腔医疗越是熟人就越容易快速建立信任，所以从精准度上看，视频号是非常适合运营的。

3. 抖音

抖音是一个完全公域的平台，有很多人问我口腔医生还适不适合做抖音，我经常给出明确的回答——民营医院的牙医是不适合的。因为在 2021 年抖音提高了认证门槛，只有公立三甲医院的医生才能认证抖音黄 V，如果是没有认证的医生，在抖音上说任何关于身体、组织、器官的词汇，都容易被封禁。所以对民营医院的牙医来说，抖音的红利期已经过去了。

4. B站

这里聚集了一大批爱学习的年轻人，他们追求形式新颖、内容互动性强的作品，因此 B 站对视频的制作要求特别高，没有专职做视频的团队的医生几乎很难做好。当然，如果招聘了专业的视频制作团队，B 站还是非常值得深耕的，因为这里的年轻人有着非常执着的探索精神，一旦医生的专业度征服了他们，他们就会无条件地为这位医生传播。

5. 知乎

知乎上聚集了一大批高知人群，他们对知识的真实性、专业度有着超强的辨别能力，所以在知乎上更新内容必须特别严谨、认真，实实在在地贡献干货，才有可能获得流量、收获粉丝。知乎为了确保医疗知识的质量，也提升了认证门槛，只有硕士学历以上的医生才可以认证。

以上就是相对适合口腔医生的自媒体平台，但没有提到的快手、新氧、梨视频、西瓜视频、看点视频就一定不适合吗？也不能一概而论。我们在思考营销策略的时候，一定要从用户的角度出发。你的用户在哪，就应该在哪个平台上做内容来吸引他们，这样我们就不会因为选择哪些平台做过多的纠结。以上这些传播渠道适合口腔行业，同样也适合其他医疗行业，详细拆解见本书其他章节。

🩺 口腔医生 IP 的定位和启动

在新媒体平台上，把医生 IP 通过几个关键词概括出来并不断强化，抢占用户的心智模式，得学会找到自己的优势和劣势，扬长避短，找到一个有结果的定位方向，这种找到自己优劣势的方法，称为 SWOT 模型定位。

SWOT 模型定位

按照上图四个象限分别列出自己的优势（S）、劣势（W）、机会（O）、威胁（T）。

例如，我有一位牙医朋友，他分析了自己的优势是：学历背景好（中山大学修复学硕士），技术经验强，临床经验丰富（做过 1000 例隐形矫正案例），喜欢健身，形象气质不错，普通话也很标准。

但是劣势也很明显，文字功底比较差，而且面对镜头表达很容易紧张，亲和力不够。

面临的威胁是牙医类 IP 的选题方向非常窄，牙医博主之间更新的内容大同小异，内容的重复度高，内容创意很难。

同时也有很多机会，比如目前在他擅长的领域做得特别好的 IP 还不多，而且他还有一位非常喜欢且擅长拍摄和剪辑的护士同事，也非常希望一起把这件事情做好。

有了这样的分析，我们就能很明确地给他什么定位了。害怕镜头，就尽量减少出镜，用文字或者旁白的方式来呈现；擅长美学修复，就应该重点突出自己的专业优势；喜欢健身、形象气质好，可以经常展现兴趣爱好这方面。有了这些重点，我们就要给他的账号取一个名字，凝练成几个关键词。

如"儿童牙医 Momo""牙医安安"就是比较容易称呼的名字，大家发现它的特点了吗？使用叠词，称呼起来朗朗上口，很容易记住，就像在称呼我们身边多年的朋友。

还有一种命名方法叫联想法，就是用户一看就知道是做什么的，比如"深圳矫正陈江山医生""广州美学牙医孟医生"等，简单明了。如果有需求匹配的患者，看到这位医生内容做得不错，在很短的时间内就会选择关注，而且这样的粉丝非常精准，这就是取好IP名称的作用。

有记忆点的名字往往更容易传播，比如B站的医生博主"水果医生"，还有口腔行业的"KO魔术牙医徐勇刚"，这些名字都是很有记忆点的，会引发粉丝的好奇，到底什么是水果医生，难道是卖水果的医生吗？当然不是，这位是一位在ICU工作的医生，他的每一期视频都会解剖一个水果来科普一场手术是怎么完成的，从而提醒大家注意身体健康。

魔术牙医听起来也让人费解，难道这是一位会变魔术的牙医吗？其实并不是，而是这位医生经常写出影响口腔圈内外的爆文，同时也敢于说真话，赢得了一大批的粉丝，而"魔术"这个词跟他的职业并没有必然关系，但是通过这样的定位，深深地让人记住了，因为真的特别有记忆点。

除了取名还需要准备好头像、简介以及背景图、认证等，怎样的头像更有利于在互联网上传播呢？

第一点，医生白大褂的专业性。很多口腔门诊的医生、护士的服装由于服务的需要，基本都不是白色的了，而在患者的心目中医生还是"白衣天使"的形象，因此在拍工作照的时候最好能穿上白大褂，更能体现医生的形象，赢得患者的信任。

第二点，头像不要轻易更换。否则粉丝很容易找不到或者不习惯。举一个例子，还记得我第一次买房的时候，联系了很多中介帮我找房源，其中有一个小伙子，他带我去看的房子特别好，我和太太都非常满意，但是由于时间匆忙，我没有备注他的名字，正好那段时间他又更换了自己的头像，而且买房这样的事，并不是看完马上就做决定的，等过几个月我们真的决定要买的时候，怎么找都找不到这位中介，想要从我几千个好友中挨个找到他，我早就知难而退了，最后我只能联系其他的中介。

这个例子体现了改头像以及没有一个好的IP名字的最大弊端，改头像会无形中损失很多机会。本书一直在强调，定位是围绕消费者进行的，很长一段时间是不变的，在不变的时间内，尽量保持全网统一，如名称、头像、内容、擅长项目等。

第三点，注意头像的版权。头像不能使用明星、名人的照片，相信会很少发生在牙医群体中。把头像确定好之后，就要着手去更新简介了，简介是对名称、头像的进一步补充，让人在看到内容之前，有一个总体了解，进一步加深印象，那么应该怎么写简介呢？是不是要把自己所有的荣誉、头衔全部写上去呢？当然不是！

其实在任何自媒体平台，简介一定要"简"，最好让人在 10 秒之内就能看懂，并且和自己的喜好快速匹配，所以简介不要超过 10 行，主要表达 4 个重要信息即可：①我是谁？②这个账号是做什么的？③能带你什么价值？④关注我有什么好处？

我有一个朋友，她的账号名称叫"刘医生讲中医道"，她的简介非常简洁。

- 中医传承者。
- 《嗨！中医，你好》作者。
- 从医 20 多年，师承老中医王登旗教授，看诊人次 10W+，整理经典中医抗衰案例 2000 多例。
- 一起十八中医抗衰平台发起者。
- 关注并私信回复"一起十八"送《十二时辰养生宝典》。

一目了然，同时包含了以上 4 个关键点。那么口腔医生的简介有什么格式可以参考吗？大家可以看下面的例子：

认证：口腔医生

简介：北京大学口腔正畸学博士，专注牙齿矫正 20 年。

广州传涨口腔医院院长 | 主任医师

曾任广东省口腔正畸科主任

全国正畸专委会委员

全国青年正畸病例大赛评委

隐士美中国特级讲师

让天下没有人因为牙齿不齐而自卑

粉丝福利：私信"1"预约可免费面诊，每天仅限 5 位

这就是比较典型的牙医 IP 简介，如果是 IP 初学者，可以适当参考这样的形式，如果是有多年 IP 经验的读者朋友，可以不拘泥于形式，照顾到 4 个

关键点即可。

接下来就是视频的背景图。不同的平台使用的背景图尺寸有所不同，但是包含的主要元素是不变的。抖音、小红书适合 9:16 的尺寸比例（即手机竖拍的尺寸），而 B 站更适合 16:9 的尺寸比例（即手机横拍的尺寸），视频号的适配尺寸比例则是 6:7，只有在腾讯旗下的软件"秒剪"中才有这个尺寸，当然，用一些修图软件提前裁剪好再添加到视频号中也是可以的。

切忌什么元素都要添加上去，那样会显得花里胡哨，须知用户在刷视频的时候，重点是在中间的视频内容上，周边所有的元素都要确保用户的视线能聚集到中间的视频上，上方是标题，下方是字幕。

好的视频背景图能够让人赏心悦目，有持续观看视频的欲望；不好的背景图给人一种凌乱的感觉，没有视觉冲击力，连点击的欲望都没有，再好的内容都会被"雪藏"。

最后就是认证了，做医生 IP 一定要得到平台的认证，因为这意味平台认可你的专业能力，内容会得到更多精准的传播，同时在用户的心中也会显得更加权威，毕竟医学科普是容不得虚假、恶搞的，一旦产生误导，将会产生不可估量的后果。

越来越多的传播平台对医生认证提出的要求越来越高，抖音、知乎和小红书就是明显的例子，早期入局并且认证的医生抢到了第一波红利，而后期的医生只能望而却步，因此每一个新平台都酝酿着巨大的机会，一定要尽早进入并完成内容的分发、账号认证。

目前最新且最有潜力的平台是微信视频号，医生认证没有粉丝要求，只要发布过内容且有主治医生证，就可以认证。

医生 IP 的运营可以分为两大板块，**一是内容的生产与运营，二是客户的运营。**

按理说，医生 IP 的内容生产并不难，因为牙医所学所做就是关于牙齿健康的工作，随便提取工作中的任何片段都是很有专业度的，但还是有刚开始做 IP 的医生觉得更新内容特别难，甚至不知道更新什么。接下来我们就先讲讲牙医更新内容的几大方向。

第一个方向是口腔科普。这类内容是最容易完成更新的，这类视频是医生最熟悉的知识，同时通过简单的拍摄和剪辑就能完成。但是真正开始做的时候，我们会发现把这些专业知识变成患者听得懂的话，也不算是一件特别容易的事情，那么怎样解决这个内容落实的问题呢？

可以在抖音、B 站、小红书上搜索同类的牙医博主，看看他们每一期都更新哪些具体的科普。同样作为牙医，选题的内容几乎是相近的，而我们又不能原封不动地照搬，怎么办呢？建议花点时间把优秀博主的科普视频标题和具体内容抄写下来，在自己做内容规划的时候，同一个主题，可以根据自己的实际经验和专业视角、独特的口吻做新的形式展现，这样做起内容来就会轻松很多。

等更新 2~3 个月左右，就会逐渐形成自己的风格，那时候不一定需要参考其他人，而是根据自己在日常生活中接触到的患者问答、粉丝留言来不断更新自己的内容。

第二个方向是工作日常。如果是在微博上，就用"图片 + 文字"的形式；如果是在小红书、视频号等视频平台上，就可以剪辑成 Vlog，这类内容对心思比较细腻、感性的医生来说并不难。

比如今天遇到一个来看牙的女孩子，她跟医生说自己曾经因为男朋友嫌弃自己的龅牙，差点抑郁，这时候医生首先要给予她心灵上的安慰，告诉她外貌虽然重要，但是跟生命比起来就太不值得一提了。而且龅牙是有方法改善的，表达出自己的理解和宽慰，这个时候就可以发一条动态说出你的感悟：外貌真的那么重要吗？我今天遇到一个女孩子……希望每一个人都爱惜生命。这样就可以带来很多的互动和讨论，也展现了医生的价值观。

如果是心思没有那么细腻的医生，发这样的内容可能有点难，可以通过发一些认真工作的照片，说一说今天自己有多忙，来达成跟粉丝互动的效果，总之就是把我们在工作中的敬业精神通过文字和视频的方式表达出来。

第三个方向是生活日常。患者认可医生的技术只是一方面，让客户认可医生的为人，才是建立良好医患关系的重点。因此适当地展示一下自己生活、家人、兴趣、爱好，可以快速地拉近跟粉丝的距离。

比如时不时可以展示一下跟孩子在一起的时光，说说孩子的成长和教育，瞬间就会变得非常有爱，因为粉丝看到你如此爱自己的孩子，而且心思细腻，就会从无形中觉得医生非常有责任感。也可以偶尔晒一晒跟伴侣在一起的时光，展现一下自己浪漫的一面，发自内心地赞美自己的伴侣，会让粉丝觉得你是一个很专一的人。当然，这一切都必须出于真实的感受，不能作秀。

第四个方向是患者故事。找一些自己的忠实患者，以采访的形式做一期视频，让患者讲一讲她的看牙经历和感受，一方面起到非常好的证实作用，另一方面让患者本身感觉受到了重视。

这是访谈式的做法，还有一种是患者不做真人出镜，但是可以在隐藏患者隐私信息的情况下，展示患者案例，让更多有同样问题的患者找到参考，这种类型的内容建议每周两次即可，一般发布这类内容是非常容易获得精准咨询的，但是又不能每天都发。

这四类最基础的视频可以作为我们的日常更新，起码在我们的账号上有内容了。切忌想了很多，结果什么都不做，IP就只能是空谈了。

有了这些基础内容，如果想进一步做好，就必须关注在这个细分领域里，哪些内容容易出爆款，毕竟我们做自媒体是希望更多人知道我们，从而产生交易，而不仅仅为了展示。

那么在这个行业里做哪些内容比较容易获得流量呢？

第一种是趣味科普。这类内容不同于普通科普，而是用一种创新的形式教会大家科普，比如牙疼版《大海》，就是把《大海》这首歌改编成跟刷牙有关的内容，再跟着这个旋律把它唱出来，从而达到趣味科普的作用。在这里，我们一定要改编那些脍炙人口的老歌，因为旋律特别熟悉，情不自禁就会哼起来。

现在我们就拿周华健演唱的这首《朋友》来改编一下，大家可以拿回去再创作，相信也会很受欢迎。

这些年 不刷牙
随便吃 随便喝
啤酒盖 也开过
不记得流血几多

牙掉了 才会懂

吹牛皮 总漏风

在梦里 还有你 在口中

冷的酸的来一口

那些日子不再有

一口牙 一辈子

像朋友 在守候

每当牙疼的时候

那些滋味谁会懂

勤刷牙 常漱口

朋友们 要记得

第二种是猎奇类的视频。比如"牙医是怎么治疗自己的""用肥皂做齿雕的全过程""可乐牙齿浸泡实验",这些内容满足了大家对牙医或者口腔门诊的好奇心。我至今还记得有一位牙医更新了一期给自己拔牙的视频,播放量破百万。但是咱们并不需要天天都做这样的视频,而是周期性地想一些创意视频即可,平时有普通的科普视频作为基础,也是一种患者教育,爆款不可能是一种常态。

第三种是有争议的内容。比如一位著名的妇产科医生就更新了一条作品叫"卵巢需要保养吗?",在视频的开头就说:卵巢还需要保养,哼,真可笑,然后用 1 分钟的时间说明了卵巢保养是多么的荒谬,是美容院骗钱的玩法,得到了很多正义之士的支持,同时也被很多黑粉攻击,迅速让这位医生出圈,让更多人认识了他,知道他是一位有良知的妇产科医生。因此,这类视频的关键点是敢说真话,不要怕争议。

第四种是绝美的病例展示。这个怎么理解呢?很多时候,牙医发布的案例内容往往偏学术性,经常带点"血",展示了自己高超的技术,而有一类视频却让人赏心悦目,那就是美学修复。将一颗有瑕疵的牙齿经过各种工序修复成一颗漂亮的牙齿,真假难辨,通过视频把这些步骤记录下来,每个镜头 2~3 秒，加上轻快的音乐，会让人有一种赏心悦目的感觉。

第五种是蹭热点。蹭热点是非常有技术含量的事，作为医生，热点蹭好了可以加分，如果蹭得不巧，很容易人设崩塌。比如之前有次人大代表呼吁种植牙纳入医保，有一位医生则在微博上评价这位代表是无脑行为，结果反倒受到广大网友的"攻击"。

正确的姿态应该是先找到热点，然后结合口腔知识，传播正能量。比如之前有位明星在微博上发表了自己因为不及时带孩子看牙，险些错过最佳治疗期的经历，这个时候牙医可以针对此事给一些科普建议，并提醒大家要注意孩子牙齿的健康。

了解了以上五种做爆款的方法，大家在内容制作上的方向就很明确了，有了内容会逐渐积累粉丝，用互联网的话来说，逐渐积累了用户，这些互联网上的用户，我们应该怎么运营呢？

如果我们的新媒体矩阵已经开始更新内容了，如何去引流呢？首先是内容引流，这个刚才我们已经做了很详细的阐述，那还有哪些技巧去引流，让更多粉丝关注我们呢？

第一个是试着在评论区引流，到美妆博主、健身博主、大 V 的账号下方去留言，引起其他粉丝群体的关注。著名的抖音网红"豪车毒老纪"，经常去一些博主下方留言"尊敬的库里南车主……"，引起了很多人的围观，这是一种多么高情商的留言，让粉丝看了又气又好笑，都觉得这个博主很有趣，于是就成了他的粉丝。

当然，并不是说医生博主要去照搬这种做法，而是可以和粉丝群体相近的博主多做互动，从而达到引流效果。

第二个是在视频内容中的左下角，使用箭头引导加关注，在视频最后提示关注，可以由博主说出来，比如：欢迎关注我，让你看牙不迷路。

第三个是找到真实的到店患者发布看牙经历，然后 @医生的主号，大家看到这位患者的案例，有意向的粉丝会问，这个矫正是在哪里做的呢？通过留言引导粉丝关注医生，甚至直接由患者引导到店和医生认识。

第四个是直接和美妆博主、健身博主等进行连麦直播，互相引流，这种形式在微博、抖音上都很常见，现在在视频号中也非常流行，一方面两位博主之间没有业务冲突，另一方面可以通过双方的势能拉高人气，从而获得更多的粉丝关注。

引流获得了关注后，还有一个很重要的动作是把客户加到微信里，我们也称之为私域流量，只要有平台的客户咨询，我们就把他加到微信里，同时通过发朋友圈不断影响客户，直到成交转化为止。再通过售卖美白卡、家庭卡的方法让客户产生持续的复购，并且在门店里消费可以获得积分，积分可以换取商品，这样就能把客户留下来，接下来还要引导客户在治疗结束的时候有满意的体验，并且转发朋友圈、微博、小红书等，完成新一轮的裂变，形成良性循环。

这就是客户运营的四步法：引流加粉→成交转化→留存复购→裂变推荐。

总 结

打造口腔医生 IP 需要从一开始定位明确后，围绕医生定位进行相关操作，进行可持续的运营、精细化的新媒体运营，不断地调整优化，使医生 IP 可以破圈，提升影响力。

思 考

1. 你是什么类型的医生？对本节介绍的新媒体策略，你是怎么做的？

_____

_____

_____

2. 本节内容对你有哪些启发？

_____

_____

_____

10.3

外科医生IP打造案例

外科项目在市场上的同质化很严重，外科案例就显得尤为重要，以便在各种平台上进行传播。

只要是外科手术项目大都是要见血的，这也导致一些平台会对这些内容进行处理，相对皮肤项目来说，外科医生 IP 操作起来稍微有些难度，这种难度表现在不可持续。

1. 外科医生 IP 定位是第一步

外科医生的定位比皮肤科医生的定位显得更为重要，那么外科医生的潜在顾客有哪些呢？

调查显示，外科医生的潜在顾客主要是 18 岁以上的女性求美者，爱美之心，人皆有之。

对于 18 岁以上的女性求美者来说，她们的需求是多样的。在求美者心智中，如果想要做双眼皮，她会去找这个城市、这个领域排第一的双眼皮医生，也会通过身边的朋友介绍。

外科项目多种多样，你却独爱那一种，寻找适合自己的项目、擅长的项目，才是你打造 IP 的重要前提。

2. 学会自我提问以及对别人提问

外科医生做自我定位时，一定要对求美者提问题，深度挖掘问题背后的需求，医生定位一定要在求美者心智中找答案，而不是医生认为自己所擅长的项目，两者需要结合。

比如：

（1）你对双眼皮有了解吗？打算做吗？为什么？在对求美者提问题时，要多问几个"为什么"可以深度挖掘。

（2）如果做外科项目，你一般会考虑什么样的因素多一点？为什么？

（3）为什么会去选择？为什么不去选择？

3. 学会走进手术间找医生技术的差异化

很多运营、企划平时不怎么走进手术间，总喜欢闭门造车。打造医生 IP 需要助理、企划等相关人员进入手术间了解医生擅长项目的原理、流程、技术等，医生也许不清楚技术的亮点，但你通过几次进入手术间，也许就可以找到技术亮点，比如在时间上、细节上、体验感上。

有个做医生 IP 的同行向我咨询关于他们外科医生 IP 的问题，传播渠道限制案例，医生不配合，价格又很难提升，和其他医生项目没有区别。我给他的建议就是"走进手术间找准定位，不要经常在外和医生沟通或让医生提供一些素材资料，这很难让你融入进去了解技术，也就很难形成差异点"。

4. 价值观的传播，非案例的硬性传播

小红书等各类传播平台，对于外科血腥画面、让消费者看了引起不适的画面会全部清理掉，而外科医生做 IP 传播，最常见的就是直接在传播平台发布术前案例和术后案例，没有任何解说讲解，这对消费者和平台都是不友好的。面对现在的内容传播方式，应该把案例植入医生科普环节中，让消费者面对镜头讲解或把整个求美过程拍摄出来，发布到平台上。

在消费者案例中加入医生的专业解读以及价值观点有助于打造医生 IP，突出医生 IP 的鲜明特征。

这种软性内容，加入医生个人价值观的内容才是差异化的内容，才是和其他医生区分开的一个亮点。

有些医生不愿意表达、不愿意讲解自己的看法或者压根就没有镜头感，周期一长，这种医生将不吃香，甚至被市场淘汰，因为他的 IP 只是停留在野蛮粗暴的、用更多技巧填充的流量时代，不是内容时代。

总　结

　　打造外科医生 IP 需要更为深度的调查，比如深入市场、走进手术间，根据市场和自身的优势，选择出适合自己的差异化定位。

思　考

1. 如果在你擅长的外科项目里只能选择一个，你会选择哪一个？

_____

_____

_____

2. 你擅长的这个项目和市场中的该项目是否能有效结合？

_____

_____

_____

10.4

年轻医生如何打造IP

打造医生 IP 时，你是否有发现身边年轻医生增多了？

年轻医生更愿意去拥抱互联网，更愿意去接受新的事物，特别是在打造 IP 这件事上，他们的响应速度比很多资深医生要快。

1. 提前做好自身定位

很多年轻医生由于刚开始在机构工作，什么类型的客户都去面诊治疗，这也是积累实战经验，在其间也会迷失掉自己的定位，自己的定位只有自己说了算，千万不要跟随机构的意图改变自己的定位，而是需要提升自己的行业认知力。

年轻医生的定位和职场新人的定位一样，越早知道自己想要什么、自己会什么是非常关键的，提前了解自己是为以后的职场、创业做好定位布局。

年轻医生刚开始在机构工作的那几年里，你是跟随自己内心定位走还是跟随机构的定位走，要想明白，或者边走边想。

2. 打造医生 IP 这件事要快

事实上我们所接触的医生当中，对于年轻的医生接受 IP 打造这件事来说，更有意识力，也更有执行力，相反很多中年医生对打造 IP 这件事比较犹豫不决，即使有意识，但在行动上却迟迟不启动。

特别是已经工作了很多年的医生，他们在面对 IP 时，显得非常无助。我印象中有一个中年医生，我们认识很多年，每一年都要主动找我交流，一年一年过去，他的 IP 迟迟没有进展，他是一个技术非常好的医生，但在互联网市场里他无 IP 可言。

但我们看年轻医生，特别是现在的"80 后""90 后"甚至"95 后"医生，他们对医生 IP 的理解和执行都比较到位。

年轻医生接受打造 IP 的速度更快，唯有这一点可以短期战胜有资历的医生。

年轻医生在面对市场中那么多媒体渠道时，都会有自己的判断和理解，因为他们经常使用这些媒体渠道，相对来说他们也是这些平台的重度使用者。

3. 年轻医生打造个人品牌不要局限于一个平台

在前面的章节讲到，医生要选择适合自己的 IP 打造平台，这是有一个前提的：你在你所属的医疗行业中积累了多年的经验，你所服务的人群覆盖也清晰了。

但对于绝大部分的年轻医生来讲，他们自己是谁？可能还要再摸索一段时间，所以需要通过互联网平台寻找他们自己的定位。

选择平台也要看个人精力，在允许的情况下可以多选择几个目前流量不错、有趋势潜力的平台，通过这些平台用户给你反馈，你发布什么样的内容他们比较喜欢，通过消费者心智，找准自己的定位。

4. 多和行业前辈、大 V 互动、点赞，多支持行业大 V

作为晚辈的年轻医生要多和一些前辈在线上互动、点赞，但前提条件是你的内容有一定的价值，有干货、有趣，你的存在感刷多了，前辈们很有可能哪天就推荐你的内容。比如在微博、小红书、抖音、视频号等平台上进行互动交流。

你和大咖在线上平台进行互动、点赞，其实也是一种自我学习的过程，让自己这种互动行为变得更为自然一些。

5. 在各类平台留下你的联系方式，积累你的基础用户

这一点对于年轻医生尤为重要，我们所做的推广，目的都是希望积累更多的粉丝用户，在你使用的互联网平台里委婉地留下联系方式，让更多的粉丝添加你的微信，成为你的微信好友，方便和他们进行互动交流。

年轻医生在这些平台上打造个人品牌，一定要坚持，狠狠地执行，就一定有所收获。

> **总　结**

　　年轻医生拥有资深医生不具备的对新事物的接受能力，这是一种优势，年轻医生打造 IP 要积极拥抱互联网变化，随时随地和自我做链接，搭上行业前辈大咖的线上渠道，多多链接，多多评论。

思　考

1. 你找到自己的定位了吗？

_____

_____

2. 你是否打算拥抱新媒体？

_____

_____

3. 你现在做的平台渠道效果怎么样？

_____

_____

_____

10.5

普通职场医生如何打造IP

在行业中有两种市场类型的医生，一种是在公立医院或民营医院上班的医生，一种是在体制内工作过一段时间出来创业的医生。本节主要讲解普通职场医生如何打造 IP。

在我所接触到的普通职场医生中，有很大一批医生是不愿意或者不敢打造自己的 IP 的，他们的疑虑在于：毕竟现在在单位中，不方便打造。特别是渠道机构的医生朋友们，直客机构相对好一些。拥有这种想法的医生不在少数，我也能陆续感受到渠道机构医生的自我危机感。

但也有少数医生意识到打造 IP 的重要性。

我曾在 2019 年帮助一个骨科医生打造 IP。一开始并不顺利，这位骨科医生是上海比较厉害的副主任医师，他是通过我的公众号找到我的，我们互相添加微信后，一开始并没有怎么深聊，只是表达出打造 IP 的想法，之后我们就线下见面，前后一共见了 3 次，这位骨科医生才选择和我合作。

通过这 3 次见面，我发现这位医生非常谨慎小心，因为他在一家比较知名的综合性医院上班，有很多顾虑。

当谈到费用的时候，他不是在意费用多少，而是在想费用由谁来出？自己出还是单位出？单位愿不愿意出？不愿意出怎么办？最后思考了几天，他决定自己出。

如果你在单位里工作，把自己工作内容做成你的个人品牌内容，这样你的工作和个人品牌两件事就可以合并成一件事。

有一位年轻的皮肤科医生给自己的定位是"祛痘专家"，她把工作和个人品牌做成了一件事，不但不影响工作，还对工作有积极的推动作用。试想，如果她的 IP 选择做微商导师、作家，那么就会影响她的工作，还会影响自己技术的发挥，两件事还容易分心。

这就回归到医生定位要做聚焦定位的问题。即使在工作单位中，也要合二为一，因为医生打造 IP 的前提条件是医生技术基因，而不是转化为其他角色。

当医生 IP 开始变成常态化，无论是民营医院还是公立医院都开始着手打造。

1. 体制内医生打造 IP 的重要性

我们都知道打造 IP 的优势，所以如果你没有打造 IP，在体制内的你知名度会很低，加薪也难。

你是否留意到医疗行业各大学术会议都会有很多医生大咖站台，他们很多都在公立医院或者民营医院担任要职，之所以每场大会都邀请他们，就是因为他们在学术品牌和市场品牌上有一定的影响力。

在体制内不去积极打造自己的 IP，结果是很难熬出头的。大浪淘沙，很多医生都是很普通的员工，每天埋头苦干，认为只有干出业绩，熬时间，履行医生职责，领导就会看到，就能得到提拔。这是一种比较幼稚的想法。

仔细想想，什么样的医生在体制内、体制外都能吃得开？只能是有知名度和影响度的。没有知名度的医生无论是上班还是创业，市场表现都不会好，市场不会欺骗你。

在我专注研究医生 IP 的这些年里，深刻发现公立医院的医生 IP 比民营医院的医生 IP 更容易打造成功，这是两种体制之间的资源优势的对比，很多流量平台会优先考虑公立医院的医生，这是市场所致（如好大夫、微医网等）。作为还在公立医院上班的医生，一定要借助平台优势成就自我品牌。

在医院里没有知名度，就意味着没有人认识你。没人认识你，你的品牌、你的加薪、你的社会地位都将无从说起。

2. 积极拥抱互联网新媒体平台

不确定的时代、供大于求的时代，医生们一定要积极拥抱互联网，即使在体制内也可以选择多个传播平台，在自己精力允许的情况下运营这些平台，从而积累自己的平台粉丝。

打造个人品牌的医生一定要记住"马太效应"，你的品牌足够好，你就能吸收更多的优质资源为你所用，加薪自然不在话下；如果你没有个人品牌，你将什么都没有，和品牌相关的优势资源都和你无关。

3. 找到正确的方向，狠狠地执行下去

体制内的医生打造好个人品牌，跳不过定位、理论思想、传播渠道、持续推广等步骤。

当在体制内和体制外大家都知道你是某一领域的专家了，你的IP品牌就破圈了，品牌有影响力了，就能事业有成，成为冉冉升起的医生明星IP（打造医生IP的理想状态）。

在我们服务的那么多医生中，至少一大半医生最终是因为方向不正确，没有严格执行下去，导致IP打造失败，非常可惜。

定位没有问题、撰写的多维度内容没有问题、传播渠道也没有问题，最终导致失败是等不了时间而放弃打造，被其他仍然在坚持的医生突破，抢占了同品类项目的消费者心智。

总　结 ◇

医生要在市场中喊出自己，让别人知道你，而不是悄悄地做自己，那个酒香不怕巷子深的时代已经过去了，要多多链接、多多传播、多多接受新事物。

思　考

1. 打造个人品牌时你是否中途放弃过?

_____

_____

_____

2. 你是否见证过一个医生IP从0到1的过程?

_____

3. 你是否发现了公立医院背书比民营医院背书的流量更大？都有哪些便利？

10.6

医生创业者IP案例

医生创业者打造 IP 远远比普通医生打造 IP 显得更为重要，因为医生创业者承担了另外一个角色——创业者。

医生创业者面临的是一家机构的生死存亡，迫于流量、迫于变现，所以医生创业者必须重视自身 IP。

而医生创业者塑造个人品牌的意义在哪？

塑造个人品牌通过自媒体的影响力去变现，品牌的这个变现能力，才是医生个人品牌的最终意义，从而带动机构业绩提升。

医生创业者定位和机构定位是相辅相成的，合二为一

打造医生个人品牌有一个前提，无论是医生创业者本人还是机构，作为医生创业者要思考自己擅长什么、基因是什么；作为机构，机构的业务是什么。不管是医生品牌还是机构品牌，随时随地都需要思考：差异化在哪？你能帮助你的消费者解决什么样的问题？

解决问题的方案就是你塑造个人品牌的第一要素。

1. 医生创业者的角色定位

我所接触的大部分医生都是有情怀的，即使选择创业也是一种情怀驱动，是想解决行业的某种现状，顺便体现自身价值。

从在体制内坐诊的医生到医生创业者，这种角色的转化，是医生从技术生存第一曲线到医生创业第二曲线的转型，其间会遇到各种问题。

从第一曲线到第二曲线转型的过程中，医生创业者依然很难放弃自己的

技术，彻底转型为真正的管理者、企业家。

绝大部分医生创业机构的手术项目要依靠医生老板本人，这是技术的一种延续，职业生涯的转型，大部分医生创业者是在低水平重复。

我见过的医生创业机构中，规模基本上都不是特别大，医生本身是这家机构的投资人，也是这家机构的创始人兼技术院长。消费者去机构第一时间找这家机构创始人操作相关的项目，所以塑造医生个人品牌，在消费者群体中起到了非常关键的作用。

创业机构的医生是比较繁忙的，基本上和他们见面交流时，中间过程中就会被叫出去面诊、注射、做手术等，还有些管理工作，如签字、开会、讨论等，所以有时候去医生创业机构指导工作的等待时间就很长。

你看看有哪些医生创业者是不忙的，极少数！真正不忙的医生创业者，时间管理都是非常到位的，懂得放权和分钱。

大部分医生创业者都是"劳碌命"，还没有个人品牌，那真是危机中的危机。

2. 医生创业者需擅长"硬功夫"

医生创业者必须把自己擅长的单品项目技术拔高，打造自己的爆品项目，用爆品思维来做自己的创业机构，这是非常关键的。

不妨思考：如果你是一个消费者，你去一家医生创业机构，你找这个医生是做什么项目呢？打瘦脸针？保养皮肤？做小气泡也找他？肯定不可能，你是否会这么想：为什么这个医生什么项目都做？

而我们需要通过客户思维，去帮助医生拥有聚焦单品的思维，再来做这个爆品。

在单品上的，苦于机构的生存，很多医生创业者希望什么项目都做。什么项目都做只会导致项目不精、不全，从消费者的角度来考虑就更可怕。

医生创业机构需要通过打造医生最擅长的品项作为自己的拿手项目从而成为这家机构的爆品。而且医生最擅长的项目爆品，一定是高客单项目。

比如与我们合作的一家医生创业机构，医生老板比较年轻，面对当地市场打低价，她表现得比较焦虑，也想打低价，参与到这场价格战里。我和她沟通：你既然要打低价，为什么要出来创业？医生创业的目的是做高客单价，而不是打价格战，如果参与价格战，就是丧失自己，还不如去上班。

放大医生最擅长的项目，也是他最大的优点。

放大自己定位的项目，缩小不擅长的项目，不是抹去那些不擅长但可以做的项目，而是要通过自己最擅长的项目去提练。

那么擅长的项目怎么去提练呢？行业同质化也比较严重，有些医生肯定也会问：我擅长的项目，其他医生好像也擅长，我想给自己聚焦，但别的医生已经有不错的定位了，怎么办？

任何经济结构都可以拆解为5个基本要素：产品、技术、市场、资源和组织。你是否可以在这5个要素中贴切自己个人品牌，寻求差异、寻求创新、寻求新的定位、寻求破局点？

在这5个要素中，去寻找自身差异化的破局点，如果你的回复是均等发力、各点击破，那么你的个人品牌和机构品牌可能会面临很大的问题，尤其是刚开始的医生创业机构。

医生的定位和机构的定位是融为一体的，不是分散的。

当你擅长的项目和其他医生一样时，你可以把这5个元素打乱，重新组合，就可以形成自己的差异化定位。

为什么这么说？

因为医生的精力是有限的，机构的资源也是有限的，均等发力，雨露均沾的状态等于没有发力，可能在你所操作的项目中，哪一个项目都无法击破，无法研究透，打不穿，什么项目都做的医生最后只能无奈地退出市场。

医生创业者要寻求市场差异化、个人品牌长远化，必须要做到单点突破，集中所有火力，全力推动，以点带面。而很多医生创业者都是以面带点，这是本末倒置的。

在实际运作过程中，也会出现一些问题，医生会问：我已经在努力，我们机构也在努力改变，寻求突破，但为什么似乎没有什么作用？

至少我接触的、辅导过的不少医生创业者偶尔会有这种状态，我会反问他们一句：你觉得自己在努力按照IP方法论打造吗？是否击穿了某一个运营的数量级？是否做到了极致？是否放弃了自己的主观经验？

术业有专攻，专业的事找专业的人做，医生创业者的IP才可以做大、做出位。

　　换句话说，当所有资源、所有精力的投入达到一定程度时，最终量变产生质变，突破那个数值，你希望的效果就出现了。

　　3. 医生创业机构的院内布置

　　我参观过很多医生创业机构，80% 的医生创业机构院内的布置大同小异，按客户思维来思考：作为一家机构的消费者，去一家创业机构，给我带来的感觉是不专业的，为什么？

　　比如没有关于医生的介绍，没有医生的相关照片，没有医生的视频，没有医生的各种活动信息等。

　　在医生创业机构中，要给消费者创造出适合传播又专业的氛围。当消费者去一家医生创业机构，她能感受到这家机构的医生是一个有颜值、非常温柔、非常儒雅、非常有爱心的医生，这样对消费者来说才是比较放心的，消费者才会把自己的安全、美丽交给医生。

　　医生创业机构的环境氛围不应该是冰冷的。

　　医生创业者打造个人品牌可通过两种维度进行打造。

　　第一种维度是市场端维度。

　　第二种维度是行业端维度。

　　我们接触了很多创业机构的医生，以及我们辅导的一些医生创业机构，从目前实战可以得出结论：通过这两种维度去帮助创业医生塑造个人品牌，其个人品牌才会更有意义，更持续，更长远。

行业端如何打造医生的个人品牌

　　（1）医生自我学习，从一开始在学校里学习相关的理论知识，然后去国外进修，最后熬出头。从助理医师考到主治医师，一层一层地去学习，这是非常漫长的一段晋级路程。毕业在医院临床后，依然需要不断地学习，去提升自己在学术、在自己最擅长的项目上的技术，也验证自己在学术细分领域上的身份和地位，也会去韩国、日本、欧洲等国进修自己的技术，与行业里的各种学术大咖共同学习，共同讨论，共同做手术。

　　（2）医生自己开了家诊所，他在行业内是否有行业连接端口？我们提到某医生时，作为行业里面的从业者，是否知道他、了解他？他是否有名气？

我们经常说要打造医生个人品牌，为什么要打造个人品牌？绝大多数是通过个人品牌进行变现，怎么变现？

得到最多的答复是消费者买单就会变现。

事实上在我们服务的医生创业者中，行业端的打造医生个人品牌是非常有必要的，让消费者认可你之前，先让行业从业者认可你。

我身边有很多这样的情况，比如一个同行是我的朋友，在机构里，有一些消费者有项目需求，自己机构的医生做不了这种手术项目，此时他就需要寻求外部的医生帮助，他在寻求外部资源帮助的过程中，肯定会在行业里打听哪个医生的技术好，这时候行业同行会给他推荐哪个医生好等相关信息。

如果说你没有办法一步到位地进行医生品牌传播，那么你也可以借行业里的人帮你塑造口碑。

这样的传播成本，远远要低于一步到位到消费者的成本。行业从业者其实就是你的第一批种子用户，从业者也是消费者。

第一批信任你的种子消费者其实已经形成了，他会帮你做口碑，帮你做裂变。如果你作为一个医生创业机构的创始人，擅长的项目在行业里面没有人知道，推广的效果会大打折扣。

大量医生创业者案例表明先得到行内人的认可，慢慢才会变成消费者认可，这样的路径才会是一个可持续的、正常的传播方式。

（3）推广。医生创业者需借行业的媒体进行宣传推广，一个医生自己做这个项目，自己开了诊所机构，他自己的定位、形象传播，不能仅限于在自己所在的城市进行推广，需要通过行业端去打造。

行业内还有很多相关的线下大会，也可以参与报名分享，这是奠定医生创业者品牌的一个重要的传播路径。

⚕ 市场端如何打造医生创业者的个人品牌

在打造医生创业者的个人品牌时，医生个人品牌的沉淀可以为机构品牌实现导流作用，医生品牌和机构品牌是相辅相成、相互促进的。

1. 医生的平面包装

比如：这个医生是否具有一个非常体面的形象照。非常体面的形象照可以直接说明我们从事的是比较时尚的、美丽的事业。

如果这个医生非常邋遢，而且不拘于细节，作为消费者，肯定不放心把自己的美丽和安全交给这个医生，甚至还会觉得这个医生不靠谱。

医生创业者在这一点上尤其要重视，你代表的不仅仅是你自己，更代表了你自己的机构。

2. 关于医生的视频

在采访视频中告诉我们这个医生是从哪里毕业的？他的进修之路是什么样的？以及这个医生决定自己创办机构的初衷。

消费者从整个视频中可以看到医生全方位的介绍，医生对待美丽的态度，包括他所擅长的品项。

医生创业者需要错位竞争，才能在市场中站住脚跟。

所谓错位竞争是，与其和别人在同质化项目上争更好，不如不同。德鲁克说："小企业的成功依赖于它在一个小的生态位中的领先地位"，换到人身上也是如此，选择细分领域，让自己与众不同，放大自己的优势，让自己的劣势变得不那么重要。

市场上有不少知名医生，已经形成了对某个品类的占领，作为普通医生一定不能和他们正面竞争。那些知名医生无论在时间积累上、操作项目案例数量上还是社会地位上，普通医生显然不具备竞争优势。可以做的是努力观察知名医生的边界，在他的边界之外寻找差异破局点，错开自身劣势，寻找优势。

总　结

医生创业者打造个人品牌时更应该站在行业角度、市场角度去考虑自身品牌的价值，在细节中找准差异化，打造医生创业者 IP 相比之下也就更为系统。

思 考

1. 你的个人品牌和机构品牌有什么关系?

_____

_____

_____

2. 你是否找到了自身差异化定位?

_____

_____

_____

10.7

一位医生三十年的手与刀

🩺 引言：大水大鱼

记得著名财经作者吴晓波在发表了"激荡三部曲"之后又写了《激荡十年，水大鱼大》一书，他用智慧而细腻的笔触、深刻又隽永的思想记录下了中国改革开放以来翻天覆地的变化。从 20 世纪 90 年代开始，中国的医疗行业作为浩浩荡荡的"大水"之一，开始真正踏上时代的舞台，生动演绎出一幅壮观瑰丽的画卷。

作为中国最早的一批医师，这些年，王钊医生用一把弧度优美的手术刀在这个舞台上时而深耕细作、时而翩然起舞，不但成为这幅画卷的亲历者，更有幸成为这幅画卷的创造者。王钊医生从医 30 余载，成功完成各种手术数万例，见证了中国女性之美的变迁及行业的高速发展，自己也从一名年轻的医师成长为行业内独具匠心的资深专家。

🩺 源于兴趣，终于热爱

王钊医生有着一米八的高个儿，出生于辽宁的"煤电之城"，父母都是教语文的中学教师，这给了他从小涉猎各种文学书籍的条件。20 世纪 80 年代从中国医科大学毕业后，他本着建设家乡的愿望，回到老家并在当地最大的市立医院上班。

作为一名 20 多岁且体格高大、身强力壮的小伙子，加之对外科手术工作又很感兴趣，他自然而然地选择了外科医生这一职业，轮转于各个外科专业之间，如普通外科、骨外科、烧伤科、泌尿科、脑科，参与完成的手术从开颅手术到胸腹部再到四肢骨骼等。几年下来，他凭借着大量的外科手术打下了非常坚实的外科工作基础，积累了丰富的临床经验，也成为医院里能够独当一面的优秀的外科医生。

转眼间五年的时间过去了，此时到了1990年，他也迎来了选择何种外科专业作为自己为之终生奋斗的考验。就在这个节骨眼上，他见识到了一个眼科医生给别人做双眼皮手术的过程，不由得兴奋地感叹："做双眼皮手术，这得多精细啊！"这一看不要紧，一下子就激发了他内心深处的兴趣，也决定了他以此作为人生的发展方向。

"当时作为一名外科医生，完成的都是争分夺秒与时间赛跑的救命大手术，以治病救人为第一宗旨，很少考虑切口的长短、缝合后瘢痕的大小、外形的美观与否，难以想象一个手术可以做到如此的精细，仿佛为我开启了一扇新的大门。"他如是说道。

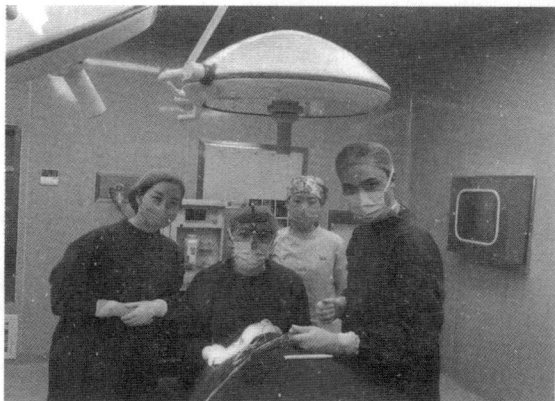

王钊医生团队

"在您那个年代，从事这个专业一定很艰难吧？"我有些好奇地问道。

"确实很不容易，那个时候中国刚改革开放不久，人们的思想观念还很保守，我选择美容手术就意味着一切从零开始，虽然有外科基础，但解剖学、手术技巧、美学等都要重新研究和学习。那个时候我几乎把当时能买到的书籍都看了一遍，有的甚至反复看几遍，一旦有机会就去北京、上海等地的大型医院学习。抓住一切机会参观专家的手术，自己也积极参与完成各种手术。

"我就是那样一点一滴成长起来的，那个时候真是像海绵吸水一样如饥似渴，当然进步也是飞快和巨大的。当时对我影响很深的有宋儒耀、张涤生、高景恒、方彰林等前辈，他们渊博的学识、诲人不倦的精神、对医学的热爱、对手术的精益求精，深深地影响和感染了我，成为我一生的宝贵财富和追求的目标。"

接下来，他主动跟医院申请开设科室，亲自做手术，他以初生牛犊不怕虎的闯劲、充满好奇的钻劲、永不服输的冲劲正式开启了专业的生涯。

"三明治法"——极简法则下的鼻尖成形术

"在我们这个行业，我们称手术对象为'求美者'，而不是'病人'，这就意味着我们的手术跟常规的外科手术工作有着很大的区别。如果说常规的外科手术是'雪中送炭'，那我们做的手术就是'锦上添花'。既然是添花，那就要像绣花一样，一刀一剪、一针一线，仔细耐心地把花绣得漂亮、绣得满意。"他耐心地跟我们分享。

王钊医生在手术间

王钊医生是一名追求完美的全方位的综合医生，在眼睛、鼻子、面部、胸、脂肪等众多的手术类型中，他又尤其喜欢并擅长做鼻子的综合手术。鼻子是面中之王，高挺略翘的鼻子可以增加面部的立体感，让平庸的面部变得生动活泼，人也显得有一种向上的境界。从手术效果来讲，肋软骨是做鼻综合手术最好的或者说首选的材料，但当求美者不同意切取肋软骨或者求美者同意但肋软骨出现钙化不能利用时，作为手术医生怎么利用好鼻中隔软骨和耳软骨把鼻尖的形态塑造好呢？这就需要医生做出特别的努力才能实现。

他之前在我们顶智平台分享过的《"三明治法"鼻尖成形术》就是关于这一问题的经验和技巧解答。对绝大多数的东方人来说，鼻子低矮是因为鼻子的软骨发育不良（发育较小、较单薄），不像西方人的鼻子软骨发育得充分（又大又厚），"三明治法"就是利用求美者的鼻中隔软骨和耳软骨，通过手术技巧让它们叠加形成三明治形状的鼻尖支架，这种方法能充分利用鼻中隔软骨和耳软骨，对鼻尖起到良好的支撑、塑形效果。

早期的"三明治法"是同时切取利用鼻中隔软骨和耳软骨来完成的，现在他在此基础上又有了进一步的发展，就是单纯利用耳软骨来完成"三明治法"鼻尖成形术，也能达到非常满意的手术效果（在鼻中隔延长、鼻小柱支撑这两个维度上都能得到很好的改善）。

恢复期过后，鼻尖不但外形自然、圆润，和天生的鼻子几乎没有区别，甚至可以做猪鼻子的动作。另外，此方法与以往其他鼻综合手术最大的区别就是：该手术对鼻子原有组织的损伤要小得多，方法也简洁得多，这样的好处就是手术时间短，术后恢复快，更符合"大道至简"这一人间至理。

最近王钊医生又在研制一套肋软骨鼻综合的手术器械，已经成型并在申请专利，这将会使医生在进行肋软骨鼻综合手术时更加得心应手，正如古人所说："工欲善其事，必先利其器。"

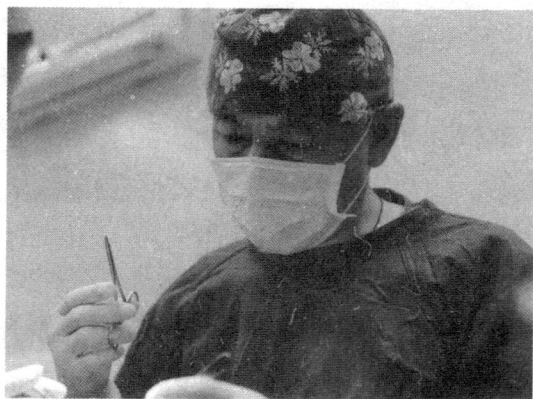

王钊医生

王钊医生不仅潜心钻研手术，更注重跟求美者的沟通。他说："我认为良好的沟通是手术成功的关键，我常跟我的'求美者'说，一定要把你的要求、疑问全盘托出，不要留有任何疑问，更不能把疑问留在术后。说实话，我其实不是一个特别善于与人打交道的人，但从事工作这么多年，我养成了耐心倾听的习惯。每次手术前我都会仔细听她们的诉求甚至是倾诉，并从中捕捉细微的内涵进行分析，争取做到不仅通过手术让她们的外在变美，而且还能实现心理疏导，其实这正是我对马斯洛需求理论的一种实践和升华。"

爱美之心，人皆有之，每一个人对美的追求都是无止境的。做手术和看书、健身一样，都是让自己变得更好的途径，也是一种积极向上的生活态度的反映，通过手术使自己变美，进而改变自己的生活，这是美妙人生的最好诠释。

📋 是医生，更是一名热爱生活的诗者

我跟王钊医生已经见过多次，彼此已是熟稔，随着交谈的深入，王钊医生也更加地放开随性。聊到他的大学时光，他说大学的时候特别喜欢读课外书，尤其是中外名著，那时商务印书馆出版了一套汉译世界名著，他把当时并不多的生活费节省出来用于买书，课后或者周末经常去逛学校附近的书店，每次有新的书籍出来都能第一时间知晓，如果正赶上手头宽裕，就会当即买下，生怕下手晚了被别人买走。

"你可要知道，那时一个大学生一个月的生活费才 20 余元，虽然一本书的价格也很便宜，但也要在 1 元左右，因此必须计算好才能保证自己不至于饿肚子。哈哈，这都是那时的生活条件决定的，现在生活条件下的年轻人可能不太容易理解这些了。

"我特别钟爱文学作品，因为在文学作品中可以见天、见地、见世界、见人性，那些极致的情感和动人的文字，会给人带来一种和生活不一样的体验和享受。至今我仍保留着看书的习惯，在机场候机时、在晚间临睡前、在午后的休息时光，一边品着咖啡，一边拿着一本感兴趣的书，闻着油墨的香味，沉潜其中，真是人生一大乐事。

"我记得当时对我影响很深的书籍之一是加西亚·马尔克斯的《百年孤独》，通读一遍后，虽然由于文化差异和学识所限没有完全看懂，但产生的深深震撼却是不容小觑。小说还可以这么写，完全颠覆了我以往的认知，后

来看到关于此书的书评，记住了一个词：魔幻现实主义，知道了这是一种超现实的写作方式。

"不过我虽然喜欢看各种书籍，但反复去品味的还是短小精悍的唐诗宋词，从中能充分体会到汉字的美，这种美包括了文字的韵律和文字组合的无限魅力，现在看来，后来选择成为一名外科医生，似乎和这种对汉字的美的理解有着一种无法分割的联系。"

王钊医生生活照

直到如今，王钊医生在谈及一些古诗词时仍然能脱口诵出。翻阅他的朋友圈，他日常也会发表一些自作的小诗。

在西安，他写下：西行最美是长安，汉风唐韵尽风流。最是无情天上月，亘古清辉照人间。

在深圳，他写下：南国日暖玉生烟，海碧天蓝湿润风。草木繁盛花千树，居乐相宜似故乡。

在汕头，他写下：人间十年翻覆手，扬州已然成旧梦。瘦西湖畔欢笑语，蓦然之间入梦来。

诗词虽短，却能让我们从中感受到他对于"人生天地之间，若白驹过隙，忽然而已"的深刻领悟与"宠辱不惊，看庭前花开花落；去留无意，望天上云卷云舒"的洒脱气质。

采访王钊医生的时候，自然而然地跟护士长聊了很多。护士长说王钊医生的精神状态非常年轻，一天下来他一个人要完成好几台大手术，配合手术的年轻医助都是轮番上阵，而王钊医生却是从头做到尾。有段时间手术较多，经常要做到晚上八九点甚至半夜，可王钊医生第二天早上依然能够按时上班，参加早教班并亲自带领医护人员查房，他就像年轻小伙子一样体力充沛、精力旺盛。

我忍不住私下问他："作为医生，您是不是有什么特殊的保养秘籍？"他笑着对我说："我也不知道，如果非说有的话，除了日常游泳，我还可以跟你分享两个坚持了十几年的习惯。

"第一就是睡前热水泡脚，不管晚上多晚回到家，我一定要泡完脚才入睡，泡脚能刺激足部改善血液循环，驱逐一天的疲惫和辛劳；第二是做操，因为我做手术要经常低着头并不知不觉中保持这个姿势很久，这样颈椎会感到酸痛，甚至强直，我在30多岁的时候就意识到了这个问题，从那以后就坚持早起做操，整套动作都是自己创作的，我不知道是不是这些习惯的缘故，现在依然在做。"

说完，王钊医生认真地给我演示了一遍他的"王氏早操"。

🧰 踏遍万水千山，归来仍是少年

最后问到王钊医生是否有退休的计划，我的潜台词是：这么一位在专业有很深造诣且经验丰富的医生，他的退休是会给求美者带来损失的。凭着他的这种状态，我希望他干得越久越好，幸而他回答说没有这个计划，希望在今后能继续做自己热爱的手术。

"如果我还能工作，那就一直工作下去。手术，对我而言无疑是一件非常有意义的事情，如果可以的话，我也希望能尽可能地把自己的手术经验分享出去，让更多的年轻医生早日成为行业的中坚力量。

今日中国处于历史上最好的发展时期，我坚信作为社会需求的一部分，也必将会发展得越来越好，回过头来说，这也需要我们从业人员有这样的准备：第一，要热爱这个专业；第二，要肯下功夫，打好坚实的基础才能不负时代、不负韶华。

我不是谁的人生导师，也做不了别人的人生导师，很多的道理或者教诲都是理论上的，一百条道理抵不上你的一个亲身体验。韩寒的电影《乘风破浪》里有句台词说得很好：懂得那么多的人生道理，却还是过不好这一生。所以说，人生是你自己走下去体会来的，不是别人说教出来的，更不是道理堆出来的。

没有一个人的人生是一帆风顺、日日笙歌、月月歌舞、年年岁岁幸福、无忧无虑的，当你遇到挫折时一定要坚持住，希望和成功就在你的下一程。未来已来，每一个当下都是未来。每一个走完自己人生的人，都是勇者，也都是胜者。"

总　结 ◇

　　岁月流逝，不知不觉之间王钊医生已从医30余载，作为一名资深的医生，他说为能赶上这样的时代、这样的机遇，感到由衷的幸运和自豪。"我很庆幸，历经万水千山，我依然还是那个'少年'。在未来的岁月中，我会加倍地做好自己的工作，继续为广大求美者朋友奉献自己的一技之长。正可谓：吾力虽有限，扮美无止境！"

第 11 章

打造 IP 关于 "我" 的
五个问题

11.1

我是谁？

写下自己过去、现在以及将来是谁或想成为谁？

我要成为什么样的医生？（在消费者的认知中）

我要为我的消费者提供什么帮助？

我如何让他们记住我？

_____

_____

_____

_____

_____

_____

_____

_____

_____

_____

_____

_____

11.2

我擅长什么？兴趣爱好是什么？

　　思考一下自己可以做什么手术项目？在项目上可以做做加法；再在项目上做做减法，根据市场消费者的反馈、自己过往的经验，明确自己的兴趣爱好是什么；通过这些元素，是否可以给自己的个人品牌加分？

_____

_____

_____

_____

_____

_____

_____

_____

_____

_____

_____

_____

11.3

我的差异化点

写下我在今后一两年中想实现的特别愿望。

如何实现这些愿望？写得明显一点，越短越好。

我与众不同的亮点：

_____

_____

_____

_____

_____

如何实现我的愿望：

_____

_____

_____

_____

_____

_____

11.4

我的竞争对手

写下至今为止在职业生涯中、创业中遇到的五个主要竞争对手。

在体制医院、所在的部门、创业时所在的领域，从生活到工作，任何人，这些人哪些地方强于我？

我在职业生涯中、创业中遇到的竞争对手：

_____

_____

_____

_____

我在生活中的竞争对手：

_____

_____

_____

_____

我的榜样：

_____

_____

_____

_____

11.5

我的社会贡献

简明扼要地写下作为一名医生，我给社会、给消费者、给他人带来的影响。

_____

_____

_____

_____

_____

_____

_____

_____

_____

_____

_____

_____

_____

_____

_____

_____

_____

_____